国家级实验教学示范中心·师范生教学能力实训系列教材

中学数学课堂教学技能实训教程

邵利　罗世敏　编著

科学出版社
北京

内 容 简 介

全书共分7章。第一、二章分别概述了数学教学技能及教学技能训练的主要途径——微格教学；第三至七章逐一探讨了教学设计、课堂实施（导入、展开、结束）、教学媒体运用（板书板画、多媒体技术运用）、课堂教学研究（说课、听评课）等中学数学课堂教学技能及其训练。本书注重“传统与发展结合”“理论与实践结合”“先进性与操作性结合”，对中学数学课堂教学技能进行了重新分类，并在阐述各教学技能的过程中突出“案例启示”和“微格实践”。

本书读者对象为高师院校数学与数学应用专业本科生、数学课程与教学论专业的硕士研究生、中学数学教师和从事中学数学教育教学研究的其他工作者。

图书在版编目(CIP)数据

中学数学课堂教学技能实训教程 / 邵利，罗世敏编著.—北京：科学出版社，2011.11（2024.12 重印）

国家级实验教学示范中心·师范生教学能力实训系列教材

ISBN 978-7-03-032710-9

Ⅰ.中…　Ⅱ.①邵…　②罗…　Ⅲ.①中学数学课-课堂教学-教学研究-师范大学-教材　Ⅳ.①G633.602

中国版本图书馆 CIP 数据核字（2011）第 227140 号

责任编辑：张 展　莫永国/责任校对：彭　映

责任印制：罗　科 / 封面设计：墨创文化

科学出版社出版

北京东黄城根北街16号

邮政编码：100717

http://www.sciencep.com

成都锦瑞印刷有限责任公司 印刷

科学出版社发行　各地新华书店经销

*

2011 年 11 月第　一　版　　开本：787×1092　1/16

2024 年 12 月第十五次印刷　　印张：12 3/4

字数：309 000

定价：38.00 元

（如有印装质量问题，我社负责调换）

国家级实验教学示范中心·师范生教学能力实训系列教材

编　委　会

主　编：祁晓玲

副主编：郭　英　张　松　陈智勇

编　委：祁晓玲　郭　英　张　松　陈智勇　梁　斌

金秀美　吴　丹　杨　娟　邵　利　罗世敏

陶旭泉　沈　莉　李敏惠　熊天信　王　芳

李　强　张小勇　夏茂林　赵广宇　李　维

王重力　王　曦　郭开全　黄秀琼　程　峰

何　建　董云艳　罗　真　熊大庆　靳宇倡

徐华春　张　皓　刘　海　周升群　周蜀溪

叶　舒

前　言

中学数学课堂教学技能实训（数学微格教学）是高师院校数学与应用数学专业一门重要的教学实践课程。本课程的开设直接为培养合格的中学数学教师服务，对于在职数学教师课堂教学技能水平的提高和专业胜任能力的提升也有指导作用。

数学新课程的实施在很大程度上改变了原有的数学教师教育专业课程体系，如何应对基础教育课程改革，更新培养模式，强化师能素质，特别是提升数学教学实践能力，是高师教育面临的挑战，也对数学教师提出了新的、更高的学习与提高的要求。数学新课程的核心是实现学生全面发展，其落脚点主要在数学课堂，而数学课堂教学效果与数学教师的教学技能有很大的关系。数学教师教学技能的形成，除了从理论上掌握原理外，更多教学经验与规律的获得来自于理论指导下的实践训练。因此，高师院校数学与应用数学专业的学生和数学微格教师，都迫切希望有一本符合新形势对中学数学教师要求的、易操作的数学微格的实训教材。

本书是在作者主持的“数学师范生教学技能训练改革与实践”“中学数学教师教学能力训练研究”“数学教育案例分析在教师培养培训中实践探索”等校级和省教育厅重点课题研究成果基础上撰写而成。撰写过程力求体现以下特点。

第一，“继承与发展相结合”的原则。既选取传统“微格教学”中经实践检验对数学教师培养有重要作用的内容，又注重基础教育课程改革对数学教师专业发展提出的新要求，构建起本书的框架体系。

第二，“理论与实践相结合”的原则。既反映课堂教学技能训练过程中所涉及的数学教育学所包含的课程论、学习论、教学论和思维论的理论指导，又力求符合中学数学课堂教学的实际需要，借助“数学教学案例分析”来架起理论与实践的桥梁。

第三，“先进性与操作性相结合”的原则。既体现基础教育课程改革所需的“新课程”、“新理念”和“新方法”，又总结反思我国数学微格教学中的成功与不足，并融合二者，为数学课堂教学技能训练提供具体操作方案。

本书撰写过程中，得到罗世敏副教授的大力支持，她撰写了第三章和第四章的第二节，并修改了第五章的第二节；同时感谢参加本书部分章节编写的老师，他们是何军（成都市树德实验中学东区）、董彦玲（四川师范大学数学与软件科学学院硕士研究生）、张玉华（成都市成华区教师进修学校）、罗志英（成都七中）、陈中根（成都七中）和于泳（四川大学附属中学）。

在本项目相关课题研究和本书撰写过程中，得到四川师范大学教务处、科研处、教师培训学院和数学与软件科学学院领导的大力支持，得到张红、马岷兴、周吉、李志全、何太平等专家的指导和帮助，得到成都七中许勇、曹阳可、黄太平及全体数学组教师和成都七中育才学校蒋光平及全体数学教师的积极支持与配合，在此一并致以衷心感谢。

数学课程改革在不断深化，数学课堂教学也应与时俱进，由于编著者学识有限，书中难免有不足之处，敬请读者批评指正。

邵 利

2011 年 9 月 8 日

目 录

第一章　数学课堂教学技能概述

数学课堂教学是实践性很强的科学，也是一门艺术。数学课堂教学既有系统的理论基础，又有其具体的特点和规律，还有体现了这些特点与规律的技能、技巧和方法。数学教学是数学活动的教学。数学活动过程是一个师生交流互动的复杂过程，这个过程不仅需要教师具有丰富的数学专业知识，而且需要教师具有熟练的数学教学技能。因此，掌握各种数学基本教学技能，并能熟练运用这些教学技能，是数学教师必备的基本功。本章将对什么是教学技能、数学课堂教学技能的分类、教学技能训练的意义和途径等作一一介绍。

第一节　关于数学教学技能

教学技能是决定教学质量和教学艺术的关键因素，它能连接教学内容和教学对象，传递教学信息。教师凭借良好的教学技能可以更好地传达思想观点，让学生更好地理解教学意图。如果数学教师不具备良好的教学技能，数学教学活动就无法正常进行，学生的数学学习就会受到严重影响。

一、什么是教学技能

教学技能是教师职业的重要技能之一，在不断升温的教师专业发展背景下，重新解读教学技能的内涵，对教师专业发展的理论研究和实践探索都具有十分重要的指导意义。

（一）从历史发展看教学技能

从教学技能的历史发展可以看出，教学技能是一个具有历史范畴的概念，在不同的历史时期有不同的内涵。

早期的教师不需要经过特殊培养和训练，即“学者即为师”。

17 世纪末，教师教育机构开始萌芽，欧洲出现的短期师资培训机构是公认的第一批世界教师教育机构。这些机构对有一定文化基础知识的人进行师范教育的专门职业训练，以保证教师能够胜任教育教学，此时并未产生教学技能这一概念。

20 世纪 60 年代，在“技术理性”支配下的教师教育将教师假定为技术员和教学机器，认为教师教育的方法就是让教师掌握一般化的程序、技术和原理，关注的对象定位于可观察的动作技能和心智技能。

20 世纪 70 年代以来，教育科学领域发生了重要的范式变革，教师职业基本达到了为一般人所接受的专门职业标准，并逐渐发展成为完善的专业。教师专门化的要求，意味着专业教师不仅需要拥有广博的知识，还必须拥有一套经过长期训练而形成的特殊技能体系。教学技能就是一名合格教师必须具备的专业素养和心智要求。专业背景下的教学技能已超越了专门的技术和能力训练，而成为促进教师专业发展的动力。

20世纪90年代以来，随着教师专业发展研究的不断深入，人们把教师的教学技能置于一个更为广阔的视野中进行研究，不只把技能看做是简单的身体能力。技能是整体的，理解力、情感、价值观和稳定的情绪是其中的重要组成部分。在对教师专业特性研究中，教学技能内涵日益得到拓展和延伸。

（二）从不同教学观看教学技能

不同的教学观对教学技能也有不同的看法。

(1) 活动方式说将教学技能视为一种活动方式或动作方式。莫里逊和马肯他尼亚认为，教学技能是指“为了达到教学上规定的某些目标所采取的一种极为常用的、一般认为有效的教学活动方式”。

(2) 行为说以行为主义心理学为理论依据，将教学技能归结为教师的教学行为。克利夫·特尼认为“基本教学技能是在课堂教学中教师的一系列教学行为”。

(3) 结构说强调外显行为与认知因素二者相结合。在这种观点视野下，教学技能不单指教师的教学行为或认知活动方式，而是被看做是教师的教学行为与认知活动结合而成的、相互影响的序列。如斯诺认为“教学技能是由与行为及认知有关的事项的结构系列组成的”。

(4) 能力说则结合认知心理学中“能力”的概念，将教学技能看作掌握和运用专门技术的能力。

(5) 知识说将教学技能归入程序性知识的范畴，被理解为用于具体情境（教学情境）的一系列操作步骤，包括教师在教学中表现出来的动作技能、智慧技能和认知策略等。

（三）教学技能的内涵

教学技能在不同的历史时期有不同的内涵，而不同的教学技能观也从不同侧面反应了教学技能这一概念的一些本质特点。但是教师的教学技能究竟是什么，并没有得出统一的结论，实质上很难用一个简单的陈述对其内涵作出清晰的界定。但不管怎样，教学技能既是由可观察的、可操作的、可测量的各种外显性的行为表现构成，同时又是教师通过已有的认知结构和经验体悟对教学知识的建构、对教学情境的把握、对教学行为的选择等综合构成的一个复杂的心理过程。

综上，教学技能是教师在已有学科知识，教学理论知识的基础上，通过实践练习、反思体悟，以及与周围环境的互动而建构形成的一系列教学操作方式和心智活动方式整合的实践。通俗地说，教学技能是教师在教学活动中有效地促进学生学习的活动方式。它是教师运用专业知识、教学理论，依据学习理论和教学原则进行教学设计、教学研究、组织教学活动，有效促进学生完成任务的活动方式。在教学时有时表现为一种操作活动方式，有时表现为一种心智活动方式，有时两者交接在一起，以综合的形式共同完成教学任务。

二、数学课堂教学技能的特征

数学课堂教学技能是教师在数学课堂教学活动中选取与运用的教学技能，数学课堂教学技能具有以下几方面特征。

（1）基础性。数学课堂教学技能是以教师已有数学学科知识、教学理论知识和数学教学经验为基础的。要掌握必要的数学学科知识，明白数学学科知识的基本结构、组成以及数学知识之间的关联，才有可能有效地建构课堂教学思路、突出教学重点、突破教学难点，传授给学生有用的数学知识，给学生解惑。教学理论知识制约着掌握数学教学技能的速度和深度，例如教师只有掌握对数学语言的把握、教学媒体的运用、数学教学情境的创设等方面的理论知识，才能知道“是什么”和“为什么”，才能正确和有效地解决“如何做”和“怎么办”的问题。特别是“课堂教学”这样一种面对多变情境的活动，只靠行动模仿和训练去习得某种操作样式，知其然而不知其所以然，是难以适应育人的复杂要求的。再如教师有了对学习动机理论的掌握，才可能形成“激发和维持学生学习动机”教学的意识。教师掌握的学习动机理论知识越多，理解越深，获得和改进数学课堂教学技能的可能性就越大，形成的课堂技能水平就越高。教师数学课堂教学技能的选择和运用，也会受到教师自己或他人在数学课堂教学中选择与运用教学技能成功或失败经验的影响。

（2）复合性。数学课堂教学技能是教师外在行为方式与内在心智活动方式整合的实践，具有鲜明的复合性。它不是一个经过严格设计的由不同技能与技巧组合而成的程序化过程，它不像某些简单动作技能的形成，主要依靠练习就能达到熟练化和自动化。它含有一定的动作技能，但更重要的是复杂的心智技能，在复杂的数学课堂教学活动中，大多数教学技能的运用是通过内部心理活动的智慧技能和自我调控技能来实现的。如数学课堂教学中的教学设计技能、导入技能、展开技能、结束技能、板书板画技能、多媒体运用技能、说课技能和听评课技能等，它们往往表现在对数学知识、信息的加工和改造上。数学教学技能正是在内隐的数学心理活动调控下，通过外显的教学行为动作来体现，并借助一系列数学教学活动的变化来实施的。

（3）主观能动性。数学课堂教学技能需要教师在与学生和课堂环境的交互作用中进行数学反思体悟和创新，数学课堂教学技能的学习不同于一般技能的学习，通过简单的重复、模仿就可掌握。数学课堂教学技能的获得包含有对数学课堂教学信息的吸收、消化和输出的复杂过程，需要教师充分发挥主观能动性。对不同的数学学习内容、不同的学生，就有不同的教学行动。数学课堂教学技能的展示并不一定是深思熟虑或反复训练的产物，而往往是数学教师在课堂时间的逼迫下瞬间的抉择和行动。在变化不断的数学课堂教学情境中，教师头脑内部根据此时此地此人等特定环境，而做出的适当贴切的数学教学行动方式。数学课堂教学技能是数学老师对学生的言传身教，以及自身掌握的教育教学理论知识和积累的教学经验细加揣摩的基础上，不断在进行教学反思和总结，依据课堂教学实践灵活使用、改进、乃至创新的教学技能。

三、运用数学课堂教学技能的原则

根据以上数学教学技能特征和数学学习规律，结合教学技能训练实践，我们认为运用数学教学技能应遵循以下原则。

(1) 灵活运用原则。因数学课堂教学过程的复杂性、数学课堂教学活动的多样性、数学课堂教学条件的变化性、数学课堂教学内容的特殊性和学生数学认知基础的差异性，教师采取教学策略必定各不相同，运用的数学课堂教学技能也是富于变化的。应该说每种教学技能方法都有其特点，但也有不足之处，教师应根据数学课堂教学内容和对象的不同，灵活多变地选择最优方法，也可以把多种教学技能方法综合运用，讲求实效和高效。防止总是使用固定的、单一的形式，使学生感到枯燥、乏味。

(2) 发挥学生主观能动性原则。苏联数学教育家斯托里亚尔提出了现代数学教学观："数学教学是数学活动的教学"，而数学活动教学是数学领域内思维活动的教学，而不仅是数学活动的结果，还包括数学思维活动的过程。因此，无论用什么样的教学技能方法，都必须把启发学生数学思维，调动学生数学学习积极性作为主要目标。在数学教学中应充分体现师生、生生之间的思维互动，以促进学生对数学内容的自我感悟。只有充分发挥学生在数学课堂中的主观能动性，让学生主动地有意识地参与到教学中来，才能达到教师的预期效果。

(3) 内容求准，手段求新原则。内容求准指的是教学技能方法要紧扣数学教学内容，要注意所用素材以及数学语言符号的准确性、严谨性和科学性。手段求新，首先要利用丰富的网络资源，充分发挥多媒体设备和多彩的视听手段的优势作用，并不断创新和总结新的形式、新的方法；其次，也要采用创新设计和布局，充分发挥传统黑板在数学符号语言的书写、数学公式的推导和数学推理等方面的优势作用。

第二节　数学课堂教学技能的分类

数学课堂教学技能的分类，即对数学课堂教学技能进行分类，可以加深对教学活动的理解，促进教学研究的科学化。教学技能分类在教学技能训练中至关重要，只有对教学技能进行科学、系统的分类才有可能使教学技能训练更具有针对性，充分发挥微格教学的优势，提高受训练者的整体教学水平。

一、几种典型的教学技能分类

不同的文化背景，不同的分类目的和角度影响分类的一致性，这是很自然的。各国的教师教育工作者之间存在着很大的差异，有着不同的分类思想和分类方法。教学技能分类的方法很多，有的是按教学程序划分，有的是按教学活动方式划分，有的是按信息传输的方式划分。下面介绍几种教学技能的分类。

（1）美国的教学技能分类。美国斯坦福大学的爱伦和瑞恩从构成教学技能的多种要素中抽取出14种要素为普通教学技能：①变化刺激；②导入；③结束；④非语言性暗示；⑤强化学生参与；⑥流畅的提问；⑦探查性提问；⑧高水平组织的提问；⑨发散性提问；⑩确认；⑪举例说明；⑫讲演；⑬有计划的重复；⑭完整的交流。

美国学者莫利把这些技能分为3大类：①教学之前的技能；②教学之中的技能；③教学之后的技能。教学之前的技能是一个计划的过程；教学之中的技能是负责把计划付诸实施的技能，主要包括导入、交流、使用刺激变化、有效使用强化、使用提问技术、课堂管理、结束、评价目标等技能；教学之后的技能主要是指评价技能。

（2）英国的课堂教学技能分类。20世纪70年代英国新犹斯脱大学的布朗，根据学生在课堂学习中的动力结构和认知活动的变化，为师范生制定了8项基本教学技能：①导入和结束；②概念教学；③教学的生动性；④解释；⑤倾听；⑥提高与提示；⑦强化；⑧参与。

英国的心理学家特罗特排除其他各项特殊因素，将教学技能与学生的学习相联系，确定了6项教学技能：①变化技能；②导入技能；③强化技能；④提问技能；⑤例证技能；⑥说明技能。

（3）澳大利亚悉尼大学的课堂教学技能分类。20世纪70年代初，克利夫·特尼将微格教学引入澳大利亚的悉尼大学，悉尼大学在斯坦福模式的基础上进行了一些改进，形成了自己的教学模式，并对微格教学进行开发应用和研究，取得了很大的成就。悉尼大学开发的《悉尼微格教学技能》从教育学和心理学的理论出发，列出了6项课堂教学基本技能：①强化技能；②基础提问技能；③变化技能；④讲解技能；⑤导入和结束技能；⑥高层次提问技能。

（4）日本的课堂教学技能分类。日本把课堂教学技能分为9项：①导入；②展开；③变化；④总结；⑤例证；⑥确认；⑦演示；⑧结束；⑨提问。

（5）我国的课堂教学技能分类。孟宪恺在《微格教学基本教程》中从教学行为方式和信息传播过程出发，把课堂教学技能分为10类：①导入技能；②教学语言技能；③提问技能；④讲解技能；⑤教态变化技能；⑥反馈强化技能；⑦教学演示技能；⑧板书技能；⑨结束技能；⑩组织教学技能。这种分类成为我国课堂教学通用技能分类。

具体到学科教学领域，各学科的分类方式又略有不同，但总体仍与上述分类相似。张占亮等人的《数学教学技能训练教程》将中学数学课堂教学技能分为12类，在孟宪恺分类的基础上增加了“合作学习指导技能”和“数学思维指导技能”。叶雪梅在《数学微格教学教程》里将数学教学技能分为13类，在上述10种分类基础上增加了“教学设计技能”“多媒体教学技能”“说课技能”“评课技能”，舍弃了通用分类中“教学演示技能”。孙文杰的《小学数学微格教学教程》将小学数学教学技能分为11类，该书舍弃了通用分类中的“组织教学技能”，增加了“电化教学”“课堂练习”两个教学技能。

原中华人民共和国国家教育委员会（简称国家教委，现教育部）在1994年下发的《高等师范学校学生的教师职业技能训练大纲》中。把教学技能分为5类：①教学设计技能；②使用教学媒体技能；③课堂教学技能；④组织和指导课外活动技能；⑤教学研究技能。其中，课堂教学技能中又设了 9 项基本技能，即：导入技能、板书板画技能、演示技能、讲解技能、提问技能、反馈强化技能、结束技能、组织教学技能、变化技能。

二、对数学课堂教学技能的重新分类

数学课堂教学技能分类的科学程度，反映了对教学过程、教学理念的认识程度，同时它也决定着教学技能训练的水平和效果。虽然我国的数学教育工作者根据我国的实际情况和文化背景对课堂教学技能进行了分类。但要么是传统教学技能分类方法立足于以教师为中心的传统课堂教学模式，着眼点是教师的教，很少考虑学生的需求；要么是增加了一些新的教学技能，分类过细、过多或有交叉，在实际微格训练中难以逐一训练或操作。

随着信息技术的发展和网络时代的形成，促使知识的无限丰富与急剧增长，原有的以传授知识为主的基础教育课程的功能受到了极大的挑战。新课程转而注重培养学生积极的学习态度、创新意识和实践能力，以及健康的身心品质等多方面的综合发展，为学生的终身发展奠定基础。在新课程体系中，数学课堂中学生学习方式不仅仅是接受学习，还应该有自主式、探究式、合作式等多种形式，教师的教学方式应随之改变。数学课堂教学技能也发生着变化，教师的教学技能不再仅仅是牵引学生思想的绳索，也应是促进学生主动思考、探索的推进器。教师既需要对传统教学技能进行更新，又要不断实践，以获得新的适合新课程需要的教学技能。

本书认为中学数学教学技能：①分类不能过细。过细了，容易把一些内涵相同或相近的项目分开，反而在实际微格训练中不好操作。比如导入新课，可以设疑、演示，甚至以讲故事的方式导入……这里会用到教学语言技能、提问技能、演示技能、板书板画技能或多媒体技术的运用技能等等。围绕引起学生注意、激发数学学习兴趣、明确学习目标、搭建数学知识桥梁的教学目的，引入新课不局限一方面的技能，它是一种综合技能的体现。②分类也不宜过粗。过粗了，易把一些应区别对待的问题混为一谈。

鉴于上述观点，借鉴国内外对教师课堂教学技能的分类，特别是《高等师范学校学生的教师职业技能训练大纲》对教学技能的分类，结合数学微格教学的实践情况，我们认为：师范生或新教师的数学课堂教学技能，可以按照课堂教学设计、课堂教学实施、教学媒体运用、课堂教学研究等来训练，更为符合师范生或新教师的实际，也更能满足新课程背景下数学教师的专业成长需要。根据我们的教学经验及教学反馈信息，课堂教学技能按照课堂教学的三个重要环节（导入、展开、结束）来训练更为有效些，而教学研究技能按照说课和听评课来训练更符合基础教育中学数学教师教学研究实际。

因此，数学课堂教学技能分为：①数学课堂教学设计技能；②数学课堂教学实施技能（包括导入技能、展开技能和结束技能）；③教学媒体运用技能（包括板书板画技能和多媒体技术的运用技能）；④课堂教学研究技能（包括说课技能和听评课技能）。

第三节 数学课堂教学技能训练的意义和途径

数学教师教学的成败，一定程度上决定于教师对各项数学课堂教学技能的掌握程度。而数学课堂教学技能，对师范生或教师而言，是需要经受训练才能获得的。

一、数学课堂教学技能训练的意义

(1) 有助于改善教师教育。传统的教师教育重理论轻实践，重动脑轻动手，重知识轻能力。20世纪70年代初，美国教育界掀起了声势浩大的“CBTE运动”。这场运动的主题是批评当时的师范教育只重视理论灌输，轻视教师态度与技能培训，提倡对教师能力培养和技能训练进行大规模的实质性探讨。课堂教学是我国中学教学最主要形式，课堂也就成了教师教与学生学的主要场所。要改变教师教育这种现状，解决“高分低能”的问题，就应以加强师范生的课堂教学技能训练为突破口，把数学课堂教学技能训练列入数学与应用数学的必修课程，并做到明确内容，制定标准，强化训练和严格考核。因此，加强课堂教学技能训练是教师教育改革的题中之义和重要内容。

(2) 有助于促进理论学习。数学课堂教学技能训练和数学教育教学理论学习之间有密切联系。学习理论可以明确技能训练的意义和方向，教学训练技能又反过来促进教育教学理论知识的学习和理解。例如，要进行某项数学教学技能训练，就必须重温该项教学技能的含义、特点、功能和要素，以及相关数学知识结构等理论知识。这种重温和训练，又必然会加深对相关理论的学习和理解。

(3) 有助于提高课堂教学能力。课堂教学技能训练可以促使师范生进入具体的数学教学情境，承担起具体的数学教学任务，从而初步形成课堂教学设计、课堂教学实施、教学媒体的运用、课堂教学研究等教学技能，完成从师范生到准教师，再到教师的角色过渡；也可促进在职教师进行课堂教学的设计、实施和研究等的实践学习，从而提高课堂教学能力。因为在教学技能训练中，有教师的指导和督促，师范生或在职教师可以缩短自我探索的过程，可以加速提高技能训练的水平和效率。因此，课堂教学技能训练是提高教师能力的重要途径。

(4) 有助于帮助师范生就业。“师范生和其他大学生最大的差异处，不在于专门学识之精通，而在于教材教法之娴熟”。在具备一定知识水平（含教育理论）的前提下，教学技能才是影响教师教学效果及其任职资格的决定因素。因此，中小学校在选聘教师时更青睐课堂教学技能强的教师，往往把功底扎实、水平过硬作为选聘教师的必要条件。

二、数学课堂教学技能训练的途径

数学教师的课堂教学技能高低直接关系着其课堂教学的质量，而数学教师课堂教学技能的形成，除了从理论上掌握其原理外，更多经验的获得来自训练，只有在理论指导下经过反复的实践训练，才能掌握基本的数学课堂教学技能，熟悉数学课堂教学规律。

(1) 课堂理论学习。原国家教委早就明确要求各师范院校和师资培训部门开设职业技能训练课，并为此编写了《高等师范学校学生的教师职业技能训练大纲》及一系列教材。教育理论课应把教学技能的培养作为中心工作来抓，以系统地传授相关理论知识。《数学教育学》课程也是把中学数学教学工作，特别是数学课堂教学技能作为该课程的教学重点，为其他训练途径奠定理论基础。

在数学教育学课堂教学情境下，先由教师介绍教学技能的操作要领和相关要求，有时还要进行案例示范，然后要求学生当堂进行练习。课堂演练的优点是节省教学时间，并且具有一定的示范性和观摩性。但它难以保证学生都得到充分有效的训练，难以做出有针对性的指导。

(2) 课外活动。“大学之教也，时教必有正业，退息必有居学”。就是说，受教育者在课堂学习之外，还要进行与课堂学习有关的课外活动。课外活动是进行教学技能训练的重要途径。其活动形式可以是较为规范的教学技能比赛，比如教学设计比赛、试讲比赛、说课比赛等；也可以是渗透课堂教学技能训练的其他活动，如板书练习、教学设计练习、课件制作、对镜试讲练习、录音或录像试讲练习、家教练习等。

(3) 微格教学。微格教学是国际上认可的培训师范生和在职教师教学技能的有效途径。20 世纪 80 年代微格教学传入我国后，最初又被译称为“微型教学”“微观教学”“小型教学”等，后来逐渐统称为“微格教学”。微格教学是把一节复杂的课堂教学分解成一些微小的容易掌握的单一技能进行训练，其目的是培训教师迅速地掌握和改进教学技能、提高教学能力。其训练方法是：由较少的学员组成“微格小组”，学员分别扮演“学生”和“老师”，用 5～10 分钟的时间，训练一两种教学技能，并利用现代教育媒体设备将学员的“角色扮演”过程摄录下来，反复播放，提供反馈信息，进行反馈评价。微格教学具有参加人数少、授课时间短、心理负担小、反馈及时全面、评价客观准确、训练真实有效、理论联系实际等明显优势。

对在职教师来说，可采用微格教学的一种变通模式——“微格教研”。该模式采用微格教学的合理内核，提取微格教学流程中的重要环节，采取摄录像方式，供教研组在教研活动时进行局部的定格研讨。这样，既学习了有关理论，也探讨了具体操作方法，从而获得完整的认识，提高教师的整体能力和素质。微格教研的基本结构是：先进行在特定课题理论指导下的实际教学的现场观摩与实况录像；再重放录像、观摩录像，进行自我反思与直观再现式同伴研讨；然后进行理性总结、理论升华；最后还要将理论运用到教学实践中去检验、拓展。

(4) 教学实践。对师范生来说，教学实践主要是教育见习、实习。教育见习、实习的最大优势在于训练情境的真实性。它可以使师范生从模拟练习进入现场运用，可以检验学生模拟练习的实际效果，同时提高其运用的熟练程度和策略水平。这种途径以训练效果好而备受师生青睐，但它常常受实习学校情况、中学指导教师水平等诸多条件的限制。

对在职教师来说，教学实践是训练教学技能的主要途径。在职教师掌握必要的教学技能理论之后，直接通过课堂教学实践进行有针对性的练习，能取得更好的训练效果。为实现教学技能训练日常化的理想目标，建议学校或教研室多开展课堂教学技能过关活动、比赛活动，并把教学技能达标作为评价教师素养的重要指标。

因此，数学课堂教学专业技能是数学教学之所以成为一个专业的必要条件。数学教师或师范生必须从专业技能的高度出发，积极主动地进行课堂教学技能训练。高师院校和教育管理部门必须结合实际情况，有计划、有组织、有步骤地开展教学技能训练。

第二章　微格教学概述

从事中学数学教学除了具备先进正确的教育指导思想和宽厚扎实的数学知识、数学教育理论基础之外，还必须具备相当熟练的数学教学技能，特别是数学课堂教学技能。数学教师教学的成败很大程度上取决于其对各项数学课堂教学技能的掌握，而这些课堂教学技能技巧，需要有计划、有组织、有步骤地开展教学技能训练来获得。“微格教学”就是一门有计划、有组织、有步骤的开展教师课堂教学技能训练的课程，对于师范生或中学数学教师掌握课堂教学技能是十分重要的。本章从历史发展的角度分析“微格教学”的特点、含义及其理论依据，说明如何开展中学数学“微格教学”的训练，并作“微格教学”实践的初步体验。

第一节　微格教学简介

本节从微格教学的历史回顾谈起，分析微格教学的含义和特点；剖析微格教学的理论基础，以帮助读者理解微格教学的内涵。

一、关于微格教学

（一）简单回顾微格教学的历史

美国斯坦福大学D·艾伦（D. Allen）为代表的一批学者于1963年首先提出微格教学（Microteaching），即将教学过程中的综合教学技能分解为各种单一技能，将受训学员分成10人左右为一个小组，每个小组在导师指导下针对某一两项教学技能训练10～15分钟的教学技能训练。先由一个学员主讲，其余学员扮演学生，当场通过摄录放像系统记录下主讲人和学生行为，然后由指导教师和受训学员共同反复观看教学录像，并进行讨论和评议，导师最后小结，依次使小组的每个学员都经受教学技能训练。艾伦教授在斯坦福大学试行的微格教学分为六步：计划（Plan）——教学（Teach）——观摩与评议（Observe and Critique）——再设计（Replan）——再教学（Reteach）——再观摩（Reobserve）。这一试行，很快就在西方各国流行和推广开来。

20世纪70年代，英国新犹斯脱大学的乔治·布朗（G. Brown）教授对“微格教学”作了改进，一方面是小组人员减少至3或4人，另一方面是省去了六步中的后三步。他认为深入细致的讨论和评议可以弥补不进行后三步的损失。况且，实践表明学员立即“再教学”所得的成绩几乎没有第一次教学的好。

20世纪80年代，“微格教学”传入我国，并在我国教师教育中逐步推广，而推广的主要是布朗模式，即设计—教学—观摩与评议三步，但小组人员由 3 或 4 人增加到 10 人以上。

（二）微格教学的特点

微格教学作为教师职业技能的训练课程，自“微格教学”诞生初，就具有以下鲜明的特点。

（1）微型。技能单一集中，每次只集中训练学员一、两种教学技能，使得训练重点突出，训练目标非常明确，有利于判断学员是否达到了训练要求，及时找出不足，及时修正，并有利于学员在短时间内更有效的掌握教学技能。

参与人数少，每个小组人数不超过 15 人，而且“教师”和“学生”角色可以频繁调动；“微格教学”每次实践过程的时间短，通常 5～10 分钟；由于“微格教学”上课时间短，教学内容少，参与人数也少，学员心理负担小。

（2）规范。“微格教学”每次训练都有一定的组织程序，有一定的训练内容、训练目标、训练要求以及训练时间的限制，并且有一定的评价标准，使得教学技能训练是有计划、有组织、有步骤的进行，即受训练者按照一定规范进行训练。

（3）声像反馈。运用现代教育技术手段，使“教师”和“学生”的行为通过摄录放像系统获得真实、准确的课堂互动细节的反馈，并可以运用慢速、定格手段，在课后进行反复讨论和分析，十分有利于教学的自我评价和互相评价。

（4）反馈及时全面。“微格教学”利用摄录放像系统作为记录手段，真实而准确地记录了“教学”的全过程。学员在进行“角色扮演”后，除立即能得到同伴和指导教师的评议，获得广泛的改进意见外，还可以马上回放录像，及时看到自己的“教学”全貌，以“第三者”的身份来观察自己的教学活动，通过反复的观看录像，可以防止遗漏，把出现的“问题”找出来。这样，对与受训学员来说，所接受的反馈信息除了来自同伴和指导教师外，还有自己积极的教学反思，便于修正从而提高教学水平。

（5）角色转换多元性。“微格教学”运用摄录放像系统，突破了传统教师培训的理论灌输或师徒传帮带模式，对教学技能研究既有理论指导，又有观察、示范、实践、反馈、评议等内容。在微格教学中，每个学员从学习者到执教者，再转化为评议者，如此不断的转化角色，反复地从理论到实践，从实践再到理论分析、对比研究，这种角色转化多元化的训练方式，不仅是教学方法、教学模式的改进，而且是教育理念的更新。

（三）微格教学的含义

“微格教学”的英文名为“Microteaching”，20 世纪 80 年代微格教学传入我国，最初又被译称为“微型教学”“微观教学”“小型教学”“录像反馈教学”等，后来逐渐统称为“微格教学”。“微格教学”的创始人艾伦教授将其定义为“一个有控制的实习系统，它使师范生有可能集中解决某一特定的教学行为，或在有控制的条件下进行学习”。英国的布朗教授称“微格教学”为“一个简化的、细分的教学，从而使学生易于掌握。”

“微格教学”传入我国后，与我国教育实际相结合，又有一些新的发展。北京教育学院微格教学课题组经过对国内“微格教学”培训情况的研究，将其定义为：“微格教学是一个有控制的实践系统。它使师范生和教师有可能集中解决某一特定的教学行为，或在有控制的条件下进行学习。它是建筑在教育教学理论、视听理论和技术基础上，系统训练教师教学技能的方法①”。后来王凤桐、陈宝玉等又将其定义为：“微格教学是在教育理论指导下，应用科学的方法和现代教育技术，培训师范生和在职教师掌握教学技能、提高教学水平的系统、有控制的实习活动。它是把一节复杂的课堂教学分解成比较简单的小型教学，其目的是培训教师迅速地掌握和改进教学技能、提高教学能力②”。

根据以上各位学者对微格教学的定义，结合其特点，我们可以这样来理解“微格教学”。①所谓“微”，一方面可以理解为“细化”“细分”，即把教学技能细分为很多类型，比如：导入技能、展开技能、结束技能、板书技能、多媒体技术运用技能、教学设计技能、说课技能、听评课技能等等，又如导入技能又可有旧知导入、问题设疑导入、实验导入、经验导入、实例导入、趣味导入、直观导入等等。另一方面可以理解为“小”，即小班化（人数少），时间短（5～10 分钟），目标具体（内容少，技能单一）。②所谓“格”，一方面可以理解为“规格”、“定格”，即每次训练的内容有一定的规格，有一定的评价标准，是规范的，而不是随意的；而且可以通过录像重播定格于某一教学过程瞬间。另一方面可以理解为在训练过程中，学员要认真分析各项教学技能要素，努力探究提高教学技能的方法。

综上，所谓“微格教学”就是在教育理论指导下，分解教学技能，运用现代教育技术，对师范生或教师进行规范的有针对性的职业技能培训的一种有效方式。

二、微格教学的理论依据

（1）系统论为教学技能训练提供指导思想。教学过程是复杂多变的，由许多环节和师生互动活动而构成的一个整体，即教学是一个系统，是一个由相互联系、相互制约、相互作用的要素构成的具有教育功能的有机整体。要研究系统，首先必须研究其构成要素；要使系统优化，首先必须使各个要素达到优化。对教学系统研究也是如此，教学技能是教学系统的基本构成要素，要想优化教师的教学，实现教学的总体目标，首先要使每一个教学技能达到优化，然后再有机结合起来，互相作用而形成教学的整体优化。教师要掌握复杂的教学活动，主要是通过对教学技能的分解和分别训练，从而形成教学能力。

（2）示范为被培训者提供信息及模仿的样板。示范，即做出榜样或典范，供人们学习。具体来说示范是对重要事实、观念、过程的一种形象化解释，是通过实际动作、电视等进行演示，说明某件事是如何进行的，以便让被培训者了解应该怎样去做。示范的理论基础是模仿理论，模仿理论表明：“即使是复杂的社会型行为也能通过完全的模仿获得”。在微格教学训练中，指导教师要为学员提供各种风格，不同角度的教学示范，并辅以对各种教学技能的说明，使他们获得直观的感受和认识。大量的实验事实表明，视听

① 引自：孟宪恺（1992）.

② 引自：王凤桐和陈宝玉（2010）.

觉并用的方法能使信息接受者获得最大信息量，比只用语言文字描述的方法好得多。而在微格教学中，无论是采用录像、电影的方法，还是实际的角色扮演来提供示范，都是从视听两个方面作用于受训学员的感官，这种视听相结合的方法能让学员接收的信息量大大增加，进而对某种教学技能有更好的感知。

（3）直接反馈更有利于改变人的行为。技能的学习是建立在反馈的基础上的，人们在进行某项有目的的活动时，都需要获得一些及时的反馈信息，可以说，任何的学习过程都是一个不断反馈强化的过程。“反馈”是现代化自动控制中的关键，是控制论中的一个重要概念，其目的是使控制者知道以往的活动或过程的结果，并以此调节下一步活动的过程，实现所要达到的目的。反馈要想起到有意义的调节作用，达到控制的目的，需要同时具有准确性和及时性两个条件。在微格教学过程中，反馈信息都是及时、准确、全面的，而且在微格教学的反馈中除了他人提供的反馈外，还有通过回放录像获得受训学员自己的反馈信息。心理学研究已经证明，人类在观察了自身行为后得到的反馈信息比他人提供的反馈要强烈的多。如果一个教师在教学中有不雅的行为习惯，当别人提出时改正往往较慢，而当自己观察到的时候，就会立即注意改正。微格教学就是为师范生或教师在教学技能训练时提供及时、准确、自我反馈的信息，帮助其较好地形成教学技能。

（4）形成性评价有利于被培训者改进和提高。微格教学中的评价是形成性评价，是通过诊断教学方案或计划、教学过程与活动中存在的问题，为正在进行的教学活动提供反馈信息，以提高实践中正在进行的教学活动质量的一种评价方式。其直接指向正在进行的教学活动，以改进这一活动为目的。所以，在微格教学中，并不把评价的结果作为最终成绩，而是作为学员改进和提高教学技能的依据，让学员清楚自己在哪些方面存在不足，以便及时改进。微格教学的评价是以定性分析和定量分析相结合的方式进行的。定性分析包括学员的自我分析、小组分析和指导教师分析；定量分析则是按照一定的评价标准制定评价量表，量化分析的结果可准确说明受训学员在哪些指标上还存在问题，以及技能整体达到了何种程度。定量分析给出量化的结果，定性分析帮助学员找出产生不足的原因，指出努力的方向，让被评价者容易接受。因此，定量分析和定性分析相结合的形成性评价，有利于被培训者改进、提高、掌握和完善自己的教学技能，从而提高自己的教学能力。

第二节　数学微格教学过程的组织实施

利用微格教学来训练教学技能需要一套专门的微格教学系统。微格教学系统是指通过使用音像摄录及重放录像的方法，将教学技能的反馈、评价做到及时、准确和具体。整个微格教学系统分成两个部分：主控室和装有自动转向摄影机及电视的隔离小教室，其基本设施包括多媒体主控电脑、监视器、电视机、摄像机、扩音器、传送信道等。

微格教学，作为一种培训师范生和在职教师教学技能的教学模式，有其特有的组织形式：由较少的学员组成“微格小组”，学员分别扮演“学生”和“老师”，用较短时间来训练一、两项教学技能，并利用微格系统将学员的“角色扮演”过程摄录下来，观摩录像，根据反馈信息进行反馈评价。要想高效地提高数学教师的教学技能，关键是要抓好微格教学的每一个环节。综合艾伦教授“六步”微格教学和布朗教授“三步”微格教学的做法，结合多年的微格教学实践经验，本书认为中学数学微格教学过程大致有以下几个步骤，如图 2-2-1 所示。

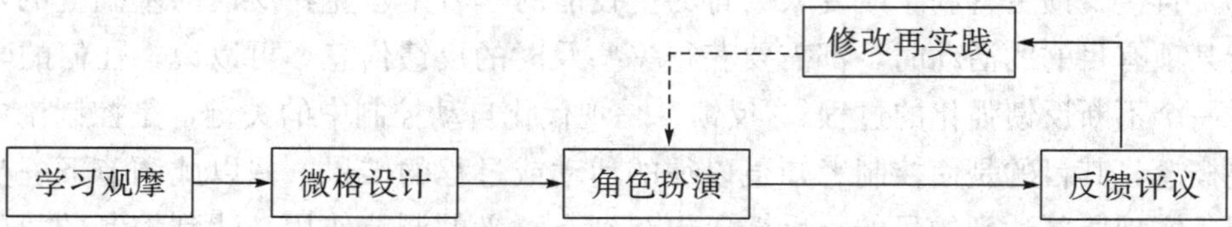

图 2-2-1　微格教学实施步骤

一、学习观摩

学习观摩包括理论学习和示范观摩两个方面。

(1) 理论学习。微格教学训练是一种全新的实践活动，在其实践和发展过程中又融入了诸如布鲁姆的“教育目标分类学”和“掌握学习法”、弗朗德的“师生相互作用分析”等教育观念、教育思想和方法，在进行微格训练之前，让学员学习相关教育教学理论是十分必要的。同时，要学习各项教学技能涉及的教学理论，包括相应教学技能的功能、要素和类型等，使师范生或教师初步了解微格教学训练的目标和要求。

(2) 示范观摩。针对各项教学技能，组织学员观摩精选的有关中学数学课堂教学片段的录像资料，并在观看后组织小组学员讨论分析，达成共识。这样学员不仅获得理论知识，也获得对某一项教学技能的感知、理解和分析。

在选取示范教学片段素材时，要针对所要训练的课堂教学技能，选择高水平的、针对性强的教学片段素材。示范的水平越高，学员起点越高；针对性越强，该项技能的呈现就越具体、越典型。

在观摩教学技能示范时，指导教师要先提出具体要求，使学员明确观摩的目标和重点。如果是录像示范，应附上相应的文字说明，便于学员对该项技能的感知、理解和分析。指导教师也可在不影响学员观看的前提下适时进行指导说明，指出学员应该仔细观看或认真分析的地方。若是用角色扮演的方法，那么对扮演者的要求较高，他必须能对该项教学技能灵活运用，准确无误的体现该教学技能的特点。

在示范观摩后，指导教师组织小组成员体会、讨论、模仿。师范生可讨论哪些方面值得学习；教师可对照录像，检查自己的教学与其存在哪些差距。指导教师组织学员互相交换意见，以期对该项技能取得共识。最后，在指导教师指导下进行重点模仿。

二、微格设计

微格设计是微格教学的教学设计的简称，是根据数学课堂教学目标和教学课堂技能训练目标，运用系统方法分析、解决数学教学问题的教学策略微观方案、试行解决方案、评价试行结果和对方案进行修改的过程。它以优化课堂教学和训练课堂教学技能为目的，以数学学习论、教学理论和传播理论为基础。

（一）微格设计的内容和要求

微格设计与一般教学设计既有联系，又有区别。一般数学课堂教学设计是一个完整的一节课，教学过程包括导入、展开、结束等完整的教学环节。而微格设计通常是时间简短的，内容只是一节课的一部分，便于对某项课堂教学技能进行训练。因此，微格设计内容和要求如下所示。

（1）确定教学目标。微格教学教学目标的确定方法与整堂数学课教学目标的确定方法一样，只不过对象是一个教学内容片段，所以教学目标的确定也应立足于该片段教学内容。

（2）确定技能目标。教学技能目标是学员的课堂教学技能训练目标，针对不同的“教师”可以有不同的目标。

（3）设计教师的教学行为。要求学员把自己教学过程中的主要教学行为，以及要讲解的内容、要提问的问题、要举的实例、准备要做的演示或实验、课堂练习、师生的活动等，都要一一设计编写好。

（4）标明教学技能要素。在教学实践过程中，针对教师教学行为，每处应当运用到哪种教学技能要素，在微格教学教案中都应予以标明。当有的地方需要用到几种教学技能要素时，就要选择针对性最强的主要技能要素进行标明。微格教学是以训练教学技能为中心的，要求学员在微格教学中去感知、识别和运用每项教学技能要素，所以标明教学技能是微格教学教案编写的最大特点。

（5）预测学生学习行为。微格设计与一般课堂教学设计一样，对学生的学习行为要进行预测，这些行为包括学生的观察、回答、活动等各方面，应尽量在微格教学的教案中注明，它体现教师引导学生学习的认知策略。

（6）准备教学媒体。对教学中需要使用的教具、PPT、录音、图表、实物等各种教学媒体，按照教学流程中的顺序加以注明，以便随时使用。

（7）分配教学时间。每个知识点需要分配的教学时间预先在教案中标明清楚，以便有效地控制教学进程和教学行为的时间分配。

（二）微格设计的书面形式——微格教案

微格设计的书面形式是微格教案，其具体格式可以各种各样，但大致都应包括教学目标、教师的主要教学行为、对应的教学技能要素、学生的学习行为、教学媒体、时间分配等项目。在教学实践中，编写者常可以根据自己的习惯和实际情况有所调整。为了让读者了解微格教学的教案编写，下面给出简约型（如表 2-2-1 所示，供学员自用）和实训报告型（如表 2-2-2 所示，供教学考评用）两种格式，供大家参考。

表 2-2-1　简约型微格教案

<table>
<tr><td>课题</td><td colspan="4"></td></tr>
<tr><td>训练技能</td><td colspan="2"></td><td>时间</td><td></td></tr>
<tr><td>教学目标</td><td colspan="4">1.
2.
3.</td></tr>
<tr><td>技能目标</td><td colspan="4">1.
2.
3.</td></tr>
<tr><td>时间分配</td><td>教师行为</td><td>教学技能要素</td><td>学生行为</td><td>媒体运用</td></tr>
<tr><td></td><td></td><td></td><td></td><td></td></tr>
<tr><td>评议</td><td colspan="4"></td></tr>
</table>

表 2-2-2　实训报告型微格教案

<table>
<tr><td>课题名称</td><td colspan="2"></td><td>日期</td><td></td></tr>
<tr><td>技能目标</td><td colspan="4"></td></tr>
<tr><td>教学目标</td><td colspan="4"></td></tr>
<tr><td>教学重
点难点</td><td colspan="4"></td></tr>
<tr><td>教学方法
与手段</td><td colspan="4"></td></tr>
<tr><td>成绩</td><td colspan="2">优（　　）　良（　　）　中（　　）
合格（　　）　不合格（　　）</td><td>教师签名</td><td></td></tr>
<tr><td colspan="5">教　学　过　程</td></tr>
<tr><td>时间分配</td><td>教师行为</td><td>教学技能要素</td><td>学生行为</td><td>媒体运用</td></tr>
<tr><td>（　）分钟</td><td></td><td></td><td></td><td></td></tr>
<tr><td>（　）分钟</td><td></td><td></td><td></td><td></td></tr>
<tr><td>（　）分钟</td><td></td><td></td><td></td><td></td></tr>
</table>

续　表

课题名称			日期	
（　）分钟				
（　）分钟				
（　）分钟				
教　学　评　价				
课后自评与反思				
小组互评	对训练情况进行评议（优点及改进建议）：			
教师评价	签名： 日期：			

注：不够可加附页

三、角色扮演

微格教学改变了传统的教师讲，学员听的培训模式，让学员走向讲台，给他们一个充分的实践机会。而在这个实践活动中，每个受训学员都要扮演一个角色进行模拟活动，是受训学员进行教学技能训练的具体教学实践活动，所以角色扮演是微格教学的中心环节。

（1）角色扮演的过程。在微格教案编写完成后，同一个小组成员在指导教师组织引导下，在小组内轮流扮演“教师”、“学生”和“评价人员”等角色，每个“教师”角色扮演时间为 5～10 分钟。在“教师”扮演者开始进行教学时，同时开始录像、录音、笔录等，“学生”扮演者应像教学班级的学生一样积极配合“教师”的教学，比如参与讨论、回答“教师”提问、协助“教师”演示或实验等。

（2）角色扮演的要求。角色扮演要求小组成员都能认真投入地扮演好自己的角色。“教师”角色的扮演者，要把自己当成一个真正的教师，把模拟的教学当成是真实的课堂，把自己投入到“教师”这个角色上来，用最好的状态把将在真实教学中的教学水平演绎出来。而“学生”角色的扮演者要充分表现“学生”的特点，自觉进入特定情境。“学生”扮演者要了解自己所扮演“学生”的已有知识框架和认知基础，认真思考“教师”提出的问题，积极配合“教师”的教学，使整堂课能够顺利的进行下去。有时也可让受训“教师”的好朋友来扮演常答错问题的学生，以训练受训“教师”的应变能力。在进行训练的过程中，要求教室里尽量减少与教学活动无关的其他人员，所有人员不得擅自出入，使教学情境更加逼真，也可减少受训“教师”面对镜头时的紧张情绪。

四、反馈评议

对受训学员的扮演过程给予准确、及时的反馈和恰如其分的评价，是使其教学技能得以提高的关键。反馈评议阶段包括以下三个环节。

（一）“教师”扮演者陈述

“教师”扮演者即执教者，将自己这节课的设计目标，主要教学技能和方法，教学过程等向小组成员和指导教师进行介绍。

（二）播放微格录像

播放“角色扮演”过程的录像，全组学员和指导教师共同观摩。观摩录像是让受训“教师”耳听目睹自己的教学行为，与自己预先设计好的教学过程进行对照，可清楚地发现自己的优点及不足。指导教师及小组内其他成员在讨论分析中有重点的重放录像，一是可以加深印象，二是对有争议的地方可以暂停、重放等，形成较为统一的意见，为帮助受训“教师”改进与提高提供依据。

（三）评议

（1）学员自评。在看完录像后，“教师”扮演者进行自我评价，分析在实际的角色扮演过程中是否达到了自己预先设定的目标，对于所要训练的教学技能是否运用得当，以及是否存在其它教学行为等问题。列出优缺点，肯定成绩，找出不足之处。如果“教师”扮演者自己认为很糟糕、非常不满意，可以申请重新“角色扮演”。指导教师可根据时间和条件，决定是否重新实践，尽量做到不挫伤学员的积极性。

（2）小组评议。小组内成员在指导教师的组织引导下，对“教师”扮演者的教学行为进行集体讨论，在讨论时应以相应教学技能的理论为指导，分析优、缺点，进行定性评价的同时，根据等级评价表给出成绩，进行量化评价。在评价过程中，除指出“教师”扮演者的优、缺点外，小组成员最好能够提出建设性意见，具体说明如何做可能会更好。

(3) 指导教师评议。指导教师的评价对于学员来说是举足轻重的，其评价应尽量做到客观、全面、准确，要尽量保护学员的自尊心和积极性。指导教师要站在与扮演者平等的立场上，以讨论者的身份出现，对其优点进行肯定和赞扬，然后再指出其主要的不足之处，并讨论“应该怎么做或怎么做更好”。

五、修改再实践

受训“教师”参考相应的教学技能示范及其理论，根据评议的情况，针对自己在此次角色扮演中出现的不足之处，修改自己的教案，并进行微格教学“再实践”。微格教学的“再实践”包括同一技能的角色再扮演、“新教学”过程录像的观摩、评议等，即重复“角色扮演－反馈评议”的过程，直到达到教学技能训练目标。是否再循环，可以根据受训对象的具体情况和课时时间安排而定。若此次角色扮演较成功，则可直接进入下一教学技能的训练。

综上，数学课堂教学技能的微格教学训练步骤为：学习观摩、微格设计、角色扮演、反馈评议和修改再实践（是否再实践根据具体情况而定）等。但在数学课堂教学过程中，各项教学技能是交织在一起的，任何单项的教学技能都不会单独存在。如导入的过程必然用到语言、提问、演示、板书等教学技能，在训练导入技能时，重点研究导入的方式、新旧知识的联系、情境的创设等问题。这样暂不考虑其他教学技能，只是重点考虑某项技能的运用情况，对某项教学技能进行训练，评议时可以深入、且针对性强。当各项教学技能都经过训练达到一定水平以后，应安排教学技能综合训练，也只有对教学技能进行综合训练，才能形成教学能力。

因此，对于数学“微格教学”这门课程而言，可以分为三个部分进行：理论学习阶段；各项技能训练实践阶段；综合训练阶段。其中，理论学习和技能训练可以完全分开进行，先集中讲所有技能的理论知识，然后逐一进行各项教学技能的训练。但实践证明，理论学习与技能训练一一对照起来，效果较好，即讲完某一项教学技能理论，随后即给出相应的案例分析，并进行相应的技能训练。在这门课程的后期阶段进行综合训练，即所有学员已经完成各项教学技能训后，小组内又把学员分成两人一个小小组，每个小小组选择一个课题，一个人说课（10 分钟）一个人进行同课题的讲课（25 分钟），同时小组其他成员做听课记录，在说课和讲课完毕后，首先说课人和讲课人自评，然后小组成员评课，最后指导教师点评。

第三节　数学微格教学的实践

在了解数学微格的含义、特征和理论依据，掌握了微格教学过程的组织实施步骤的基础上，本节将通过阐述在数学微格教学训练中的注意事项，以及如何进行有效评价，以期将数学微格教学的实践真正落到实处。

一、数学微格教学训练的注意事项

数学微格教学，首先是受训者在学习观摩的基础上设计微格教案，然后受训者根据自己微格教学设计去具体实施、反馈评议、修改再实践等。在数学微格训练中要力求注意以下几点。

(1) 教学内容要与训练的课堂教学技能有机结合起来。不能为了教内容而教，也不能为了显示教学技能而教。

(2) 每次训练的课堂教学技能限于少数一、两项，有针对性的训练，而不要求多求全。

(3) 单项技能训练每次角色扮演最长时间不超过12分钟。否则，受训学员的教学技能训练重点不突出，每次微格参训人次少，效率低；听评学员容易疲劳，注意力不易集中，评价效果不佳。

(4) 训练活动必须要有反馈和评价。每次评价围绕是否凸显了要训练的技能要素进行。如数学板书板画技能要素主要有：书写与作图、布局、配合等（详见第五章第一节）。反馈评价时应注意以下几点。

①加强组织，用好录像。在反馈评价中，指导教师给予恰当的组织和安排，被评价者通过录像观察审视自己的教学行为，对照自己确定的教学目标找出存在的问题，进行自我反馈。与此同时，小组其他成员和指导教师根据录像提供的信息，按照一定的评价要求，给被评价者提供定性定量的反馈评价信息。这样，被评价学员获得有效的改进教学的意见，其他学员能提高评价能力。

②反馈要及时、具体、集中、有建设性。反馈最好在该学员教学行为结束后立刻展开。指导教师应注意掌控使得评价反馈的重点在当前的技能训练上，不要什么方面都涉及，人的接受能力是有限，人的学习也是一个循序渐进的过程，如果想面面俱到，那么往往事与愿违。指导教师在总结学员出现的问题时，一定要为学员提供解决问题的建议，或者可以亲身示范，最好能落到行为层次到底该怎么做，同时说明这样做的优点及教育理论依据是什么，使其知其然还要知其所以然，为今后的成长发展打下基础。

③注意选用恰当的反馈方式。被评价者的自信心、自尊心和情绪都会受到评价方式和结果的影响。因此，在反馈评价中，不能简单否定，也不要过多地强调受训者的缺点，过多地强调学员的缺点会导致学员产生抵触情绪，使学员处于一种自我保护的状态，而不愿表达自己的观点，甚至教学过程中出现紧张感，没自信心。可以借鉴艾伦教授的“2＋2”教学指导法，对每个被评价者给出赞扬性的和改进性的意见各两条，使评价者和被评价者的注意力集中在最主要、最容易改进的方面，增强学员掌握教学技能的信心和勇气。对存在问题采用讨论等方式启发学生自己发现，以使反馈评价活动在积极、和谐的气氛中进行，达到促使学生自我完善、不断提高的积极作用。

二、数学微格教学的评价

课堂教学技能的训练本身不是目的，其目的是提高师范生或教师的数学课堂教学技能水平。在微格教学过程组织实施的各个环节中，很重要的一个环节就是评价，因为有了评价才可以考察受训者是否已掌握了某种课堂教学技能的要领，才可以帮助受训学员改善和提高。

（一）评价内容

每项课堂教学技能都有其自身的特点、作用和构成要素，其评价侧重点会有差异，但无论哪项课堂数学教学技能的训练，都需要评定“教师”对数学课程标准及教材的理解和掌握水平；“教师”能否根据教学内容和实际选择恰当的教学方法；“教师”要教给中学生哪些数学学习方法、培养哪些方面的数学能力；“教师”采用的教学手段是否合理有效等等。因此，在进行微格教学的评价时，都会涉及到评价教学目标、教学内容、教学过程、教学手段 、教学基本功、教学的效果等内容。下面提供表 2-3-1，供读者参考。

表 2-3-1　数学课堂教学评价项目及内容列表

评价项目	评价内容
教学内容	1. 教学内容是否有知识性错误，是否完成教学任务； 2. 教学目标是否明确，教学目标确定的适宜程度； 3. 教学重点是否突出，难点是否准确、是否突破； 4. 是否全面完成教学任务； 5. 教学过程是否围绕教学目标展开； 6. 数学思想方法是否得到体现
教学设计	1. 教学目标设计是否从知识与技能、过程与方法、情感态度与价值观等方面设计； 2. 教学过程设计是否考虑了组织教学、教学情境活动、学生认知基础和认知活动等； 3. 评价活动设计是否包括课堂上学生学习反馈情况（课堂练习、课堂提问等）和课后教学评价的设计（家庭作业、课外拓展等）
教学手段	1. 是否灵活应用不同的教学方法组织教学，是否有对一些新的教学模式的尝试； 2. 是否利用现代教育技术手段，现代教育技术运用是否合理； 3. 是否有自制教具帮助学生理解抽象的数学对象，是否开发和利用多种数学课程资源
教学基本功	1. 对数学内容讲解是否逻辑条理清晰、层次分明； 2. 教学语言是否准确、精练、明白、生动； 3. 板书内容是否布局合理、脉络清晰、字迹工整、符号规范、图表直观，板书板画与讲解是否配合好； 4. 情绪是否饱满，能否充分调动学生学习的情绪，教态是否自然大方，语速是否适中

（二）评价方法

1. 等级评价法

在等级评价中，评价者可以单纯的对受训者的教学情况进行定性分析，做出定性评价。定性评价通常是围绕训练技能目标来进行的。由“教师”角色扮演者（或指导教师）介绍技能训练目标，突出说明在训练中重点要训练的技能要素，列出相应评价表单中的评价项目，对各项不给得分，只给出“教师”扮演者各项相应的等级即可。在等级评价中，也可在定性评价的同时，对受训者做定量评价。这种评价是明确各项评价项目的标准，即指定出评价等级和权重，参评人员根据“教师”扮演者的表现情况对各个评价项目逐一给出等级分，计算出等级分之和记为该次训练得分。

在传统的数学课堂教学技能评价中，为了提高教学评价的准确度，常采用定性评价与定量评价相结合的方式，如表 2-3-2 所示。

表 2-3-2 XXX 技能训练等级评价表

讲课人		评课人		成绩	
课题			评价等级		
评价项目	权重	优	良	中	差
补充说明：					

根据各项课堂教学技能的作用、方法和要领，确定评价记录表中的各项具体指标。每一条指标在该指标体系中的重要程度，用权重系数表示，各项权重系数之和应该等于1。为了给予师范生或教师更多鼓励，减少其心理压力，评价等级分为优、良、中、差四等。

等级评价法的优点是：评价项目详细；各评价项目有量化标准；等级和权重结合使评价客观；不同评价者给出的百分制总分，可求平均分作为被评价者的成绩，便于横向和纵向的比较。但这种评价方法也有以下不足：对评价者来说略显复杂，可能会为了评价而分散对讲课者的关注度，从而不能更好的交流和学习；不能很有针对性的提出改进意见；学员对分数往往比较敏感，过高容易骄傲自满，过低容易失去信心，不高不低又不知所措。

2. “2+2”评价法

“2+2”评价法是由美国斯坦福大学艾伦教授提出来的。他认为学员要在短时间内改进众多缺点几乎是不可能的，所以主张每次对受训学员的微格教学无论成功与否都只要指出两条主要优点让受训学员保持，同时也只能指出两条主要缺点让其改进。因此，所谓“2+2”评价法是指评价者（包括指导教师和评价学员），对被评价者（“教师”角色扮演者）所进行地教学活动，各自独立的、具体的提出两条肯定性的评价和两条建设性的评价，被评价者根据自己观摩录像的感知，从所有的这些建设性评价中只选取两条作为自己下一步教师角色扮演的参考建议。根据“2+2”评价法制定的评价表如下表2-3-3所示。

表 2-3-3　XXX 教学技能训练“2+2”评价表

讲课人		评课人	
课题		日期	
评价目标	（根据所训练的技能内容，拟定相应的评价目标以供评价者参考）		
两条优点	① ②		
两条建议	① ②		

可见，微格教学中使用“2+2”评价法的优点是：对教师角色扮演者以鼓励为主，提高自信心；减少了评价者评价过程的复杂程度；增加了对被评价者教学本身的关注；也避免了学员对分数的敏感程度。但在实际微格教学训练中也有不足之处：不易提出高

质量的建设性的意见；难作量化分，也不便于横向比较考核。在具体的微格教学评价中，可以根据“教师”扮演情况和时间安排情况，可将“2+2”评价变通为“2+1”评价或“1+1”评价。

综上，等级评价法和“2+2”评价法各有优缺点，在实际的数学微格教学反馈评价过程中，可将两者结合起来使用。数学微格教学通过个人、小组的深入讨论和评价，使被评价者或主讲者通过大家的帮助，了解自己在主讲该教学片段中，哪些意图实现了，是怎样实现的；哪些意图没有实现，为什么没有实现；哪些地方需要改进，如何改进等等。同时，通过深入细致的讨论和评议，不仅对被评价者，对评议者也是一种促进。评议者势必也在思考：如果是我主讲，应当怎样处理，才能避免重犯类似的错误，才能使教学效果更好些；他（或她）在主讲过程中哪些优点值得我学习等等。

三、微格教学活动体验

（一）观摩讨论课堂教学片段

观摩一个数学课堂教学片段，在小组内讨论以下问题。

（1）通过这一段数学课堂教学片段的学习，你有哪些收获？

（2）在该教学片段要求学生掌握的知识与技能中，哪些是重点？哪些是关键？学生学习的难点是什么？该教学片段中是否突出了重点？突破了难点？

（3）在这个教学片段中，学生经历了什么样的过程？体会到了什么样的数学思想方法？学会了什么样的问题解决策略？

（4）如果该教学片段的教学内容需要在情感价值观方面培养学生，你打算采用哪些教学方法？

（二）观摩讨论“微格教学”录像

观摩一段微格教学的录像，并在小组内讨论如下问题。

（1）通过这一段微格教学录像的观摩，你认为微格教学中有哪些扮演角色？分别应当注意什么？

（2）如果你是该微格教学片段的主讲人，你准备怎样向大家介绍你的教学意图和教学重点？

（3）如果你是该微格教学片段的“学生”扮演者，你会如何回答“老师”的问题？如何与“老师“配合？为什么？

（4）如果你是该微格教学片段的评价者，在听课中，你会记录些什么？如何记录？如何评价？

（5）通过这一段微格教学录像的观摩，你认为在反馈评价中，有哪些程序？在评议的过程中应当注意些什么？

（三）阅读参考书

阅读以下书目，系统了解相关数学教育教学知识，做好微格教学前的理论准备。

（1）数学新课程标准、数学课程标准解读（包括义务教育阶段和高中阶段的）。

（2）新课程标准下的中学数学教材（初中、高中，甚至小学高年级的，尽可能找不同版本的参阅）。

（3）翁凯庆（2005）。

（4）教育部《基础教育课程》编辑部（2004）。

（5）邵光华（2009）。

第三章　中学数学课堂教学设计技能

数学课堂教学是教师在数学课堂中引起、维持和促进学生学习的一系列行为方式的总和。教师的主要行为活动是呈现数学情境、激发学生学习兴趣、引发学生数学思考、组织课堂对话交流、辅导学生练习、调控教学活动等等。教师通过这些行为活动，在课堂上有计划、有组织、有目的地使学生获得数学基础知识和基本技能，经历数学学习活动过程，体会数学基本思想方法，积累数学活动基本经验，发展数学能力，获得积极的情感体验。为了提高数学课堂教学质量，在实施数学课堂教学行为之前，教师需要进行周密的思考和安排，弄清楚“教什么”“怎么教”“达到什么目标和要求”等问题，这就是数学教学设计。

随着基础教育课程改革的深入，教学设计成为了广泛关注的研究和实践领域，教师成为教学设计者。因此，数学教学设计技能是数学教师必备的重要技能。

第一节　数学课堂教学设计技能概述

数学教学设计是教师以数学教学相关理论为基础，运用系统方法分析数学教学问题、确定数学教学目标、设计解决数学教学问题的策略、试行解决方案、评价试行结果和对方案进行修改的一系列可操作的过程。

数学教学设计技能是教师对数学课堂教学活动进行策划的一种技能，是数学教师最基本、最重要的技能之一，也是其他数学课堂教学技能的基础。

教师进行数学教学设计是为了达到数学教学活动的预期目标，减少数学课堂教学中的盲目性和随意性，促使学生高效地学习，开发学生的学习潜能，以促进学生的全面发展。既然是设计就有思考、立意和创新。因此，教学设计是一个既要满足一定教学设计原则，又要进行个人创新的过程。

一、数学课堂教学设计的原则

根据数学教学设计的概念和新课程的发展教学观，数学教学设计要遵循科学性、可行性和主体性等原则。

(1) 科学性原则。教学设计必须有科学理论的指导。数学教师是在数学学习论、数学教学论、数学课程论、教学评价理论以及教学媒体运用理论的指导下，根据数学教与学的基本特点和规律，建立合理的教学目标、教学内容、教学方法和教学手段的策略体系，再运用系统方法对各个教学要素及其相互关系进行分析和策划。教学的过程是教师行为、学生行为和教学内容之间相互作用的极其复杂的过程。它们之间相互联系和制约，形成一定的结构体系。因此，数学教学设计要在相关教育教学理论的指导下，注意各环节的衔接、各要素的配合、兼顾全面性和层次性，使教学过程成为一个科学统一的整体。

(2) 可行性原则。数学课堂教学设计应该既要符合教师的实际，又要符合学生的实际，还要符合教学环境的实际。只有符合实际的教学设计，才便于操作，才是可行的教学设计。当然，随着现代教育技术的运用，可以创设生动形象的数学情境，一些以前用传统媒体无法表现的过程也可以用多媒体展现，使不可行的事情变为可行。因此，教师在数学教学设计中，要根据学生情况、教学环境、媒体条件等实际，发挥自身优势，进行创造性的劳动，这样设计出的方案才切实可行、便于操作。

(3) 主体性原则。学生是课堂教学的主体，数学教育的根本任务是促进学生在数学上的全面发展。教学设计时，要特别关注教学对象——学生。在教学设计的前期分析时，要关注学生的学习准备状态；在设计数学学习活动时，要突出学生的主体地位，激发学生的学习积极性，向学生充分提供从事数学活动的机会，帮助他们在自主探索和合作交流的过程中真正理解和掌握基本的数学知识和技能、数学思想方法，获得广泛的数学活动经验。

总之，数学教学设计既要有科学理论的指导，不断提高数学教学设计的科学化水平，又要结合教学实际进行创造性的劳动、使教学设计方案切实可行，还要在整个设计过程中以学生为中心，体现学生的主体地位。只有这样，才能使数学教学设计不断优化，取得更好的教学效果。

二、数学课堂教学设计的主要作用

数学教学设计是对数学教学的全面规划和具体实施可操作的方案，是进行数学课堂教学的全部准备工作。数学教学设计对于数学教学的科学化、课堂教学的不断优化、学生主体地位的体现和教师的专业化成长都有着决定性的作用。

(1) 有助于数学教学的科学化。传统的备课是对教师课前准备工作的统称，主要依赖于教师个人的经验，缺乏科学的理论指导，也没有科学的分析研究方法和操作程序，而现在的数学教学设计是以数学学习论、数学教学论等理论为指导，根据课程标准对数学课程的教学目标、具体教学内容及教学要求的规定，从教学的科学规律出发，对数学课堂教学中教与学的双边活动进行的设计。教学设计是以科学理论为依据，运用系统的方法，分析数学教学问题，设计教学方案，把数学教学理论转化为数学教学技能，使数学教学更加科学。

(2) 有助于学生主体地位的体现。根据新课程标准理念，学生是数学学习的主人，教师是数学学习活动的组织者、引导者和合作者。数学课堂教学设计是在对学生全面了解和分析之后进行的教学设计活动。它以学生的基础为出发点确定教学目标，选择教学策略，设计教学媒体。数学教学的最终目的，是学生通过数学学习活动，在数学上得到应有的发展。所以数学课堂教学设计必须以学生为中心，围绕数学学习内容和可能遇到的学习问题而展开的教学设计，为学生提供参与数学活动的机会，充分体现学生的主体地位。

(3) 有助于实现数学课堂的优化。数学教学设计是以数学教学理论为指导思想，运用科学的方法，对数学教学的内容和目标、策略和方法、形式和手段进行系统的组织安排，对初步形成的教学设计方案要进行评价、反思和优化改进，不符合数学教学规律的方案都在教学设计初期就排除出去，从而建立最佳的教学结构和方案。因此数学教学设计有助于教学过程的优化，有利于课堂教学的优化。

(4) 有助于数学教师的专业成长。由于教师进行数学教学设计时，需要科学的、先进的数学教育教学理论的指导，所以数学教学设计要求教师不断学习先进的、科学的数学教育教学理论，领会数学课程标准精神，积极参加各种数学教学的交流活动，及时了解国内外的数学教育教学的研究成果。教师只有储备了足够的理论知识，在教学设计中适当地运用这些理论，才能把数学教学理论转化为数学教学技能，达到理论与实践的结合。对教学设计的反思，也能促使教师对数学课堂教学中的问题进行反思、分析，形成数学教师的反思习惯，提高其数学教学研究能力。所以，数学教学设计有助于教师的专业化成长。

三、数学课堂教学设计的要素

根据系统理论，不论数学课堂教学设计采取什么形式，都包含了分析教学对象、明确教学目标、选择教学策略和评价教学方案等几个共同的要素。

(1) 分析教学对象。由于学生是教学设计的中心，设计的一切教学活动都是为了学生更好的学习数学，所以必须认真对学生情况进行分析，找到学生的知识生长点，引导学生从原有的知识经验中生长出新的知识与经验。所以，在数学教学设计的前期，首先要分析学生的情况。如教师可以思考这些问题："学生是否已经具备了学习新知的基础?""有多少人不具备？怎么处理?""没有准备好的旧知是什么？怎么应对?"比如，同样是函数的概念教学，初中生和高中生的思维水平就不同，知识起点不同，教学设计就不同。初中函数概念可以采取概念形成的教学形式，首先提供丰富的感性材料，然后启发学生归纳出它们的共同属性，从而形成函数的概念；若高中学习函数概念之前，已经掌握映射概念的话，就可以采取概念同化的学习形式，把函数概念纳入已有的映射概念的知识结构中去。所以，分析教学对象是数学课堂教学设计的起点，它直接影响数学课堂教学能否顺利开展。

(2) 明确教学目标。进行数学教学设计时，必须明确"为什么要学习这些内容?""通过教学想要达到什么目标?"教学目标是学生在教师指导下，在从事具体的数学活动中，行为、心智表现的变化和阶段性的学习结果。只有明确数学教学目标，才能使我们的教学设计不会偏离正确的方向。比如，若教学目标是探索平方差公式 $(a+b)(a-b)=a^2-b^2$，则需要探索的条件和问题情境，如准备纸板、情境、学生进行拼图实验活动、猜想公式、证明公式等等；若教学目标是掌握平方差公式 $(a+b)(a-b)=a^2-b^2$，则应安排练习活动，巩固记忆公式、掌握公式的运用，提高运算能力，最后归纳总结数学思想、方法和运算需要注意的问题。所以教学目标是数学课堂教学设计中的关键组成部分，它对数学课堂教学活动具有导向、调控和评价的作用。

(3) 选择教学策略。根据数学内容教学任务和学生特点，有针对性地选择和组合相关的教学内容、教学组织形式、教学方法和媒体技术，形成最有效率意义的教学方案，这就是教学策略。在整个教学设计过程中，教学策略的设计应具体且详细，如数学问题情境的创设、学习兴趣的激发、教学方法的选择、教学顺序的安排、媒体运用等等，都是教学策略的具体体现。所以，数学教学策略的选择是数学教学设计的重点组成部分，它决定着教学设计方案能否最终达成教学目标。

(4) 评价教学方案。经过分析教学对象、明确教学目标和选择教学策略这三个步骤，就会形成一个数学教学设计的“方案”，按照这个“方案”进行教学，能够达到教学目标吗？符合学生实际吗？能够取得预期的教学效果吗？方案切实可行吗？有没有意料之外的障碍？怎样判断数学教学过程的各个要素和各个环节的选择和组合是否恰当？怎样根据教学目标对设计方案进行修改和调整，优化教学设计方案？这就需要对教学设计方案进行评价，并根据评价进行修改完善。根据实际教学要求和教学条件，可以选择对教学方案进行课前评价、课中评价和课后评价。

数学教学设计的对象、目标、策略和评价四个要素是互相联系、相互作用的，共同构成了数学教学设计的总体结构。

第二节　数学教学设计内容

通常情况下，数学课堂教学设计要考虑前期准备、教学目标的确定、教学策略的选择、教学活动的设计和教学设计后的反思等五个方面的内容。

一、数学教学设计的前期准备

数学教学设计的前期分析包括对数学课程标准的钻研、对教学内容的分析和对学生情况的分析。通过这三个方面的分析，可以为数学教学设计中制定教学目标、选择数学教学策略、设计数学教学活动等提供可靠的依据。

(一) 钻研数学课程标准

数学课程标准，是数学教学的法规性、指导性和纲领性文件，是衡量数学教学质量的标准。它对数学课程的性质与地位、教学目的和要求、教学内容的安排、各个知识点的教学要求及其层次等做了非常详细的规定。例如，普通高中数学课程标准（实验稿）对“算法的含义、程序框图”作出以下要求：①通过对解决具体问题过程与步骤的分析（如二元一次方程求解等问题），体会算法的思想，了解算法的含义；②通过模仿、操作、探索，经历通过设计程序框图表达解决问题的过程，③在具体问题的解决过程中（如三元一次方程组求解等问题），理解程序框图的三种基本逻辑结构，即顺序、条件分支和循环。

教师必须注意到数学课程标准与原来的数学教学大纲有明显的不同：其加强了数学

与日常生活的联系，注重几何直观，增加随机数学，重视估算和计算方法的多样性，尽早引入坐标思想；废弃了许多陈旧的公式、刻板的运算规定、过度的形式化表述以及脱离学生实际的抽象内容等；内容的呈现形式更加生动活泼，具有趣味性，加强了可操作性，并提倡主动探索和彼此交流。数学教材是依据数学课程标准编写的，教师必须深入钻研数学课程标准，才能深刻领会教材的编写意图和目的要求，并运用到数学教学设计中去。

（二）分析数学教学内容

数学教学设计需要首先解决的是教师教什么和学生学什么的问题，即教学内容。数学教学内容是在数学教学过程中为使学生达到课程目标的各种数学知识信息材料的总和，是按照一定的课程目标、遵循相应的教学规律组织起来的数学理论知识系统。

数学教材是数学教学内容的基本组成部分，是数学教学目标的具体体现、是教师教学设计和开展教学活动的主要依据，是学生进行数学学习的重要工具，在数学教学过程中起着非常重要的作用。为了提高数学教学质量，数学教师必须分析、理解和掌握数学教材，才能灵活地利用和处理教材，深入浅出地上好每一堂课。因此，分析数学教材对于提高教学质量和提高教师自身素质都具有重要的意义，是数学教师的基本功。数学教材分析的基本内容如下所示。

（1）功能分析。教师必须对数学教材在培养和提高学生数学素质的功能上进行分析，了解学习这些内容的价值，主要包括智力价值、思想教育价值和应用价值。智力价值是指数学思想品质培养、思想方法的训练、数学技能的培养及数学能力的提高等；思想教育价值是指个性品质的培养、人格精神的塑造、世界观和人生观的形成等；应用价值是指数学知识在生活、生产实践和科学技术中的应用。

（2）结构分析。教师必须通阅教材，从整体上把握各章、节在整个教材中的地位、作用和前后知识模块之间的结构关系；分析教材中的重点、难点，以便在教学设计中抓住重点，突破难点。

（3）背景分析。了解有关数学知识发生发展的背景和过程，与其他知识和生产生活实际的联系。如“勾股定理”就具有丰富的历史文化背景，在古今中外出现过许多不同的探索方法，也是我国古代辉煌的数学成就。它为解决许多生活实际问题和数学问题提供了理论依据和方法来源。

（4）要素分析。数学教材主要由感性材料、概念和命题、例习题等要素构成。了解感性材料、概念和命题、例习题的编排思路和功能，探讨例习题的解题思路，并进行反思，提炼其中的数学思想方法。

（5）学习类型和任务的分析。不同的学习类型和学习任务，对教学设计会有不同的要求。通过对学习任务的分析，了解新知识与原有认知结构之间的关系，起点能力转化为目标能力所需要的先决技能和它们之间的关系。可以为教学顺序的设计提供心理学的依据。

通过对数学教材的功能、背景、结构、要素、学习类型和任务等方面的分析，教师可以对教学内容有一个完整的思考，对于教学设计中应该编制什么样的教学目标、采取什么教学策略、安排什么样的教学活动、采用什么媒体等，都有一个初步的设想。

（三）分析学生情况

学生是数学教学的对象，是数学课堂学习的主体。学生情况的分析能为数学教学内容的选择和组织、教学目标的编制、教学活动的设计、教学方法和媒体的使用提供可靠的依据。为了使教学设计有的放矢，符合学生的实际情况，取得更好的教学效果，教师必须对学生情况进行客观的分析。学生情况分析包括以下几个方面。

（1）分析学生的起点能力。学生的起点能力是学生对从事特定内容的学习已经具备的知识与技能的基础，以及对有关学习内容的认识水平与态度。一般来说，分析学生的起点能力包括了解学生的预备知识技能和目标技能。预备知识技能是指进行新的学习前必须掌握的知识与技能，如果学生的预备技能没有掌握好，必须改变教学起点，补上这部分内容。学生的目标技能就是了解学生是否已经掌握或部分掌握了教学目标中要求学生学会的知识和技能。对于学生已经掌握了的知识与技能，就没有必要再进行教学。

例如："求函数 $y=\ln(2-x)+\sqrt{x^2+2x-3}+\dfrac{1}{x+3}$ 的定义域"，学生的预备知识技能是：函数定义域的含义、分式的意义、二次根式的意义，对数函数的定义域，还要会解不等式组。如果学生已经具备这些预备技能，就只需要引导学生分析题目的已知、未知，将题目问题转化为求解不等式组 $\begin{cases}2-x>0\\x^2+2x-3\geqslant 0\\x+3\neq 0\end{cases}$ 就可以了。

（2）分析学生学习数学的心理特点。学生学习数学的心理特点是指对学生学习有关数学内容产生影响的年龄、性别、认知成熟度、学习动机、情感、意志和气质等因素。这些心理特点因素影响到教师对教学内容、教学方法和教学媒体的选择和使用。皮亚杰的认知发展阶段性的理论，把儿童认知发展分为四个阶段：感觉运动阶段（0～2 岁）、前运算阶段（2～7 岁）、具体运算阶段（7～12 岁）和形式运算阶段（12～15 岁）。初中生处于由具体运算阶段向形式运算的过度时期，对于尚处具体运算阶段的学生，应该提供具体运算的学习策略，设计适合的教学活动，为他们逐步进入形式运算阶段做好准备。处于不同认知发展阶段的学生具有不同的心理特点，应该选择适合的教学内容和教学方法。在同一认知发展阶段的学生，其水平也不完全相同，也应该有不同的教学设计。因此，教师应该分析学生所处认知发展阶段以及学生个体学习数学的心理特点差异，以便设计符合学生学习心理特点的数学课堂教学。

（3）分析学生学习情感态度的特点。学生学习情感态度特点是指学生对要参与数学学习的情绪状态、兴趣爱好、探究欲望等因素。学生参与数学学习的情感态度直接影响到教学的效果。如果学生态度积极，就会取得较好的学习效果；如果学生对学习内容有偏见或误解，就会阻碍学习的顺利进行。学生参与学习的动机程度与过去学习的成就感有关，也与学生在学习中的情感感受有关。在进行教学设计时，教师应该关注学生对数学学习的情绪状态，了解他们对探索数学知识的兴趣和好奇心，精心设计问题情境来激发学生的求知欲，创设有趣的教学活动来让学生体验感受数学的价值，获得成就感。

二、确定数学教学目标

教学设计时，我们要关注“学生为什么要学习这些内容?”“学生学完这些数学课程能够做什么?”这就是教学目标要回答的问题。顾泠沅教授认为：“教学目标是教学目的的系统化、具体化，是教学活动每一阶段、每一单元要实现的教学结果或所要达到的质量标准，这种结果或标准又必须是可以用外显的、能观察到的行为加以界定的”。数学教学目标的制定是数学教学设计的关键部分，它关系到课堂教学选择、教学策略和教学媒体与环境的合理组合和运用，以及对教学成果的合理评价，也关系到数学课程目标的实现。

一般来说，教学目标有远期目标与近期目标。远期目标可以是某一课程内容学习结束时所要达到的目标。也可以是某一学习阶段结束后所要达到的目标。确定远期数学教学目标时，应注意其与所上数学课任务的实质联系，以避免远期教学目标的设立流于形式——只在教学设计中的“教学目标”出现，而在“教学内容”“教学过程”中无法落实。近期教学目标是某一数学课程内容学习过程中，或某一学习环节结束时所要达到的目标。它与特定的数学教学内容有关，有很强的针对性、可操作性。在实际教学中，近期目标既是通过目前数学教学活动就应当达到的教学目标，又是实现远期教学目标的一个环节。因此，确定近期目标时，不仅要考虑该教学自身目标问题，还应当考虑其与远期目标的联系。而课时目标是近期目标中某一节数学课程内容的教学目标；微格教学中的教学目标是某一节课乃至一个教学片段的教学目标。例如，“提高空间想象能力”就是立体几何教学所追求的远期目标之一。近期目标则可能是掌握“直线与平面的位置关系”；课时目标可能是掌握“直线与平面平行的判定”；如果是微格教学中的导入训练，则可关注“直线与平面平行的判定”的导入环节的教学目标。

（一）编制数学教学目标的依据

数学教学目标是依据数学课程标准规定的课程目标来制定的。如《全日制义务教育数学课程标准（实验）》的总目标①：通过义务教育阶段的数学学习，学生能够：①获得适应未来社会生活和进一步发展所必需的重要数学知识（包括数学事实、数学活动经验）以及基本的数学思想方法和必要的应用技能；②初步学会运用数学的思维方式，去观察、分析现实社会，去解决日常生活中和其他学科学习中的问题，增强应用数学的意识；③体会数学与自然及人类社会的密切联系，了解数学的价值，增进对数学的理解和学好数学的信心；④具有初步的创新精神和实践能力，在情感态度和一般能力方面都能得到充分发展。具体阐述如下所示。

---

①　引自：中华人民共和国教育部（2001）。

知识与技能	● 经历将一些实际问题抽象为数与代数问题的过程，掌握数与代数的基础知识和基本技能，并能解决简单的问题； ● 经历探究物体与图形的形状、大小、位置关系和变换的过程，掌握空间与图形的基础知识和基本技能，并能解决简单的问题； ● 经历提出问题、收集和处理数据、作出决策和预测的过程，掌握统计与概率的基础知识和基本技能，并能解决简单的问题
数学思考	● 经历运用数学符号和图形描述现实世界的过程，建立初步的数感和符号感，发展抽象思维； ● 丰富对现实空间及图形的认识，建立初步的空间观念，发展形象思维； ● 经历运用数据描述信息、作出推断的过程、发展统计观念； ● 经历观察、实验、猜想、证明等数学活动过程，发展合情推理能力和初步的演绎推理能力、能有条理地、清晰地阐述自己的观点
解决问题	● 初步学会从数学的角度提出问题、理解问题、并能综合运用所学的知识和技能解决问题，发展应用意识； ● 形成解决问题的一些基本策略，体验解决问题策略的多样性，发展实践能力与创新精神； ● 学会与人合作，并能与他人交流思维的过程和结果； ● 初步形成评价与反思的意识
情感与态度	● 能积极参与数学学习活动，对数学有好奇心与求知欲； ● 在数学学习活动中获得成功的体验。锻炼克服困难的意志，建立自信心； ● 初步认识数学与人类生活的密切联系及对人类历史发展的作用，体验数学活动充满着探索与创造，感受数学的严谨性以及数学结论的确定性； ● 形成实事求是的态度以及进行质疑和独立思考的习惯

再如，《普通高中数学课程标准（实验）》除给了六条总目标外，在每个必修模块、选修专题的每个章节，确定了具体教学目标。

数学课堂教学必须以完成数学课程标准设置的课程目标要求为己任。教学目标是教学活动预期达到的结果，是学生通过学习以后预期产生的行为变化。它是数学教学的出发点，也是数学教学的归宿。因此，中学数学教师制定教学目标要依据《标准》的目标，并且将课程目标进一步细化和清晰化。

（二）数学教学目标的陈述

教学目标表现为对学生学习成果及终结行为的具体描述，即教学目标的陈述。制定教学目标是教学设计的重要组成部分，但在目前的教学设计中，数学教师对教学目标的制定重视不够。通常存在不知如何制定教学目标，或制定的教学目标不全面，或太笼统、没有针对性、要求不合适，或仍然以教师教为主等现象。

如何陈述教学目标？数学教学目标是数学教学活动预期达到的结果，是学生通过数学学习以后预期产生的行为变化。教学目标的陈述对学生学习结果达到程度的陈述，因此，教学目标的陈述措词要准确，所采用的行为动词要规范，使教学目标变得清晰、明确、具体，具有可操作性。规范的教学目标陈述必须要考虑到四个要素：行为主体（Audience）、行为动词（Behavior ）、行为条件（Condition）和表现程度（Degree）。利用这四个要素陈述教学目标的技术，称为 ABCD 陈述技术。其中，①行为主体 A。一般是指学生；即教学目标描述的不是教师的教学行为，而应该是学生的学习行为，如“学生应该……”的陈述，而非“教给学生……”、“使学生……”陈述。②行为动词B。是指学生完成的行为；即应该使用可以描述学生所形成的、可观察的、可测量的行为动词。它是行为目标最基本成分，应说明学习者通过学习后，能做什么。陈述的方式是使用动宾结构的短语。描述学生的具体行为，如写出、列出、画出、判断出……③行为条件。行为条件是指学习者表现行为时所处的环境，或者说是指影响学生产生学习结果的特定限制或范围。如“根据下面的式子，能……”；“如图所示，会… …”等限制条件。④表现程度。表现程度指学生学习之后预期达到的最低水准，用以评价学习表现或学习结果所达到的程度。如“至少用三种方法证明”。在具体描述中，其中①常被省略，因为这都是指“学生”；若行为条件是泛指一般的“在学习之后”，③也可被省略。例如高中《数学》1“集合的含义”中，课标要求“通过实例，初步了解集合的含义，体会元素与集合的‘属于’关系”。其中行为主体是学生，此处省略；行为动词是“了解、体会”；行为条件是“通过实例的学习”；行为程度是“初步”。

如何全面地表述数学教学目标？目前，通常教学目标的描述从知识与技能目标、过程与方法目标、情感态度与价值观目标等三个方面来表述，简称为“三维目标”。“知识与技能目标”常用的行为动词有“知道”“了解”“模仿”“理解”“操作”“掌握”和“运用”等；“过程与方法目标”常用的行为动词有“感知”“经历”“模仿”“发现”“探索”等；“情感态度与价值观目标”常用的行为动词有“感受”“体会”“认同”“领悟”“内化”等。

☆　案例 3-2-1　一次函数的图像（第一课时）

（1）知识与能力目标：

①了解一次函数的图像在平面直角坐标系中的位置特征，了解作函数图像的一般步骤。

②理解一次函数的代数表达式与图像之间的对应关系。

③掌握一次函数 $y=kx+b$（$k\neq0$）在 k 不同取值情况下的函数图像变化特征。

（2）过程与方法目标：

①经历描点法绘制函数图像的过程，探索一次函数的图像及其性质。

②通过动手操作、观察、推理等活动，感知一次函数图像的分布及其与正比例函数图像的关系。

③通过对一次函数的图像和性质的研究，经历数形结合在问题解决中的过程。

（3）情感态度与价值观目标：

①通过对实际问题数据关系的探索，函数图形实际画图的经历，进一步养成善于观察分析、归纳总结的学习习惯。

②通过交流合作解决问题，提高数学交流能力、表达能力和团队协作精神。

③通过画图以及运用函数的图像探究函数的性质，感受数形结合的思想。

【分析】：该案例中教学目标行为主体都是学生（被省略），没有出现“教给学生”“使学生”等错误的说法。在知识与技能的表述中，使用的行为动词有“了解”“理解”“掌握”；在过程与方法目标的表述中，使用的行为动词有“探索”、“感知”、“经历”、

"交流"、"操作"、"画图"和"体验"等；在情感态度与价值观目标的表述中，使用了"养成"、"提高"和"感受"。用这些行为动词指出了学生经过课堂学习后产生的改变，使教学意图非常细致明确。行为条件要么是在学习完成后（被省略），要么清楚陈述。行为程度也是清晰、具体的。

三、选择数学教学策略

当教学目标编制完成以后，就需要根据教学任务和学生特点，有针对性地选择和组合相关的教学内容、教学组织形式、教学方法和技术，形成最有效率意义的教学方案，这就是教学策略。即教学策略是教师根据具体情境，运用一定的教学理论去解决课堂教学问题的谋略，它介乎于理论和方法之间，既包含用以指导课堂教学的教学理论，又包含能够解决课堂教学问题的带有规律性的教学方法。数学教学策略的选择，直接影响到数学课堂教学效率、数学教学目标的实现。

数学教学是学生这一认知主体主动进行认知活动的过程。认知活动主要包括认知动机的激起、认知内容的组织、认知方法的选择和认知结果的利用四大要素①。因此，数学教学设计，应该把握这四个要素来进行教学策略的选择。

（一）选择激起学生学习动机的策略

学习的动机是学生自主参与数学教学活动的内部驱动力，它可以引发、指引、维持和强化学生的数学活动。数学知识本身的趣味性、数学美和教学情境的生动性，都将起到激发学习动机、促进数学发展的功能，所以教师要设法培养学生的数学学习兴趣。

教学设计中，使用激起学生学习动机的策略时要关注以下几个方面：①创设生动有趣的问题情境，引导学生真正地参与到教学活动中，用内心的体验和创造去学习；②以学生为主体，关注学生的心理特点、知识起点及兴趣爱好，精心设计教学活动，使学生体验积极愉快的情感，逐渐养成良好的学习习惯，培养坚强的意志品质，形成学习数学的科学态度；③善于运用正面强化的技能来鼓励和表扬学生，使学生在数学活动中获得成功感，让学生充满自信、勇于探索；④善于适当运用媒体技术来辅助数学教学，发挥媒体生动有趣、直观形象等功能，激发学生学习积极性。

（二）合理安排教学顺序的策略

在教学活动过程中，先做什么，后做什么，这就是教学顺序。在数学教学中包括三个方面的教学顺序：数学教学内容的呈现顺序、教师活动顺序和学生活动顺序。这三个方面是相互联系、相互配合、同步进行的，必须进行整体考虑。其中数学教学内容的呈现顺序是主线，必须围绕数学教学内容的呈现顺序来设计教师活动顺序和学生活动顺序。学生的数学认知结构是由课程、教材、教案的结构和序列转化而来的。因此，教学必须追求最恰当的教学内容呈现顺序。具体策略有：①理清知识之间的层次和逻辑结构关系，

---

① 引自：王书臣等（2002）。

才能在教学中抓住问题主线、突出重点，便于联想和记忆知识；②寻找到新旧知识之间的联系，把新知识纳入到原有的认知结构中去，加深对新、旧知识的理解；③利用层层递进的教学顺序帮助学生知识的掌握和迁移。

☆　案例 3-2-2　二项式定理

二项式定理的推导，可以采取问题串的形式，依次安排以下问题：

①请用多项式的乘法法则计算 $(a+b)^2$，$(a+b)^3$ 并按照 a 的降幂排列。

如 $(a+b)^2=(a+b)(a+b)=\cdots$，$(a+b)^3=(a+b)(a+b)(a+b)=\cdots$

② $(a+b)^2$，$(a+b)^3$ 的展开式分别有几项？有什么规律？用组合、组合数的概念讨论每一项是怎么生成的？

③猜想 $(a+b)^n$ 的展开式，你能根据多项式的乘法法则及组合、组合数的概念来分析每一项是怎样生成的吗？

④写出 $(a+b)^n$ 的展开式，总结规律，共多少项？第 $r+1$ 项的表达式？系数有什么规律？

【分析】：该案例中，教师活动顺序：依次对四个问题进行提问、引导、说明和启发。学生活动顺序：依次针对四个问题进行独立探索、书面表达、交流讨论和总结归纳。以上四个问题的逻辑结构是由特殊到一般，新知与旧知（多项式的乘法法则、组合、组合数的概念）联系起来了，四个问题按照顺序是层层深入的，最终第四个问题即中心问题。教学内容的呈现顺序是主线，师生的活动都围绕这条主线依次展开。

在安排教学顺序时，还要注意不同类型的学习结果的教学顺序可能不同，如数学事实、数学概念和原理以及数学技能的教学顺序都有其自身的特点。比如对于数学概念和原理的学习，如果是上位学习，就要遵循从简单到复杂、从特殊到一般的顺序；如果是下位学习，则由抽象到具体，由一般到特殊；如果是并列学习，则可用类比的方式。

（三）选择适当认知方法的策略

选择认知方法的策略是为了实现最佳的教学过程，其关键是选择最佳的教学模式。教学模式是能用来计划课程、选择教材、指导教师行动的“范例或方案”，它是为达到特定的目标而设计的。常见的教学模式有以下内容。

（1）讲练结合模式。该模式是教师分析和讲解，结合学生练习和训练。其教学结构是：复习思考—讲解新知识—巩固练习—课堂小结—布置作业。这种教学模式主要用于系统性的知识和技能的学习，能使学生在较短时间内迅速系统地掌握较多的数学知识和技能，但学生学习的主动性容易被忽视或限制。

（2）引导发现模式。该模式是教师创设问题情境，引导学生探索、发现知识，在新课程数学教学中应用较广泛。其教学结构是：创设情境—提出问题—探究猜测—提出假设—推理论证—得出结论。这种教学模式的教学目标是培养学生学习发现问题，提高其创造性思维的能力。

（3）实践探索模式。该模式又称为活动参与式模式，是师生共同参与实践活动，探究结论。其教学结构是：创设问题情境—实践活动—交流讲解—总结。这个教学模式的教学目标是培养学生主动积极参与，增强师生、同伴之间的交流，提高实际操作能力，形成数学意识。这些活动的问题解决、数学游戏、数学实验既可以在课堂内进行又可在课外进行，有助于数学课堂教学的拓展。

（4）讨论交流模式。该模式是通过问题的形式展开小组讨论、交流，探究结论。其教学结构是：提出问题—课堂讨论—交流反馈—小结。这一模式的教学目标是养成学生积极思维的习惯，培养学生批判性思维、数学交流和合作的能力。

（5）自学辅导模式。该模式是以学生自学为主，教师适当引导和点拨。其教学结构是：提出要求—自学—提问—讨论交流—鉴疑讲解—练习。这一教学模式应用要求学生的自主性、独立性较强，可以让学生在自学中学会学习，掌握学习方法。

（6）复习总结模式。该模式是复习巩固已学知识，帮助学生形成知识结构。其教学结构是：复习—重点讲解—总结—布置作业。这一教学模式应用于数学复习课中，在教师的指导下，通过归纳、整理，让学生对所学知识加深理解记忆，并使之系统化，同时达到查漏补缺，解决疑难的目的。

这些教学模式都有各自不同的设计思想、功能目标、教学结构。但教师应该认识到，没有万能的教学模式，也没有所谓最佳的教学模式。教师必须从教学目标、教学内容、学生的实际情况和教师的特点等方面考虑，灵活选择与组合，才能实现最佳的教学过程。

（四）设计及时巩固反馈的策略

教学中经常出现学生学得快也忘得快、教师教学反馈不及时、教学的针对性不强，最终导致难以达到教学目标的问题，这是由于学生对学习结果的运用不及时或运用不足而造成的。在教学设计中，教师要特别安排学生对学习结果进行及时有效的利用。充分运用反馈——矫正系统，及时了解学生学习知识的情况和运用知识的能力，通过巩固强化、测试反馈等策略，调节学生的学习行为和教师的教学行为。教师要提前设计好测验或测试，善于使用激励性评价，让学生感知到自己的进步。

☆　案例 3-2-3　函数单调性的反馈

例如，学完函数单调性的概念后，安排判断题：

①若 $f(x)$ 在 $[2, 3]$ 和 $[3, 4]$ 上都是增函数，则 $f(x)$ 在 $[2, 4]$ 上为增函数。

②若函数 $f(x)$ 满足 $f(2)<f(4)$，则函数 $f(x)$ 在 $[2, 4]$ 上为增函数。

③已知 $f(x)=\frac{1}{x}$，因为 $f(-2)<f(3)$，所以 $f(x)$ 是增函数。

④函数 $f(x)=\frac{1}{x}$ 在 $(-\infty, 0)\cup(0, +\infty)$ 上是减函数。

【分析】：学生通过完成这几个判断题来加深对单调性概念的理解；教师通过学生的表现来了解他们对这个概念的掌握情况，及时调整教学进度；教师对学生作出的判断进行评价和鼓励表扬等，让学生获得成就感。

最好的教学策略是在一定情况下达到特定目标的最有效的方法和体系。选择数学教学策略必须首先熟悉常用的数学教学策略，了解它们的功能、结构和适用范围。既了解它们的优点，也要看到它们的局限性。不同的数学教学目标需要不同的教学策略，不同的教学环境适合不同的教学策略。教师只有掌握不同的策略，才能根据教学目标、教学内容特点、学生实际情况和教师自身素质，选择和组合出有良好数学效果的教学方案，并根据环境的变化而调整教学策略。

四、设计数学教学活动

编制教学目标、选择教学策略等，都是数学教学的整体设计意图。当我们形成总体上的设计意图后，还必须对数学教学过程进行设计。因数学教学是数学活动的教学，是对数学教学过程中每一个阶段、每一项具体的可操作的教学活动进行的设计。生动有趣的教学活动，有利于调动学生的积极性，吸引学生很快进入教学活动中；有利于学生进行主动探索，掌握基本知识和技能，发展学生的能力；有利于学生感受数学活动带来的情感体验和价值实现，全面达到教学的三维目标。

每一节数学课都是由多个教学活动按照一定的顺序串联而成的。数学教学活动设计，是每一个具体教学活动的设计，如导入设计、展开设计、结束设计、板书设计、多媒体技术运用设计、提问设计、练习设计、例题设计、实验设计等。对于其中多数教学活动设计，也是有相应的教学技能或是某一技能的要素，本书将在后面章节阐述，这里不再重复。下面分别谈谈例题、练习、实验的设计。

（一）例题的设计

数学例题是数学知识、技能、思想和方法的纽带，是学生对知识、技能、思想和方法进行分析、综合和运用的重要环节。它可以帮助学生理解、掌握和运用数学概念、定理、公式、法则，具有引入新知识、示范解题过程、加深理解、提高能力的作用。数学例题的设计，要根据不同的教学目标，选择那些典型的、有代表性的、有针对性的，能帮助学生举一反三、启发思维的例题，并以由易到难、循序渐进的顺序编排。

☆　案例 3-2-4　“等差数列前 n 项和”的例题

例 1：计算：

(1) $1+2+3+\cdots+n$；

(2) $1+3+5+\cdots+(2n-1)$；

(3) $2+4+6+\cdots+2n$。

例 2：等差数列 -10，-6，-2，2，…前多少项的和为 54?

例 3：在等差数列 a_n 中，

(1) 已知：$a_2+a_5+a_{12}+a_{15}=36$，求 S_{16}；

(2) 已知：$a_6=20$，求 S_{11}。

【分析】：该案例中，教师设计的例 1 是直接运用等差数列前 n 项和公式，目的是巩固对该公式记忆；例 2 是需要从题目中“读”出首项、公差与前 n 项和，逆用公式，目的是进一步加深对公式的理解和记忆；例 3 是利用等差数列项之间特征，灵活运用等差

数列前 n 项和公式。这三个例题不仅有针对性，而且具有典型性、有代表性，能帮助学生举一反三、启发思维。例题由易到难、循序渐进的顺序编排，不仅符合学生的认知规律，而且其是解题过程的示范，可以加深学生对公式的理解，提高学生能力。

（二）练习的设计

数学练习是一种有目的、有组织、有指导的数学学习实践活动，是学生掌握基本知识和技能、发展学生数学能力的重要手段。数学练习还可以有效地促进数学知识的迁移，及时反馈学生情况，便于教师及时调整教学。数学练习的设计要有明确的目的，根据数学课程标准和数学教材的要求，以实现教学目标，选择和编排那些有层次、有坡度的练习。

☆　案例 3-2-5　视图练习（初中）

如图，是从三个角度观察到的某个建筑物的平面图。完成下面三个练习。

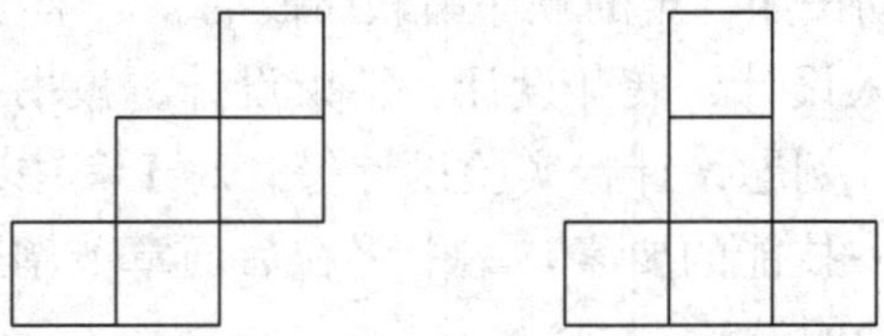

俯视图　　左视图　　主视图

（1）用积木块把它实际搭建出来；

（2）在俯视图的每个小正方形上标出建筑物的层数；

（3）在等距格子图上画出建筑物的图形。

【分析】：这个练习的设计具有巩固性和运用性的功能。学生学习了三视图，对于知识的巩固理解和运用需要练习来完成。安排的第一个练习，让学生动手，利用形象思维，直观感知、生动有趣；第二个练习，将形象思维转化为抽象思维，使知识算法化——“长对正、高平齐、宽相等主视看列、左视看行”；第三个练习要求根据自己的理解来作出建筑物的三维图形，实现了由二维到三维的转化。整个练习活动的设计有层次性，有梯度；学生通过动手、动脑积极参与到活动中去，较好地体现了学生的主体性很好地实现了教学目标。

（三）实验的设计

数学实验有利于激发学生主动参与的积极性，有利于训练学生之间的团结协作精神、培养学生的动手能力。数学实验活动可以使复杂问题简单化、抽象问题形象化，有利于学生对数学问题换个角度去思考和解决。数学实验适合解决一些有争议的问题、具有几何直观的问题、运动变化的问题。数学教学中经常使用画图、列表、数数、折纸实验、拼图验证、制作模型演示、电脑动画操作实验等等方式来解决相应的问题。

☆　案例 3-2-6　概率的概念

(1) 师：随意抛出两个硬币，正面都朝上的概率是多大？

(2) 学生猜测：可鼓励学生先猜测其概率，大家争论激烈，各说不一。如正正，正反，反反？

(3) 分组实验：每组安排人员记录，统计 。

(4) 汇总实验数据：用表格和图像表示出来，将全班的实验结果累加在一起。

(5) 得出结论：理论概率和实验概率的定义和区别。

【分析】：概率教学时，理论概率和实验概率的区别是一个难点，仅靠抽象的下定义，学生理解起来会很困难。这个案例中教师设计了分组实验活动，通过这个活动学生能形象、直观、深刻地感受到实验概率与理论概率之间的关系，而且还有助于矫正学生概率推理过程中的错误。（如样本空间分析不全导致出现 1/3 的错误等等。）通过具体例子来帮助学生理解概念的本质特征，并对近似的概念进行对比分析，帮助学生理清概念与概念之间的正确联系，使得抽象问题具体化、模糊概念清晰化。

五、反思教学设计方案

数学教学方案设计完成后，我们怎么知道这个设计是否有利于学生发展？学生是这样思考问题的吗？它符合学生实际水平吗？通过什么手段来反馈教学、调控教学进而改进教学呢？这就需要在数学教学设计过程的后期，对设计的方案进行反思和评价。教学反思是根据教学目标，运用科学方法，对数学活动的过程和结果进行价值判断，使教学工作不断得到检验、修正和完善，从而提高教学设计的质量。所以，数学教学设计的反思也是教学设计中一个重要的环节。这种反思对数学教学具有导向功能、诊断功能、调控功能和激励功能。

常见的反思方法是在制定和试行数学教学设计方案过程中的评价。通过评价获得反馈信息，如果出现问题可以及时修改和调整。评价主要分为以下几步：①制定评价标准；②设计方案的试用；③收集资料；④资料的整理和分析，得出评价结果；⑤设计方案的修改和调整。

如果教学设计出现以下情况就必须重新设计：①教学目标不符合课程标准或不切合学生实际；②目标正确，但教学过程设计不能达到教学目标；③教学内容的选择和安排、教学过程的设计不符合学生学习规律，不能调动学生的主动性和积极性。

下面以一个具体的案例来说明教学设计的修改。

☆　案例 3-2-7　代数式概念教学设计及修改

【原设计】：

(1) 介绍代数式概念。

(2) 给出一些例子，教师示范并带领学生参照定义，辨别代数式与非代数式。

(3) 提供若干练习，让学生按照示范的方法解决它们。

【反思】：通过试讲，发现学生比较被动，积极性不高，整个课堂平淡无味。这个设计比较关注知识与技能目标，只重视结果，不重视学习的过程。不符合课标对教学三维目标的要求，所以应该重新设计。

【修改后】：

(1) 教师提问：搭 1 个正方形需要 4 根小棒，搭 2 个正方形需要几根？3 个？4 个？搭 10 个正方形需要多少根小棒？搭 100 个呢？你是怎么想到的？

(2) 如果用 x 表示所搭正方形的个数，那么搭 x 个正方形需要多少根小棒？你是怎样表示的？与同伴进行交流。

(3) 启发学生从这些实例归纳出代数式的定义。

【分析】：重新设计的方案体现了过程性目标，让学生亲自体验活动，思考探索，自己归纳出代数式的概念，体现了过程与方法目标、情感与态度目标，不但让学生获得数学知识和技能，也促进了学生获得情感和态度体验。

所以，数学教学设计的反思非常重要，好的教学设计是不断反思和修改而产生的。

第三节　数学教学设计技能的应用

根据数学课堂教学的目的和任务，中学数学课可以分为若干类型。其主要的类型有新授课、习题课、复习课、讲评课等，其中新授课在实际教学中所占比例较大。数学知识是概念、命题组成的逻辑体系，同时数学学习离不开解题，因此数学教学主要有数学概念教学和数学命题教学、数学解题教学。本节主要对数学概念教学设计、数学命题教学设计和数学解题教学设计的模式作介绍。

一、数学概念教学设计

数学概念是客观事物在数量关系和空间形式方面的本质属性，是人们通过实践，从数学研究对象的众多属性中，抽出其本质属性概括而成的。数学概念是数学知识的细胞，是思维的基础。只有树立了正确的数学概念，才能牢固地掌握基础知识，在深入理解数学概念的过程中培养学生的抽象思维能力。

概念的学习形式一般有两种：概念的形成和概念的同化。数学概念的形成是在教学条件下，从大量具体例子出发，从实际经验的肯定实例中，以归纳的方法概括出一类事物的本质属性，从而获得新概念的学习形式。概念的同化是学习直接用定义方式陈述的概念时，主动将新概念与其认知结构中的相关概念相互联系、相互作用，并领会新概念的本质属性，从而获得新概念的学习形式。因此，数学概念教学的设计，可以根据所教学数学概念的学习形式或概念生成情境，采用概念形成模式、概念同化模式，或者问题引申模式。

（一）数学概念形成模式

数学概念形成模式：具体例子—观察共性—抽象本质—形成定义—数学概念理解—数学概念运用—数学概念体系建立。其操作程序如下所示。

(1) 教师提供正例。由教师提供一组数学概念的正例，供学生观察和分析。所谓数学概念正例，是指所学数学概念外延中的特殊例子，这些例子要具有代表性，代表数学概念外延中各类型，但存在数学概念的共同本质属性。

(2) 学生观察共性。学生通过自己独立观察，或小组合作的形式，概括出这些正例共同的、本质的属性，提出假设，然后经过比较、分析去验证、修正这些假设。

(3) 师生共同抽象本质。教师引导学生共同归纳、概括和抽象出该组实例的本质属性。

(4) 形成定义。由学生自己给出数学概念的定义，教师给予评判或修正；或者由教师给出数学概念的定义。形成数学概念的定义是理解概念、运用概念的前提。

(5) 概念理解。准确地理解数学概念是掌握数学概念的关键。采用由学生给出更多数学概念的正例，教师举出数学概念的反例让学生识别和判断的方法，强化学生对新学数学概念的理解。

(6) 概念运用。数学概念的运用，是指学生在理解数学概念的基础上，用它去解决同类问题的过程。数学概念的运用包括数学概念的识别、数学概念的直接运用和数学概念的灵活运用，以及讨论数学概念的性质，而讨论概念的性质就转入命题学习阶段。

(7) 概念体系建立。要对数学概念有较深刻的认识，必须在概念多次运用后，与已学过的相关概念联系起来，了解数学概念在数学知识体系中的地位、作用和相互间的逻辑联系。

☆　案例 3-3-1“函数单调性”的概念教学

(1) 教师提出问题：函数 $y=x^2$ 和函数 $y=x^3$ 在 y 轴右侧的图像有什么特点？

(2) 学生观察，填表：

x	……	-2	-1	0	1	2	……
$y=x^2$	……	4	1	0	1	4	……
$y=x^3$	……	-8	-1	0	1	8	……

(3) 引导学生得出结论：函数 $y=x^2$ 的图像关于 y 轴对称；函数 $y=x^3$ 的图像关于原点成中心对称。

(4) 引导学生分别观察 $y=x^2$ 和 $y=x^3$ 的函数值，可以发现其特点，并发现一般规律：$f(-x)=f(x)$ 或 $f(-x)=-f(x)$。

(5) 给出一组函数，让学生观察后填表：

函数	定义域	$f(-x)$ 与 $f(x)$ 的关系	成立范围	函数的奇偶性
$f(x)=x^{-2}$				
$f(x)=x^{-1}$				
$f(x)=x^0$				
$f(x)=x^1$				
$f(x)=x^2$				
$f(x)=x^3$				

(6) 归纳出偶函数与奇函数的定义。

(7) 用下面的问题强化对概念的理解:

①函数 $f(x) = |x|$ 是偶函数吗?

②函数 $f(x) = 3x$, $x \in (-1, +1)$ 是奇函数吗?

③函数 $f(x) = \begin{cases} 1, & x \in [1, +\infty) \\ -1, & x \in (-\infty, 1) \end{cases}$ 是奇函数吗?

(8) 举例(略)

(9) 练习(略)

【分析】:该案例是采用数学概念形成模式进行的教学。教师首先提供函数 $y=x^2$ 和 $y=x^3$,让学生观察和分析其图像特点和函数值规律;接着,引导学生在此基础上发现函数值的一般规律,即共性;再接着,教师再给出一组函数,让学生观察后填表,引导学生逐渐抽象出偶函数、奇函数的本质特征;然后,师生共同归纳出偶函数与奇函数的定义;再后,通过三个问题强化学生对偶函数、奇函数概念的理解,最后是运用偶函数、奇函数概念,并为建立数学概念体系奠定基础。这样的教学设计,让学生经历数学概念的发生发展过程,有助于学生对数学概念的理解,也有助于提高学生归纳概括能力。

可见,数学概念形成模式,是以概念形成的心理学理论为基础的,它主要依靠学生对具体事物的抽象、归纳和概括,与人类自发形成概念的方式接近,适用于低年级,或不具备相关概念,或对较难理解,或新内容开始时的一些数学概念的教学。

(二) 数学概念同化模式

数学概念同化模式:呈现相关概念—定义数学概—数学概念理解—数学概念运用—数学概念体系建立。其操作程序如下。

(1) 教师呈现相关概念。教师呈现相关概念,这些相关概念与所要学习概念之间可以是相容关系或不相容关系,它们是学生已经习得的观念,为新概念的引入作铺垫。

(2) 教师给出概念定义。准确给出数学概念是理解和运用概念的基础。

(3) 数学概念理解。教师引导学生仔细辨认新学数学概念与已经学过的有关数学概念之间的异同,剖析概念的结构,揭示数学概念的内涵,明辨数学概念的外延,利用已有观念同化新的数学概念。

(4) 数学概念运用。(同上)

(5) 数学概念体系建立。(同上)

☆ 案例 3-3-2 "函数概念"的教学

(1) 教师提问复习旧知:什么叫映射?像、原像?像和原像都必须唯一吗?

(2) 教师给出函数概念的定义:对于集合 A 到 B 的映射 f,如果 A、B 均为非空数集,则这种映射叫做函数。原像的集合称为函数的定义域,像的集合称为函数的值域,值域是 B 的子集。

(3) 请同学们仔细阅读书上的定义,然后说说函数与映射有何相同?有何不同?它们之间是否有联系?

(4) 判断下列关系是否是函数关系，说明理由：

①北京2008年8月8日的24小时温度变化曲线（图略）。

②$y=x^2$，$x\in(-3,3)$。

③A股2011年2月每日的市值对应表格（略）。

④$x^2+y^2=1$中，y与x的关系。

(5) 建立数学概念间联系：

①函数是映射吗？

②反过来，映射一定是函数吗？若是请说明理由，若不是，请举反例。

③高中的函数概念与初中的函数概念之间，有何异同？

【分析】：该案例的设计是建立在高中学生已经掌握了“映射”概念的基础上的。因函数概念是映射的下位概念，采取由一般到特殊的方法。首先复习映射概念的相关知识，为函数概念的引入作铺垫；然后通过学生阅读、讨论，师生问答交流，分辨清楚函数与映射的区别与联系，把函数概念纳入已有的知识结构中，让学生明白了其实“函数是一种特殊的映射”，加深了对函数概念的理解；在练习中，正面反面的都有，通过练习使学生辨析出什么是函数，弄清楚函数定义中的关键因素。并在最后几个问题中，帮助学生建立有关函数概念的知识体系。另外，由于函数概念比较抽象，不易理解，是教学的难点，如果学生的心理水平没有达到“同化”的要求，或对“映射”概念理解本身有困难的话，建议采用概念形成模式进行高中函数概念教学。

可见，数学概念同化模式，是以皮亚杰的认知发展阶段和奥苏贝尔的认知同化论为理论基础，概念的同化主要依靠学生对新旧知识的联系，是具有一定心理水平的人自觉学习概念的主要方式，较适用于高年级的数学概念教学。

（三）问题引申模式

问题引申模式：问题情境—问题解决—引入概念—数学概念理解—数学概念运用—数学概念体系建立。其操作程序是：①教师创设一个问题情境，把所要教学的数学概念设置于一个问题之中；②教师引导学生解决问题；③在解决问题的过程中引入数学概念；④理解数学概念（同上）；⑤运用数学概念（同上）；⑥建立数学概念体系（同上）。

☆　案例3-3-3　“算术平方根”的概念教学

(1) 教师由现实问题引入课题：张妈妈有两块面积为1平方米的正方形布料，现想把它拼成一个面积为2平方米的大正方形，他想如果把两块布料并排拼接，虽然面积是2平方米，但不是正方形。张妈妈很困惑，你能帮助她解决这个困惑吗？

(2) 学生操作：学生通过独立操作（用剪刀剪正方形纸片并进行拼凑），或小组交流、班级交流的方式讨论这个问题。

(3) 讨论归纳：在交流的基础上，最后师生归纳，利用正方形的性质，如轴对称性和中心对称等分割正方形的常用策略。

(4) 问题深化。教师提出问题：张妈妈想知道面积为2平方米的正方形的边长是多少？你能帮她算一算吗？

这样，学生的不同想法就出来了。学生在解决问题的过程中，会遇到一个没有见过的问题：$x^2=2$，如何求解这个方程？于是可能出现需要新的数学概念才能解决这个问题。

(6) 继续探究，让学生填表：

表 1

正方形的边长 x	1	3	4	5	6	9
正方形的面积 x^2						

表 2

正方形的面积 x^2	1	9	16	25	36	81
正方形的边长 x						

在学生填完表格后，教师继续启发学生：表 1 与表 2 的两种运算有什么关系？互为逆运算以前学过吗？

在学生回答之后，教师讲解：表 1 中的运算是乘方运算，表 2 是它的逆运算我们称之为“开方运算”，今天我们学习开方运算中的特殊情形——算术平方根。

……

【分析】：案例采用“问题引申模式”进行概念教学。教师创设一个现实问题情境，引导学生在操作、讨论中发现问题的解决关键是求解方程 $x^2=2$，继续探究中发现：解该方程是一个乘方的逆运算，并从该问题解决过程自然引入“算术平方根”这个概念。这样的教学设计，不仅有助于学生对数学概念理解，而且有助于丰富学生的数学活动经验，提高学生解决问题能力。

综上，数学概念教学一般分为四个阶段：数学概念的引入—数学概念的理解—数学概念的运用—数学概念体系的建立。在数学概念教学设计的三个模式中，后三个阶段是基本相同的，不同在于如何引入数学概念。而就其概念的引入方式，根据数学概念学习方式和学生认知水平的不同，有了三种引入方式：概念形成、概念同化和问题引申，从而有了三种数学概念教学模式。事实上，概念的形成和同化并不是对立的，有时把两种学习方式结合起来，可以收到很好的教学效果。教师可以在讲述概念前，先呈现一些正例，让学生观察思考，从中归纳出事物的本质属性；另一方面又直接揭示这些例子中所蕴含的某一类事物的本质属性，给出有关定义。这样学生对数学概念既有感性认识，又有理性认识，从具体到抽象，使学生在短时间内正确理解数学概念所反映事物的本质属性。

二、数学命题教学设计

从逻辑上说，命题是表述判断的语句。我们把数学中的公理、公式，定理、法则和数学对象的性质等的学习统称为命题学习，命题学习也可称为规则学习。数学命题是数学基础知识的一种重要的形式，是进行数学推理和运算的基础。数学命题是由概念组合而成，反映了数学概念之间的联系，因此就其复杂程度而言，数学命题学习应高于数学概念学习。

奥苏贝尔将命题学习的形式分为：上位学习、下位学习和并列学习三类。上位学习是当学生认知结构中已经形成了一些观念，在这些观念的基础上学习一个包涉程度更高的命题学习形式。当原有认知结构中的有关观念其包涉和概括水平上高于新学习的命题，称这种学习为下位学习。如果学习的命题与原有认知结构中的有关知识具有一定联系，但既非上位关系，又非下位关系，则称这种命题的学习方式为并列学习。因此，数学命题教学的设计，可根据教学命题与原有认知结构中相关观念的关系，采用发生型模式、结果型模式或问题解决型模式。

（一）数学命题发生型模式

命题发生型模式：创设问题情境—归纳命题—命题证明—命题运用—命题体系建立。其操作程序如下。①创设问题情境。教师可采用将问题开放化、特殊化，将问题进行变式等多种手段创设问题情境。②归纳命题。在问题情境中，教师引导学生去感知、体验、概括、抽象，从而帮助学生归纳出数学命题。③命题证明。分析命题证明的思路，表述命题证明的步骤，揭示命题证明中的数学思想方法。④命题运用。命题的运用，转入解题教学阶段。其包括分清定理和公式成立的条件和使用范围；通过例题说明定理和公式所解决问题的几种基本类型；定理和公式的逆用和变形运用；还可适当引申和拓展命题来开阔学生视野。⑤在命题应用基础上，逐步帮助学生建立数学命题体系。

☆ 案例 3-3-4 “均值不等式”的命题教学

(1) 教师创设如下两个实际应用问题：

①某商店春节前进行商品降价促销活动，拟分两次降价。有三种降价方案：甲方案是第一次打 p 折销售，第二次打 q 折销售；乙方案是第一次打 q 折销售，第二次打 p 折销售；丙方案是两次都打$\frac{p+q}{2}$折销售。请问：那一种方案降价较多？

②今有一台天平两臂之长略有差异，其他均精确。有人认为要用它称量物体的重量只需将物体放在左、右两个托盘中各称一次，再将称量结果相加后除以 2 就是物体的真实重量。你认为这种方法对吗？如果不对，你能否找到一种用这台天平称物体重量的正确方法？

(2) 教师引导学生审题、分析、讨论，将两个实际应用问题归结为不等式：$pq\leqslant(\frac{p+q}{2})^2$ 的问题，即均值不等式 $p^2+q^2\geqslant 2pq$。

(3) 证明不等式 $p^2+q^2\geqslant 2pq$。(略)

(4) 应用不等式解决问题。(略)

(5) 建立不等式命题体系。(略)

【分析】：该案例中采用数学命题发生型模式进行“均值不等式”教学。教师首先采用特殊化的手段创设了两个实际应用问题：商场打折销售和两臂长有差异的天平称重量；然后引导学生分析、讨论问题情境，将两个实际问题归结为均值不等式问题，从而有由现实问题引入数学命题；……这样的教学设计，不仅让学生深切感受到均值不等式的应用价值，而且有助于提高学生观察、归纳概括能力。

可见，数学命题发生型模式，是通过揭示命题的产生过程去学习命题。它的理论基础是布鲁纳的发现——探究学习理论和情境认知学习理论。命题发生型教学模式，要求学生的认知结构中，要有已经形成了与所教学的上位数学命题有关的一些观念。这种教学模式中的学习是从特殊情境中观察、发现、归纳出数学命题，是一种上位学习的形式，也是命题形成的发现学习。

（二）数学命题结果型模式

数学命题结果型模式：展示命题—命题证明—命题运用—命题数学体系建立。其操作程序如下：①展示命题；教师直接将要教学的数学命题呈现给学生；②命题证明（同上）；③命题运用（同上）；④建立数学命题体系（同上）。

可见，数学命题结果型模式，是由教师直接展示数学命题去学习命题。它的理论基础是奥苏贝尔的有意义接受学习理论和加涅的累加学习理论。该教学模式是广大教师经常使用的命题教学模式，就不再举例说明了。但要强调的是，整个数学命题教学的过程必须有学生的积极参与，教师通过启发、协商和交流去构建数学命题，使学生的学习真正成为有意义的接受学习。

（三）数学命题问题解决型模式

数学命题问题解决型模式：问题情境—引入命题—命题证明—命题运用—建立数学命题体系。其操作程序如下所示。①问题情境。教师创设问题情境，其基本思路是把命题还原为一个问题，这个问题可以是现实生活的问题，也可以是学生已经熟悉的数学问题。②引入命题。由问题情境引入命题，或者对现实问题建立数学模型从而产生数学命题。③命题证明（同上）。④命题运用（同上）。⑤建立数学命题体系（同上）。

☆　案例 3-3-5　“两角和与差的三角函数”的命题教学

（1）教师讲解中呈现问题情境：

前面我们学习了单角的三角函数，在研究函数时还常常遇到“已知任意两个角 α、β 的三角函数，求 $\alpha+\beta$、$\alpha-\beta$、2α 的三角函数值。”这个问题具体化，即已知任意两个角 α、β 的三角函数值，来推导以下三组公式：

$$\begin{cases}\sin(\alpha+\beta)=?\\ \cos(\alpha+\beta)=?\\ \tan(\alpha+\beta)=?\end{cases}\qquad \begin{cases}\sin(\alpha-\beta)=?\\ \cos(\alpha-\beta)=?\\ \tan(\alpha-\beta)=?\end{cases}\qquad \begin{cases}\sin2\alpha=?\\ \cos2\alpha=?\\ \tan2\alpha=?\end{cases}$$

（2）在教师的问题引导下，学生逐步确定研究方案：

问 1：要研究以上 9 个公式，从哪个公式入手呢？是否需要对每一个公式进行单独研究，一一推导呢？为什么？

在教师引导下，学生经过讨论、猜想和修正，容易得出以下方案：

$$\begin{cases}\sin(\alpha-\beta)=?\\ \cos(\alpha-\beta)=?\\ \tan(\alpha-\beta)=?\end{cases}\xleftarrow{\text{以}-\beta\text{代}\beta}\begin{cases}\sin(\alpha+\beta)=?\\ \cos(\alpha+\beta)=?\\ \tan(\alpha+\beta)=?\end{cases}\xrightarrow{\alpha=\beta}\begin{cases}\sin2\alpha=?\\ \cos2\alpha=?\\ \tan2\alpha=?\end{cases}$$

问 2：我们可以先研究和角公式。那么和角公式中又先研究谁呢？为什么？又用到什么方法？

教师引导下，得出研究方案：

$$\begin{cases}\sin(\alpha+\beta)=?\\ \text{诱导公式}\xrightarrow{\text{化切}}\tan(\alpha+\beta)=?\\ \cos(\alpha+\beta)=?\end{cases}$$

教师引导学生总结：在研究问题时，要讲策略，抓住问题的主要矛盾。

(3) 教师引导，我们用什么工具探究 $\cos(\alpha+\beta)=?$ 呢，请在小组内进行研究，重点是 $\cos(\alpha+\beta)$ 公式，有时间可推出所有公式，各组将推导的方法和过程写在白纸上以便我们进行交流。

(4) 展示各组探究的结果，并上升到理性认识。请小组的代表来展示你们的研究成果，要求投影推导过程，简述解决方法、思维过程。归纳起来大致有以下三类方法：

方法一：通过在单位圆中构造三角形全等进而得到线段等，利用单位圆中的三角函数线推导出余弦和角公式。

方法二：利用单位圆中三角函数线，在含 $\alpha+\beta$ 的三角形中使用余弦定理，推导出余弦和角公式。

方法三：通过构造直角三角形，先推导出 α、β、$\alpha+\beta$ 均为锐角时的余弦和角公式。

在此环节中，教师需要引导学生发现方法一与方法二的类似之处；对那些采用类似的方法，但由于选择的三角形不同，未推出和角余弦公式的标准型的小组，给予适当指导使其走出困惑。

……

【分析】：该案例采用的是问题解决模式进行的命题教学。教师将要学习的“两角和与差的三角函数”命题还原为推导三组公式的问题；面对九个公式的推导问题“从何入手？为什么？用什么方法或工具”等问题，教师在引导学生进行讨论、猜想、反驳和修正中引入“两角和与差的三角函数”命题，并通过分组讨论其推导。这样的教学设计，不仅让学生掌握两角和与差的余弦公式，而且建立了两角和与差的正弦、余弦、倍角公式以及诱导公式之间的联系。由于问题解决过程中经历了如何抓住解决问题的主要矛盾，如何猜想、反驳和修正等心理过程，对发展学生的直觉思维、合情推理能力，以及解决问题的能力都有帮助。

可见，数学命题问题解决型模式，是通过解决问题引入命题来学习数学命题。它的理论基础是杜威的实用主义教学思想、情境认知理论和问题解决教学思想。它的特征是：问题情境引入命题阶段，要经历猜想、反驳、修正、证明、猜想等一系列心理过程。也这是这个过程，对于发展学生的直觉思维，提高合情推理能力，培养学生的创新意识都有积极意义。

综上，数学命题教学一般也分为四个阶段：数学命题的引入—数学命题的证明与推导—数学命题的运用—数学命题体系的建立。在数学命题教学设计的三个模式中，后三个阶段是基本相同的，不同在于如何引入数学命题。而就其命题的引入方式，数学命题的引入主要有探索发现引入、直接呈现引入和问题解决引入三种形式，从而有了三种相应数学命题教学模式。

三、数学解题教学设计

众所周知，数学学习离不开解题，因此数学解题教学就成了数学教学的重要内容。无论是数学概念、数学命题教学中运用阶段，还是数学习题课、复习课、讲评课都离不开数学解题教学。因此，数学解题教学设计也是数学教学设计的重要内容。

数学解题是学生运用数学概念、数学命题去解决数学问题的学习形式。通过数学解题教学，有助于学生理解和巩固已学数学概念和数学命题；有助于学生形成自动化技能，有助于学生建立数学概念和数学命题体系，从而建构良好的数学认知结构；有助于丰富学生解决问题的策略和方法；有助于学生积累数学活动经验，发展数学能力。因此，数学解题教学的设计，可以根据数学教学的不同目的和任务，采用自动化技能形成模式、认知建构模式、模型建构模式或问题开放模式。

（一）自动化技能形成模式

技能是指顺利完成某种任务的一种操作活动方式或心智活动方式，是关于“怎么做”的知识，即程序性知识。自动化技能，也称作自动化程序性知识，是受意识控制的程序化知识经训练后转化而成的。在数学问题的解决中，有不少问题是可以直接利用规则，按照一定步骤和程序去完成解答的。但这必须经过一定次数的训练才能形成数学技能，进而达到自动化水平。例如，解方程、解不等式、有理数运算等等。

自动化技能形成模式：讲解样例—模仿练习—形成性评价—自动化练习。其操作程序如下。①讲解样例。教师精选样例，分析解题步骤，给出规范的解题过程。②模仿练习。教师精选题组，让学生由浅入深的模仿样例解题。③形成性评价。教师对学生的练习作形成性评价，及时纠正练习中出现的错误，引导学生进行反思。④自动化练习。教师选编题组，让学生继续练习，逐步达到技能自动化。练习中要注意个别差异，不同能力学生其练习数量应有所区别。

可见，这是形成自动化技能的解题教学模式，常常用于数学命题教学中命题运用的简单运用或常规练习课教学。

（二）认知建构模式

研究表明，学生的数学认知结构是解答数学问题的关键因素。使学生通过学习建构良好的认知结构是数学解题教学的一个重要目的，因此应建立相应的教学模式。

认知建构解题教学模式：呈现问题—解答问题—另解问题—变更问题。其操作程序如下。①呈现问题。教师呈现典型问题，该问题应能采用多种方法解决，而且能够作多方位拓广。②解答问题。教师提出问题，然后引导学生分析问题，寻求解答思路，师生共同完成问题的解答。③另解问题。回到问题，教师启发学生积极思考，寻求另外的解题思路。在这个过程中，可以是学生独立思考，分享思考结果；也可以是学生互相合作讨论交流。另寻得的解题方案可以是多种多样的。④变更问题。回到原问题，对原问题进行等价变化或半等价变化。等价变化包括条件等价变化、结论等价变化、问题等价变化和图形等价变化。对原问题进行半等价变化，是指加强或削弱原问题的条件，得到新的问题。

可见，认知建构解题教学模式，是以通过解题活动去促进学生建构良好的数学认知结构为主要目的，以通过操作程序中第③和第④步启发学生建构认知结构为主要策略以师生互动、生生互动为重要学习环境的一种解题教学模式。它主要是通过对问题解决后的反思探究，来启发学生自主建构认知结构。

（三）模型建构模式

模型建构是指对问题建立模型，即解决应用问题。模型建构解题教学模式，是指以通过解题活动使学生获得解决问题的策略和方法，培养学生应用数学去分析问题和解决问题为主要目的，以教师引导学生探究为主要教学形式的教学模式。

模型建构解题教学模式：问题情境—因素分析—建构模型—解释模型—反思。其操作程序如下。①教师创设问题情境。问题情境的创设在于激发学生的学习动机。问题可以是现实生活中的问题，也可以是将一个数学问题还原为一个与现实生活相关或以现实生活中现象为原型的问题。②因素分析。教师引导学生对问题中的各个因素进行分析，找出各个因素之间的关系和制约各因素的条件，用数学语言对其进行描述或解释。③建构模型。鼓励学生自己采用恰当的工具去建立问题的数学模型，使学生在实践中体会知识的发展过程。④解释模型。师生共同解答这个新建构的模型，再与模型的原型对照检验，并对问题给出现实意义的解释。⑤反思。对教师引导学生的问题以及解答问题的过程进行反思。反思内容包括问题情境、如何进行因素分析的、如何建构数学模型的以及如何解释模型等。

可见，模型建构解题模式主要是对问题产生的探究，其核心是揭示知识的发生过程。

（四）问题开放模式

问题开放解题教学模式，是以开放性的问题材料，以解题活动使学生巩固已学知识，体会解决问题的策略和方法为目的，以师生共同探究为主要形式的教学模式。

问题开放解题教学模式：问题情境—提出假设—判断—修正假设—证明假设—反思。其操作程序如下。①问题情境。教师呈现条件开放（不充分或条件多余），或结论开放（没有给出结论或结论不唯一）或综合开放的开放性问题。②教师引导学生提出假设。教师引导学生根据问题开放情况，凭直觉提出种种假设。如果是条件开放的问题，就要引导学生逆推出使结论成立的条件，需要提出相应的若干假设；如果是结论开放，则要推出可以成立的结论；如果是综合开放，则需要全方位的分析后再提出假设。③判断。师生共同对提出的假设进行判断，可以采用举反例的方法去判断假设，也可以采用特殊化的方法去判断假设。④修正假设。若发现提出的假设有误，则修正假设，回到问题，重新提出假设；若提出的假设正确，这步可以省略。⑤证明假设。⑥反思。完成证明后，对问题及解答进行反思，并看是否有新的解答方案，是否可以对原问题进行变式或推广。

可见，问题开放解题教学模式，模拟的是数学研究过程。在这个过程中，可以发展学生的直觉思维能力，提高学生探究问题、解决问题的能力。

第四节　数学教学设计的书面呈现形式——教案

在数学课堂教学设计的初期，教师想的东西往往不是定型的，写出来的教案才算是有型的教学设计。编写教案是把精心设计的教与学方案定型化的过程，教案是教学设计的书面呈现形式，是教师教学设计的总结、上课的依据，也是学校检查备课质量和教学效果的参考。数学教师认真编写教案是积累资料、提高业务水平和课堂教学能力，进而提高教学质量的手段。

一、数学教案的书写

教案书写的方法三种类型。①文字法，即用文字的形式将教案表达出来。②表格法，即用表格的形式将教案表达出来。这种表格法既能清楚呈现教学环节和内容，还能明确相应的学生活动、媒体使用及设计意图等。③卡片法，即将教案的纲要、教学重点、教学难点写在小卡片上。这种卡片法既可以是教案，又是完整的板书与课时分配计划，由于形式灵活，方便教学，便于提高教师的教学艺术。因此，新教师可以在用“文字法”或“表格法”书写教案的基础上，再用“卡片法”书写，以便上课时从容使用。

教案能反映数学课堂教学全部概括。由于各堂课的课型不一、内容不同，书写详略不同，教案很难有统一的格式，但必须有课题、教学目标、教学过程等三项基本内容。下面列出几种常见教案，以供参考。

（一）教学详案

详案，即数学课堂教学的详细教学方案。实习教师、新教师必须写教学详案，甚至写成讲稿，这样有助于稳定上课情绪，即心中有底，讲课不慌。其内容如下所示。

（1）课题。

（2）教学目标。教学目标要具体全面，一般包括知识与技能、过程与方法、情感态度与价值观等目标要求。

（3）教学的重点、难点和关键（具体内容的确定，可参加第六章第二节“说教材”相应内容）。

（4）课型。课型一般指该节课的教授类型，如新授课、习题课、复习课、讲评课等。

（5）教具。（上课所需教具和不常用媒体）

（6）教学过程。教学过程是教案的主要部分。写教学过程，主要写以下内容。①教学环节。写出所有教学环节及每个环节要完成教学任务的时间及计划时间；写出数学概念公式的分析、推导过程；写出例题的分析、做题过程。②导语与过渡语。导语即导入新课的引言；过渡语是课堂教学中从一个环节向另一个环节过渡，或从一个知识点向另一知识点过渡时的语言。为了上课时教师做到语言精练、过渡自然，教案中要写下精心设计的这些导语和过渡语。③主要的教学活动。教案中要写下如提问、谈论、课堂练习等主要的教师活动，并要预计学生相应的活动。④课堂小结。要写下教师归纳总结，或教师引导学生总结的内容、方式方法，以及要突出的重点内容。⑤课堂练习与作业题。要写下题目和解题过程，作业题所在页码、题号等。⑥板书板画设计。要安排好板书板画的内容，书写和画图在什么位置，什么时机板书，用什么颜色，用什么符号标记，什么时候讲述或与学生交流等等细节。

（二）教学简案

数学教学简案，即数学课堂教学的简略教学方案，只需写教学方案的要点。一般有经验的、课堂监控能力较强的老师才使用这种简案。其内容如下。

（1）课题。

（2）教学目标。

（3）教学过程。①写出教学主要环节。②写出主要教学活动提纲，包括数学概念名称、数学公式和例题。③课堂练习与作业题。

（三）公开课教案

公开课教案，顾名思义，用于示范课、研究课、汇报课或“转转课”等公开课教学的教案书写。其内容如下所示。

（1）课题。

（2）教学时间、教学地点、教学班级、执教人。

（3）教学设计构思。包括教学设计指导思想或意图、教学内容和学生情况分析等内容。

（4）教学目标。教学目标包括知识与技能、过程与方法、情感态度与价值观的目标要求。

（5）教学的重点、难点和关键。（具体内容的确定，可参加第六章第二节“说教材”相应内容）。

（6）课型和教法。课型一般指该节课的教授类型，如新授课、习题课、复习课、讲评课等。教法一般指启发式讲解法、练习法、谈话法、讲练结合法、引导发现法、自主探究法、类比发现法等。

（7）教具和重要媒体。

（8）教学流程图。

（9）教学过程。①教学环节。写出所有教学环节及每个环节的流程，要完成教学任务的时间及计划时间。②主要的教学活动。包括教师教学提问、谈论、课堂练习等主要活动，相应的学生活动，媒体运用情况，以及设计意图。③课堂小结。教师归纳总结或教师引导学生总结本课主要的内容、方式方法，以及设计意图。④课堂练习与作业题。要写下题目，作业题所在页码、题号等。⑤板书板画设计。主要是板书布局和安排，一般用图表呈现。

除以上三种常见的教案书写格式外，微格教案也常用，具体写法请参见第二章第二节中的“微格设计”。

以上几种教案书写格式，供大家在编写相应的数学教案时参考。当然，所罗列的每一项内容，不一定都照搬照套，这里边有教师的创造性工作，必须具体情况具体处理。但事前尽可能考虑周全是必须的。

二、完整数学教案的案例

我们以“探索正弦定理（第一课时）①”教案为例，通过修改来说明教学设计以及教案的完整呈现。

（一）设计构思

1. 教学内容和学生情况的分析

本课是正弦定理、余弦定理（共 4 课时）的第一节课。正弦与余弦定理是关于任意三角形边角关系的两个重要定理，是解斜三角形的重要工具。数学课程标准强调在数学教学中要重视定理的探究过程，并能运用这两个定理解决实际问题，从而使学生进一步了解数学在实际中的运用，激发学生学习数学的兴趣，培养学生由实际问题抽象出数学问题并加以解决的能力。教材重点在于向量法的证明，这是因为向量在研究与解决有关问题时，在“形”与“数”之间搭起了“桥梁”。向量在数学与物理中应用广泛，在解析几何中应用更直接，用向量方法便于研究空间里涉及直线和平面的各种问题。

学生在高中数学教材必修 4 中，已经学习了三角函数的基础知识，图像性质与恒等变形等三角函数和平面向量的有关内容，对三角函数，平面向量已形成初步的知识框架；学生在初中已经会解直角三角形。以上高、初中的数学知识为学习正弦定理打下了基础。

对于正弦定理的探究，学生的认知困难主要在两个方面：①用向量的方法探究证明。学生对向量方法还不是很熟悉，难以产生联想。②钝角三角形的情形下的证明。不论几何法还是向量法，钝角三角形时都没有锐角三角形时那么直接简单，图形直观感觉也更复杂，探索起来有一定的障碍。所以在课堂时间有限的情况下，分散难点，把钝角三角形的证明放到课后探索，下节课进行交流评价。根据课标的要求和以上的分析，确定了本课时的重点和难点。

2. 教学目标的确定

根据本课的教材特点、课标的要求和学生的认知水平，从三个方面确定了教学目标。重视学生对探索正弦定理过程的体验和对不同探索方法的认识；强调证明方法的落实以及由特殊到一般的思想方法的运用；突出探索猜想能力、推理论证能力的培养和良好的思维习惯的养成。

3. 教学方法

这是一节数学命题课，根据教学内容的特点，适合采取“命题发生型模式”进行教

---

① 引自王尚志（2006），（有修改）.

学，其主要步骤是：问题情境—发现命题—命题证明—命题运用—命题体系建立。结合课标要求，授课班级数学基础较好，思维较为活跃，具体步骤设计为：创设情境—探索发现—提出猜想—探索证明—得出结论—运用反馈。

通过创设情境、学生探究、交流讨论、初步猜想和实验推理论证，最终获得结论，并运用定理解决问题。

4. 教学媒体准备

教学媒体主要指多媒体课件（含背景音乐、幻灯片、几何画板制作的三个比值的动画等等）。课堂上使用多媒体技术辅助教学，为学生营造轻松的氛围、提供直观的感性材料、演示变化的过程，有助于学生对问题的理解和认识。

5. 教学过程的设计

整个教学过程以学生探索为主。为了达到本课的教学目标、突出重点、突破难点，教学上采取以下具体措施。

（1）在探索发现定理阶段，让学生经历由直观到抽象、由特殊到一般、从感性到理性的认识过程，完成对正弦定理证明的多种途径的探索，使学生的探索推理能力不断提高，认识更加全面。

（2）在应用定理阶段，通过对定理的条件和结论的分析，帮助学生掌握运用定理的方法和步骤。

（二）教学目标

1. 知识与能力目标

（1）探索发现正弦定理、探索利用几何法或向量法证明正弦定理的方法，进一步发展推理能力

（2）理解并掌握正弦定理，会初步运用正弦定理解决一些简单的数学问题和实际问题。

2. 过程与方法目标

（1）经历“探索—发现—猜想—验证—推理—应用”的学习过程，体会探究的科学方法；

（2）体会“特殊——一般—特殊”的数学思想方法，初步体会向量法在推理论证中的运用。

3. 情感与态度目标：

（1）通过探究活动，进一步丰富数学活动经验，增强合作交流的意识，体验数学学习过程中的乐趣，提高对数学学习的兴趣；

（2）发展观察，归纳，猜测，研究的思维方法和能力；

（3）逐步增强运用向量知识解决问题的意识。

（三）教学重、难点

1. 教学重点：探索发现并证明正弦定理。

2. 教学难点：向量法证明正弦定理。

（四）教学流程图

如下图所示

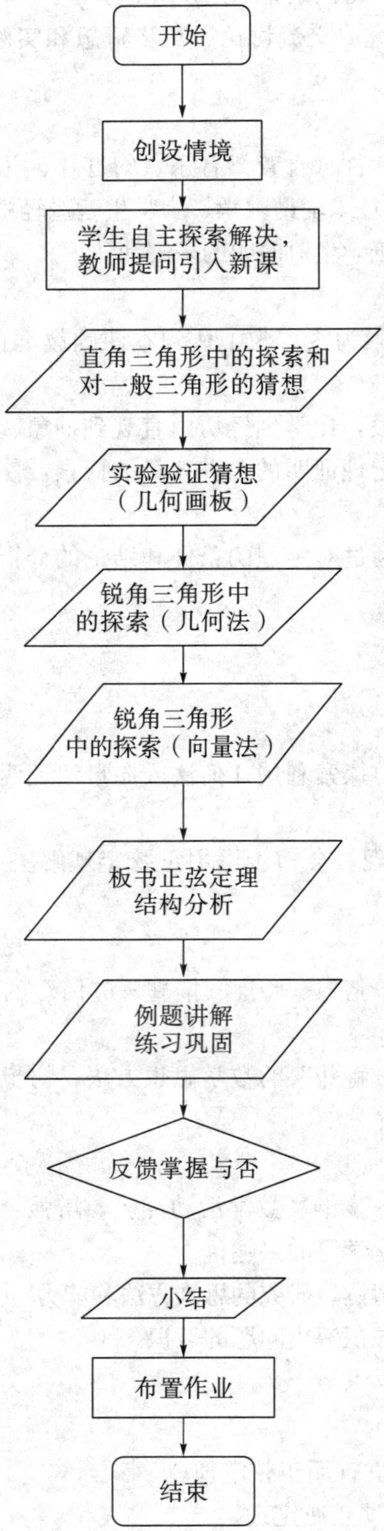

（五）教学过程设计

教学环节	教学内容及教师活动	媒体使用	学生活动	设计意图
创设情景、引入课题（5分钟）	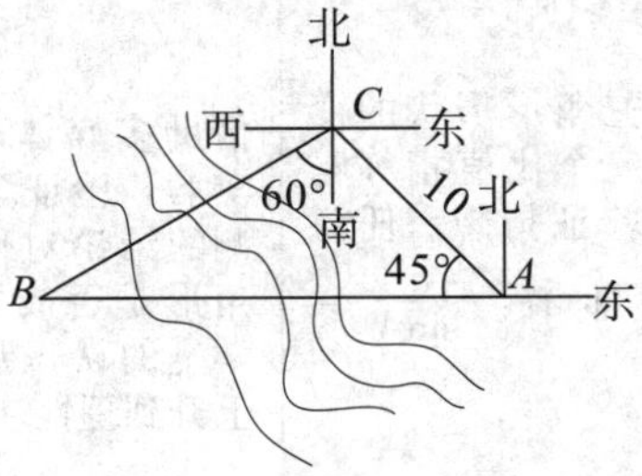 图 1 ①音乐背景出示问题：欲测量河流东西两岸 A、B 之间的距离。现一学生从 A 出发，沿西北方向走 10 米到 C 处，在 C 处测得点 B 在 C 的南偏西 60°的方向上。问：根据这些测量能否算出 A、B 之间的距离？②表扬学生的作法（把任意三角形转化为直角三角形）。③生活中许多三角形都不是直角三角形，如果每次都转化成直角三角形，很繁琐。能不能找到一般三角形的边角关系，直接求解呢？	幻灯片出示问题和图片	观察、思考、尝试动手演算作法（图 2）： 作 AB 边上的高 CD，把 $\triangle ABC$ 分成两个直角三角形，解两个直角三角形求出 BD、AD，再相加得出 AB。 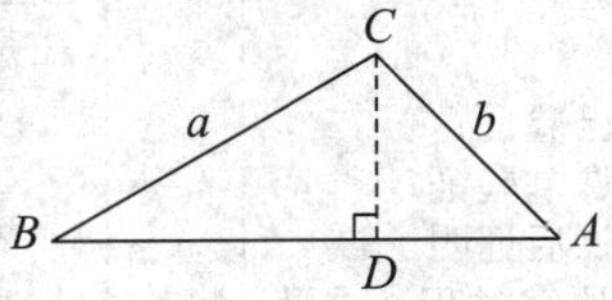 图 2 求 AB 的长	音乐背景缓解压力、营造轻松氛围；由生活情境引入新课，激发兴趣；根据学生已有学习基础，让学生独立完成这个问题是可行的，增强学生的信心。体现“几何源于测量”，与教材的例 1 相呼应，图形和学生的解题思路都为研究正弦定理做好了铺垫
探索发现、猜想结论（3分钟）	①提问：直角三角形是一般三角形的特例，大家首先看看直角三角形中的边与对应角的正弦之比是多少？②教师观察学生的研究进展情况，然后请一位学生说出自己研究的结论。③提问：一般的三角形中也具有该结论吗？	投影学生的演算过程；板书课题	独立研究或与同桌共同研究 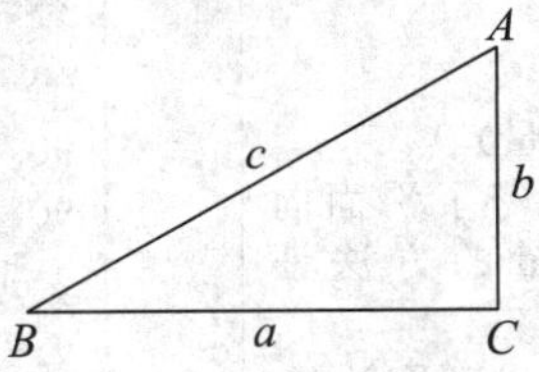 图 3 ①大多数同学发现了直角三角形中：$\frac{a}{\sin A}=\frac{b}{\sin B}=\frac{c}{\sin C}=c$ ②展示交流； ③猜想：一般的三角形也有的结论：$\frac{a}{\sin A}=\frac{b}{\sin B}=\frac{c}{\sin C}$	学生探究发现结论，讨论、展示交流，体现学生的主体性，增进成就感，增强进一步探索的信心；教师参与其中、及时反馈调控

续　表

<table>
<tr><th>教学环节</th><th>教学内容及教师活动</th><th>媒体使用</th><th>学生活动</th><th>设计意图</th></tr>
<tr><td>实验演示、验证猜想（2分钟）</td><td>①利用课前制作的课件演示：任意形状的三角形的边长与对应角的正弦值的比值。②引导学生观察三角形在形状变化过程中，三个比值一直相等。③思考：验证了什么结论？</td><td>几何画板制作的课件演示</td><td>①独立观察三角形形状的变化。②观察三个比值相等与否？③实验验证猜想，任意三角形中都有：$\frac{a}{\sin A}=\frac{b}{\sin B}=\frac{c}{\sin C}$</td><td>借助多媒体，动画实验，验证学生猜测的结论对任意三角形是否成立，使学生的认识从感性上升到理性</td></tr>
<tr><td>自主探索、证明猜想（5分钟）</td><td>（几何法，作高）
说明探究方案：
直角三角形——已验证；
锐角三角形——课堂验证；
钝角三角形——课后证明
教师参与学生的研究过程，并及时提供指导。请一位同学上讲台讲讲自己的证明思路。
表扬：这是一个简捷的证明方法（请同学们掌声鼓励。）
几何意义：$a\sin B$、$b\sin A$ 表示三角形的高 CD。</td><td>学生板书</td><td>独立探索或讨论交流，发现：
在锐角三角形中
$\because CD=a\sin B=b\sin A$
$\therefore \frac{a}{\sin A}=\frac{b}{\sin B}$，
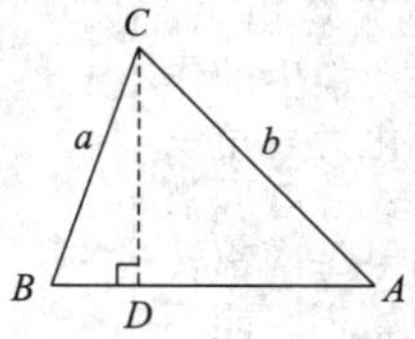

图 4 锐角三角形 ABC
其余同理可证</td><td>利用问题情境的铺垫，学生很容易探索出锐角三角形中的结论，这对学生是很大的鼓励。学生上台展示，感受成功带来的喜悦，强化学习动机与积极性</td></tr>
<tr><td>引导探索、证明猜想（10分钟）</td><td>（向量法，作单位向量）
思考：前面我们学习了平面向量，能否运用向量的方法证明呢？
分析：$a\sin C=c\sin A$ 等价于：$a\cos(90°-C)=c\cos(90°-A)$
数量积中有余弦，若 $|\vec{j}|=1$，则 $\vec{a}\cdot\vec{j}=|\vec{a}||\vec{j}|\cos\langle\vec{a},\vec{j}\rangle=|\vec{a}|\cos\langle\vec{a},\vec{j}\rangle$ 要求学生根据角度作出单位向量 $\vec{j}$ 即证 $\vec{j}\cdot\vec{AB}=\vec{j}\cdot\vec{CB}$ 即 $\vec{j}\cdot\vec{AB}+\vec{j}\cdot\vec{BC}=0$，即 $\vec{j}\cdot\vec{AC}=0$ 寻找等量关系 $\vec{AC}=\vec{AB}+\vec{BC}$。
问：引入单位向量有什么作用？
不过点 A 作 $\vec{j}$，可以吗？预设：引导学生在钝角三角形中进行分析（时间允许时进行）</td><td>板书分析板书画图</td><td>尝试过点 A 作单位向量 $\vec{j}\perp\vec{AC}$，则 $\vec{j}$ 与 $\vec{AB}$ 的夹角为 $90°-A$，$\vec{j}$ 与 $\vec{CB}$ 的夹角为 $90°-C$（见下图 1）由等量关系 $\vec{AC}=\vec{AB}+\vec{BC}$ 开始
$\because \vec{j}\cdot\vec{AC}=\vec{j}\cdot(\vec{AB}+\vec{BC})$
$=\vec{j}\cdot\vec{AB}+\vec{j}\cdot\vec{BC}=0$
$\therefore \vec{j}\cdot\vec{AB}=-\vec{j}\cdot\vec{BC}=\vec{j}\cdot\vec{CB}$
$\therefore a\cos(90°-C)=c\cos(90°-A)$
$\therefore a\sin C=c\sin A$。
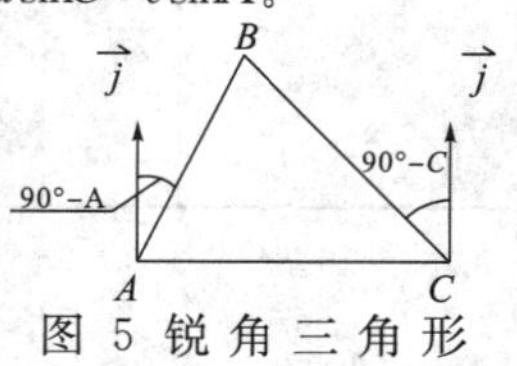

图 5 锐角三角形 ABC
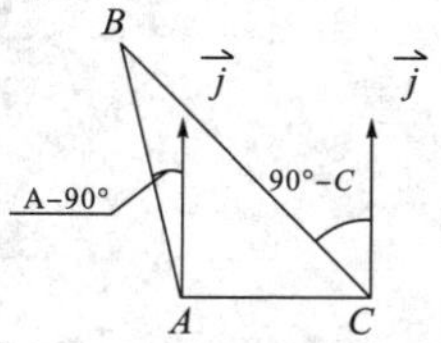

图 6 钝角三角形 ABC</td><td>预计学生在此时出现思维障碍，所以留一定的时间给学生思考、讨论，在适当的时候给予点拨。学生可能出现其他多种证明方法，给予肯定和鼓励，并展示具有代表性的（可以利用投影展示其证明以提高效率）</td></tr>
</table>

续 表

教学环节	教学内容及教师活动	媒体使用	学生活动	设计意图
定理应用、例练反馈（11分钟）	教师板书：正弦定理 在 ΔABC 中，$\frac{a}{\sin A}=\frac{b}{\sin B}=\frac{c}{\sin C}$ 要求学生分析定理的条件和结论，并用文字叙述正弦定理。 定理结论的分析：这个连等式怎么用？可以写成等积式吗？若 $\frac{a}{\sin A}=\frac{b}{\sin B}=\frac{c}{\sin C}=k$，可以表示 a、b、c 吗？ 例：生活中的应用（解决开头提出的问题），教师板书： ΔABC 中 $AC=10$，$C=105°$，$B=30°$ 由正弦定理 $\frac{AB}{\sin C}=\frac{AC}{\sin B}$， 故 $AB=\frac{10\sin 105°}{\sin 30°}=5$（$\sqrt{6}+\sqrt{2}$）$\approx 19$（m） 思考：用正弦定理能够解决什么问题？已知什么，可以求什么？ 练习：ΔABC 中，$a=10$，$b=10\sqrt{2}$，$A=45°$，求 B； 请一位学生上黑板板书， 启发学生总结方法。	板书定理板书例题	思考定理的条件和结论，分析公式的结构特征：边与角的对应。分析结论的各种变形。 已知两角与其中一角的对边，可以求另一角的对边；已知两边与其中一边的对角，可以求另一边的对角。 ①解决本课开头提出的问题，对照自己原来的作法，体会用正弦定理比原来的方法更直接简单。学习运用公式的方法，学习书写方法。 ②独立完成课堂练习，交流评价。	多角度分析认识定理，加深理解和记忆，为运用公式做好准备。 讲解示范，解决问题情境中的问题，首尾呼应，培养学生“用数学”的意识。 通过运用公式，进一步理解和记忆。复杂的运用放在下一节课。
回顾反思、布置作业（4分钟）	提问： 1. 这一节课我们一起学习了哪些知识和思想方法？ 2. 任意三角形中有哪些边、角、边和角的关系？只与正弦有关吗？与其他三角函数呢？ 作业： 1. 当三角形为钝角三角形时，证明正弦定理。 2. 若 $\frac{a}{\sin A}=\frac{b}{\sin B}=\frac{c}{\sin C}=k$，则 $k=$？请同学们自己探究。 3. 完成书上的练习。 4. ΔABC 中，已知 $a=15$，$b=5\sqrt{3}$，$A=60°$，求 B 和 C； 并思考：用正弦定理解三角形一定有唯一解吗？为什么？	幻灯片	回答提问，对知识方法进行归纳小结，畅谈自己的收获和体会，并相互交流。	鼓励学生积极大胆发言，可增进交流、互动，增强不断反思总结的意识。 把课堂内容延伸到课外，继续探索定理证明的其他情形和其他方法；探究比值是三角形外接圆的直径；定理的运用有两个层次：唯一解和不唯一解的情形，为下一节课的继续深入研究做好铺垫。

【分析】：该案例制定的三维教学目标具体、准确，符合这节课的教学内容；教学的重难点把握准确，有效地突出了重点，突破了难点；采取的教学方法（命题发生型模式）符合课标要求、适合教学内容和学生实际；整节课的设计思路清晰、流畅，有特色。

案例中创设的问题情境来源于几何测量，命题的运用也是首先解决实际问题，体现了

“数学源于生活，数学用于生活”的基本理念。整个教学过程以学生探索正弦定理为重点，通过学生主动的观察探索、发现论证，体现以学生为主体。学生经历“由特殊到一般”的探索猜想推理，定理的运用又经历“由一般到特殊”，运用数学思想方法解决探索中的问题。整堂课的教学目的不仅是获得知识与技能，更重要的是在学习的过程中，对学生进行“观察与分析”“归纳与猜测”“实验与证明”等思维能力的训练。本课教学重点和难点都是定理的探究，为了降低难度，原则上采取课后研究钝角三角形的方法，保证学生有充足的时间去观察、发现、归纳、猜测、探究和证明。教师的主导作用体现得较为充分，如提问、启发、分析、演示、板书示范、评价、鼓励等。注重情感交流，强化技能的运用使得学生的探究及时得到肯定和鼓励。媒体的使用适当。利用背景音乐调节气氛；利用多媒体的动画功能，很好的直观展示事物的本质；幻灯片、图片等多媒体的使用也恰到好处。

定理的运用显得偏弱，时间安排还是显得仓促。这里为了有充足的时间给学生思考探究，所以定理的运用只是直接运用，进一步的灵活运用、综合运用只有安排在下一节课来处理。在向量法证明时留给学生的时间需要再多点，教师的点拨还可以设计的细致一些。

第五节　数学教学设计技能的微格实训

一、实训目标和要求

（一）实训目标

会进行数学教学设计，并会编写教案。

（二）实训要求

(1) 注意要做到教学目标全面、具体、准确；

(2) 确定的教学重点正确，难点符合学生实际；

(3) 根据教学内容、学生情况和教师自身特点，注意选择适当的教学策略、方法和手段，使学生成为数学教学活动的主体。

二、评价

数学教学设计技能的评价是对教学设计方案进行价值判断。在关注教学目标是否全面、具体、准确的基础上，通过对数学教学过程的各个要素和各个环节的选择和组合是否恰当、是否协调做出判断，帮助教师及时发现问题，并根据教学目标进行设计方案的修改和调整，促使教学设计更加完善，逐步提高教师的教学设计水平，进而提高教学质量。

数学教学设计技能的评价，可以根据评价时间的不同分为：课前评价、课中评价和课后评价；也可以根据评价的主体不同分为：自评、互评、小组评价以及指导老师的评价等多种形式。微格教学中，对数学设计技能的评价，可以采用等级评价法，如

表3-5-1所示。

表 3-5-1 数学教学设计的评价表单

设计人		评价人		成绩		
课题			评价等级			
评价项目	权重	优	良	中	差	
1. 教学目标全面、具体、准确、恰当，符合课程标准的要求。	0.20					
2. 教学模式的选择适当，突出了学生的主体地位。	0.20					
3. 教学过程安排合理，层次分明，循序渐进，符合学生的认知规律。	0.20					
4. 围绕教学目标开展教学活动，突出重点，突破难点。	0.20					
5. 教学媒体的选择和设计合理，媒体运用能有效促进学生数学学习。	0.20					
补充说明：						

注：其中优为 90～100 分，良为 75～90 分，中为 60～75 分，差为 60 分以下。

三、实训选题

下面提供数学教学设计技能实训的部分选题，仅供读者参考。

【初中】

（1）一定摸到红球吗（七年级上：第七章第一节）

（2）平方根（八年级上：第二章第二节 ）

（3）直角三角形的边角关系（九年级下：第一章第一节）

（4）圆周角和圆心角的关系（九年级下：第三章第三节）

【高中】（普通高中课程标准实验教科书数学：A 版）

（1）直线与平面垂直的判定定理（必修 2：第二章第三节）

（2）直线、圆的位置关系（必修 2：第四章第二节）

（3）古典概型（必修 3：第三章第二节 ）

（4）三角函数的诱导公式的推导（必修 4：第一章第三节）

（5）等比数列的前 n 项和（必修 5 第二章第五节）

（6）指数函数及其性质（必修 1：第二章第一节）

四、实训程序

1. 选择一个自己感兴趣的初中或高中课题，为其编写教学设计。可参考表 3-5-2 的格式。

表 3-5-2　数学教学设计的参考格式

课题名称			设计者	
设计思路				
知识点	教学活动设计	学生行为	媒体使用	设计意图
知识点 1				
知识点 2				
……				
教学反思				

2. 依据自己的教学设计写出详细的教案。可参考表 3-5-3 的格式。

表 3-5-3　数学教学教案的参考格式

课题名称				
教学目标	知识与技能			
	过程与方法			
	情感态度与价值观			
教学重点				
教学难点				
教学过程	教学内容	教师行为	学生行为	媒体使用
（　）分钟	导入：			
（　）分钟	展开 1：			
（　）分钟	展开 2：			
……	……			
（　）分钟	结束			
课后反思				

3. 就其中某一片段内容，尝试编写微格教学的教案。参考第二章第二节“数学微格教学的组织实施”中表 2-2-2 的格式。

4. 在小组内陈述自己的教学设计；小组内互相阅读、讨论详细教案和微格教案。

5. 用修改过的微格教案进行试教；并在小组内自评、互评和教师点评。

第四章　中学数学课堂教学实施技能

课堂教学是我国中学数学教学最主要也是最重要的形式，课堂也就成了教师教与学生学的主要场所。如何使课堂教学到达最佳的效果，是教育工作者一个永恒的研究课题。但可以肯定的一点是：作为一名中学数学教师一定要具备相应的数学课堂教学实施技能。

本章将中学数学课堂教学过程分为导入、展开、结束等三个大环节，分别介绍这三个环节中的教学实施技能的概念、功能、要素等，各课堂教学实施技能的类型及案例分析，并提供微格实训的方案。

第一节　导入技能

对于数学课堂教学，无论是新课、复习课、还是习题课，都有一个如何导入的问题。俗话说："良好的开始是成功的一半"。的确，教学过程的导入环节就像一部电影的序幕那么重要，精彩的导入能收到先声夺人、引人入胜的效果；失败的导入则使人无精打采、昏昏欲睡。大量的数学教学实践证明：数学教师的课堂导入好，能吸引学生的注意力，唤起学生的求知欲，使学生思维活跃，勇于探究，学习积极主动；反之，学生则难以进入角色，学习被动，不容易达到预期的教学效果。因此，数学课堂的导入技能是数学课堂教学艺术的重要组成部分，是教师进行课堂教学必备的一项基本技能。

一、导入技能概述

所谓"导入"，包括"教师引导"和"学生进入"两方面，是在一个新的教学内容或教学活动开始时，教师引导学生进入学习状态的教学活动方式。

"导入技能"，是指教学刚开始时，教师运用各种手段进行课堂教学"导入"的一种课堂教学实施技能。

良好的"导入"是数学课堂教学成功的关键。成功的课堂教学导入对促进学生主动参与数学学习有直接的作用。

（一）导入在数学课堂教学中的作用

(1) 引起学生注意，进入学习情境。心理学研究表明，一旦学生从学习一开始就不能集中注意力，那在教学过程中想再去吸引他们的注意力就不容易了。因此，在数学课的起始阶段，运用适宜的导入方法，给学生较强的、较新颖的数学学习材料的刺激，帮助学生收敛课前活动的各种与本节课无关的思绪和行为，在大脑皮层和有关神经中枢，形成对本课新内容的"兴奋中心"，把学生的注意力迅速集中并指向特定的数学教学任务和数学思考程序之中，为完成本节课数学学习任务做好心理上的准备。

（2）激发数学学习兴趣，引发学习动机。"兴趣是最好的老师"。兴趣是学习动机中最现实、最活跃的成分，是高效学习的催化剂。如果学生对学习本节数学内容有兴趣，就能全神贯注，积极主动地思考各种数学问题，从而达到理想的教学效果。因此，在每次上数学课之前，导入设计能够突出教学内容特点又符合学生认知规律的数学问题情境，会使学生产生对数学的求知欲，渴望获得数学知识，乐于探索数学规律。

（3）明确数学学习目标，形成学习期待。良好的数学课堂导入，能使学生明确本节课所要达到的目的和要求，使学生了解自己要做什么，应达到何种程度。数学教师在上课开始的导入中，只有让学生清晰地意识到所学知识的地位和作用，明确本节数学课的学习目标、任务以及教学活动方向、方式等，才能产生学习的自觉性，迸发出很高的学习热情，对学习程序心中有数，产生对数学学习的期待，从而有目的、有意义的进入数学学习活动。

（4）搭建数学知识桥梁，促进知识系统化。数学学科的知识逻辑性很强，新知识都是在旧知识的基础上发展起来的。教师在新课或新知识的导入中，首先组织复习原有的旧知识，借助学生已有的数学学习经验，引导学生从新旧知识的联系中发现新旧知识的不同点及其内在联系，促使学生建立新、旧知识间的有效联系，让新学知识在原有知识的基础上进行，使数学学习成为有意义的学习。良好的数学课堂导入，是"忆旧引新"或"温故知新"，是搭建数学知识的桥梁，有利于促进学生知识的系统化。

（二）数学课堂导入技能的要素

一般的，数学课堂导入技能的要素有：引起学生注意、激发兴趣、明确目的、启迪思维和进入课题。

（1）引起注意。数学课堂导入的首要任务是使学生课前进行与本节课无关的思绪和行为得到抑制，迅速投入到本节数学学习活动中来，并使之得到保持。在课堂开始的导入中，教师要运用各种手段，组织教学，给学生"上数学课了"的明确信号，帮助学生集中注意力，进入准备学习的状态。

（2）激发兴趣。兴趣是入门的向导，是情感的体现，能促成学习动机的产生。当学生对数学学习内容产生兴趣时，便会全神贯注，积极思考各种数学问题，主动投入到数学学习活动中去。教师用各种方法把学生的这种内部积极性调动起来，是数学课堂导入的目的。

（3）明确目的。数学学习目标是数学学习的出发点。教师在数学课堂导入中，要适时地让学生明白本节数学课学习的目的和意义，产生对学习内容的期待，从而持久地保持注意力，并自觉地控制和调节自己的数学学习活动。

（4）启迪思维。众所周知，"数学是思维的体操"，数学思维能力是数学能力的核心。数学学习实质上是学生在教师的指导下，通过思维活动，学习数学思维活动的成果，并发展数学思维的过程。教师在数学课堂导入中，可以通过问题、情境、矛盾或现象等诱发学生的思维，使学生的思维迅速活跃起来，从而产生对本节数学教学需要的一种

"愤"、"悱"状态，并为后续的数学思维活动做好准备。

(5) 进入课题。在导入结束时，教师应通过语言或其他行为方式，让学生明确"导入结束"，并进入本节课的新课题。通过导入自然地进行新课题的学习，使学生的新旧知识间建立有机联系，有利于学生知识系统化。

总之，成功的导入能开宗明义，抓住学生的心理，引起学生的注意和学习兴趣，把学生带入数学学习情境之中，充分调动学生学习的主动性和积极性，为有效地完成数学教学任务创造必要的条件。一堂课的导入是课堂教学过程的一个重要环节，更是数学教师调控教学过程的一项重要教学技能。

二、导入的类型及案例分析

教学没有固定的形式，一堂数学课如何开头，也没有固定的方法。由于教育对象不同，数学内容不同，导入方式也不相同。即使同一内容和对象，不同教师也有不同的处理方法。采用什么样的方式导入数学课，需要教师在深入钻研数学教学内容、明确教学目标和分析学生认知特点的基础上，结合自己的教学风格而设计。数学课堂教学中导入的形式很多，以下介绍一些数学课堂导入的常用类型，并结合具体案例加以分析说明。

（一）直接导入

直接导入是指教师上课一开始就直接向学生阐明学习目标和要求，纲要式地交代本节课的主要内容及其重点的导入方法，亦称"纲要迎新法"。这种方法的特点是能强化学生数学学习的意向性，提高学习的注意力。常用的目标教学法、和谐教学法多用这种导入方法，由投影仪和小黑板等教具完成。

☆　案例 4-1-1　正弦定理

师：这节课，我们要学数学 5 第一章"解三角形"的第一节"正弦定理"。学习目标和要求是：①掌握正弦定理；②能运用正弦定理解决一些简单的三角形度量问题、解决一些与测量和几何计算有关的实际问题，③体会如何用数学的思维方式解决问题、认识世界，感受数学的价值。

【分析】：教师直截了当点明学习课题，用精练的语言阐明主要内容，使学生明确学习目标和要求，引起学生思想重视并产生认知需要，从整体上去把握要学习的内容，做到学习目标明确。

这种直接导入的方法简单，用时少，而且开门见山地指出学习内容和重点的方法，对学生的学习意向和注意力有较强的导向性。但是，直接导入也有一定的局限性，因为这种方法比较单调，也过于严肃，缺乏更深层次的感召力，不易激发学生数学学习的兴趣。因此，这种导入方法，最好运用于学习方向性相对明确，目标性较强的高年级学生。

（二）旧知导入

旧知导入是指当新旧知识联系较紧密时，用复习旧知识来自然地导出本节课课题的导入方法，亦称“温故知新”法。这种方法的特点是既可巩固、复习旧知识，又可把新知识由浅到深，由简单到复杂，由低层到高层地建立在旧知识的基础上，有利于新旧知识的联系，促进对新知识的理解。

由于数学内容有很强的逻辑性，所以前后知识、新旧知识之间有着密切的联系。新知识往往是旧知识的发展与深化，旧知识成为新知识的基础和桥梁，根据这一特点，温故知新的导入方法被教师广泛应用于数学课堂教学。因此，教师在讲授新知识时，应该选择那些与新知识联系密切、便于对比的旧知识，采用对比、类比、归纳、实验等方法，对新旧知识进行“同化”或“顺应”，使学生把已获得的知识、技能、数学思想方法和数学活动经验从已知的对象迁移到未知的对象上去，从而达到“温故知新”的效果。

☆　案例 4-1-2　因式分解（一）

师：我们学习了多项式的乘法，怎样进行多项式的乘法运算？

生：……

师：请计算下列各式：

①　$(x+3)(x+2)$；

②　$(x-1)(x+2)$；

③　$(x+2)(x-2)$

生：①　$(x+3)(x+2)=x^2+5x+6$；

②　$(x-1)(x+2)=x^2+x-2$；

③　$(x+2)(x-2)=x^2-4$

师：从上面计算结果，我们发现两个多项式的乘积得到一个多项式，把上面的过程反过来，即一个多项式可以化成“整式积”的形式，这就是我们这节课要研究的因式分解。

【分析】：教师在引导学生复习“多项式的乘法”这个旧知识的过程中，很自然地接触到了新的“因式分解”知识，并让学生感悟到了“多项式的乘法”与“因式分解”这对新旧知识之间的联系，为“因式分解”这个新内容的学习奠定了基础。

☆　案例 4-1-3　算法的概念

师：回顾解二元一次方程组$\begin{cases}x-2y+1=0\\2x+y-1=0\end{cases}$的求解过程，我们可以归纳出以下步骤：

第一步：……

第二步：……

第三步：……

（步骤由学生口述，老师简单书写，学生感受到解决这个问题是按照步骤来完成的。）

师：上述过程就是一个解二元一次方程组的算法，对于一般的二元一次方程组：

$$\begin{cases}a_1x+b_1y+c_1=0\\a_2x+b_2y+c_2=0\end{cases}$$

也可以按照上述步骤求解，这些步骤也构成了解二元一次方程组的算法，我们可以根据这一算法编制计算机程序，让计算机来解二元一次方程组。

（稍微停顿，接着问）

师：结合上述例子，什么叫“算法”呢？

生：算法就是做事的步骤；

……

（先让学生发言，教师再完善算法的定义。）

师：算法（algorithm）一词源于算术（algorism），这个词最早出现在12世纪，指的是用阿拉伯数字进行算术运算的过程。在数学上，“算法”通常是指按照一定规则解决某一类问题明确的和有限的步骤，可让计算机执行并解决问题。

【分析】：“算法”作为一个名词，在前面学习中没有接触其概念，但是学生却从小学开始接触“算法”。例如，做四则运算要先乘除后加减，从里往外脱括号等都是“算法”，至于乘法口诀更是“算法”的具体体现，中学的解一元二次方程，求解一元一次不等式，一元二次不等式，解线性方程组的算法等等，因此“算法”其实是学生已有的重要的数学对象，只是没有明确的概念。该案例教师选取了一个学生非常熟悉的例子“解二元一次方程组的解法”，通过复习学生熟悉的“解二元一次方程组的步骤”这个旧知识，恰当引导，让学生了解新旧知识的联系，应用旧知识理解新知识“算法”概念 。

复习旧知识，不只是为了巩固旧知识，更重要的是为新知识的学习搭建桥梁，要从思想方法上、知识的整体结构上，把握复习点；导入新知识，要注意紧扣新课知识的本质特征，抓住数学探究中出现的新问题、新矛盾，巧妙的设置问题，由表及里、由浅入深的揭示课题。这种导入方法的运用是建立在教师对教材的宏观把握及对学生原有认知基础比较了解的基础上的。因此，采用这种导入方式的教学中，要找准与新课知识相联系的旧知识点。

（三）问题设疑导入

问题设疑导入是指在教学之始，教师编拟一些必须学了新知识之后才能解决的问题或者对某些内容故意制造疑团而使其成为悬念，让学生产生想弄个水落石出的欲望的一种导入方法。这样导入新课给教学内容添上了一层神秘的色彩，诱导学生随时注意解开疑团。亦称“设疑引新法”。其目的是将整个教学过程设计成问题式教学，通过不断地向学生提出问题，不断解决问题来达到学习数学内容的目的。

☆　案例 4-1-4　二次函数

问题：如图 4-1-1，要用总长为 20 米的铁栏杆，一面靠墙，围成一个矩形的花圃。怎样围法，才能使围成的花圃面积最大？

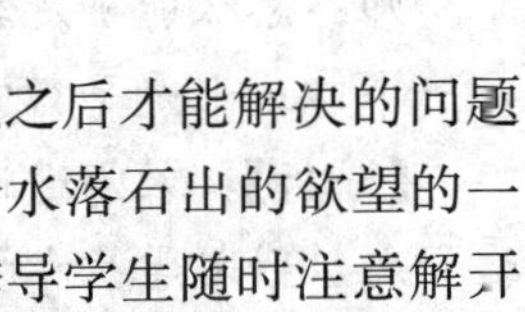

图 4-1-1

师：设矩形花圃的垂直于墙的一边 AB 的长为 x 米，矩形的面积为 y 平方米，我们发现，当 AB 的长（x）确定后，矩形的面积（y）也就随之确定，y 是 x 的函数。

师：请写出这个函数的关系式

生：函数的关系式：$y=x\ (20-2x)$，$(0<x<10)$；即 $y=-2x^2+20x$，$(0<x<10)$。

（学生口述，老师补充完善并板书）。

师：这是我们以前学过的函数吗？这是什么函数？

（学生议论纷纷，情绪振奋。）

【分析】：教师首先引导学生观察、分析生活情境中的矩形面积 y 与矩形一边长 x 的关系，发现 y 是 x 的函数，并由学生写出其函数关系式 $y=-2x^2+20x$，$(0<x<10)$。紧接着，教师抓住“函数关系式由学生正确得出却不认识”这一矛盾，提出问题“这是我们以前学过的函数吗？这是什么函数？”引起知识冲突，创造问题情境来激发学生探究的欲望，为学习二次函数启迪思维。

☆　案例 4-1-5　平行四边形的判定

师：如图 4-1-2，四边形 $ABCD$ 是平行四边形，一不留心，它的一部分被墨水涂没了，只剩下相邻两边和其夹角。同学们想一想，有没有办法把原来的平行四边形 $ABCD$ 重新画出来？大家试试。

学生跃跃欲试，都认为关键在画出点 C，很快提出了一些解决办法：

学生 1：过点 B 和点 D，分别作 AD、AB 的平行线，行线交点即为点 C。

学生 2：过点 B，作 AD 的平行线，在平行线上取一点 C，使得 $BC=AD$。

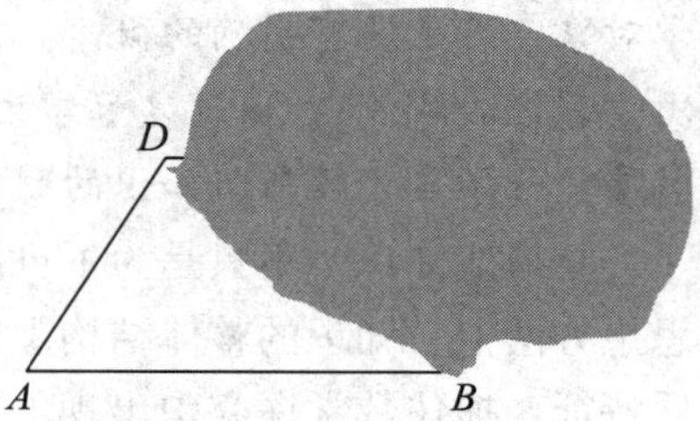

图 4-1-2

学生 3：连接 BD，取 BD 中点 O，连接 AO，并延长 AO 至 C 使得 $AO=OC$。

学生 4：以 B 为圆心，DA 为半径画圆弧；以 D 为圆心，BA 为半径画圆弧，两圆弧的交点为 C（AB 直线下方的点除外）。

师：怎么能确定我们这样画出来的四边形 $ABCD$ 就是平行四边形呢？即怎样才能判定一个四边形是平行四边形呢？（引出课题：平行四边形的判定）

【分析】：教师通过平行四边形被墨水污染了的情境，提出如何恢复平行四边形原貌这问题，引起学生积极思考、讨论并提出了四种解决办法。教师抓住学生能提出解决方案，但只是“凭经验和感觉、无根据”这一时机，提出“怎么能确定这样画出来的四边形就是平行四边形？”的疑问，导入课题，引起学生认知冲突，激发学生的求知欲，产生非解决不可的需求。同时，学生所提出的解决办法也是进一步探究“平行四边形判定”的素材，为后续的问题教学生成了“问题情境”。

运用“问题设疑导入”，关键在于教师要问到“点”上，对问题抓得准，问得当，才能抓住契机，引发思维。要做到这一点，就要求教师了解学生的认知基础，能创造性地驾驭教材，围绕教学中的重点、难点、关键点，设计具有启发性、探索性和趣味性的疑难问题，在课堂导入时，创设悬念，适当置疑，激发学生求知欲望并“愿闻其详”。

（四）实验（实践）导入

实验（实践）导入是通过师生动手实验来揭示某些数学规律的导入方法。这种方法中的实验（实践），既可教师做，学生观察思考；也可师生共同做，共同议论。这种导入法，师生动手操作，有利于集中学生注意力，同时是培养学生动手动脑的好方法，也是一种合作交流的好办法。

☆　案例 4-1-6　不等式的性质（一）

师：请同学们观察一个实验（如图 4-1-3 所示）

图 4-1-3

在天平两边的秤盘里，放着相等重量的物体，这时天平是平衡的（学生观察），如果我们在两边的秤盘里都加上重量相等的物体，天平有什么变化？

（学生观察，天平仍然平衡。）

师：请同学们做一个实验（如图 4-1-4 所示）

图 4-1-4

当我们在两边的秤盘里都拿去重量相等的物体，天平有什么变化？

（学生操作、观察，天平仍然平衡。）

师：如果我们把开始“天平平衡的情况”看作一个“等式”，加上或拿出重量相等的物体看作“同一个数”或“同一个整式”，事实说明，等式有什么性质？

生：等式的两边同时加上或减去同一个数或同一个式，等式仍然成立。

……

【分析】：首先，教师做“在平衡的天平两边的秤盘里增加相同的砝码”的实验时，学生观察实验发现“天平仍然平衡”；接着，学生亲自做“在平衡的天平两边的秤盘里减少相同的砝码”的实验，发现“天平仍然平衡”；然后，教师在观察与分析的基础上，引导学生将开始“天平平衡的情况”看作一个“等式”，“加上或拿出重量相等的物体”看作“同一个数”或“同一个整式”，总结概括出不等式性质 1。这样的导入，不仅给学生充分的思考时间和空间，帮助学生从实验中获取知识，引导学生参与数学活动，体验探索的乐趣，增强数学学习的兴趣，而且能帮助学生理解和记忆不等式性质。

实验（实践）导入，通过师生尝试、观察与分析，师生共同探索发现，并总结概括出数学结论，不但能激发学生学习欲望，而且能增强学生对所学知识的理解，帮助其对所学数学知识的记忆。

（五）经验导入

经验导入是以学生已有的学习经验为基础，通过讲解、提问等方式，引起学生回忆与本节课所学内容有关的已有学习经验，进而借助已有学习经验，产生探究或解决新问题的兴趣和思路的一种导入方法。这种导入方法，是激活学生大脑中原有的经验来接纳、嵌入新知识，减少即将要学习新内容的难度，加深学生对新知识的理解，促进学生对旧经验和方法的巩固、深化和提高。

☆　案例 4-1-7　对数函数及性质

(对数函数的定义略)

师：我们刚学习了对数函数的定义，按照研究指数函数的思路，紧接着该探讨什么问题?

生：对数函数的图像和性质。

师：类比研究指数函数的方法，如何研究对数函数呢?

生：先画图像，再根据图像得出性质。

师：画图像是否需要分类?

生：需要，要像指数函数那样按照 $a>1$ 和 $0<a<1$ 分类讨论。

师：若图像画好了，要从哪些方面观察图像呢?

生：从图像的形状、位置、升降、过定点等角度观察。

师：根据大家刚才拟定的探究方法，按照以下步骤探究对数函数的图像：

第一步：在同一直角坐标系中，描点画出下列对数函数图像：

①$y=\log_2 x$，$y=\log_{\frac{1}{2}} x$；②$y=\log_3 x$，$y=\log_{\frac{1}{3}} x$；

第二步：观察上述四个对数函数的图像特征，分析它们有哪些异同点；

第三步：归纳出不同类型的对数函数特征，并概括对数函数的性质。

【分析】：高中对数函数是继指数函数之后的又一个重要初等函数，对数函数与指数函数，无论在知识层面还是思想方法层面都有许多类似之处。指数函数的相关知识、思想方法和学习经验，是学生已有的“数学现实”，是学生学习对数函数的认知基础，案例中教师引导学生回顾指数函数性质及研究思路这一探讨经验，通过类比的方法来研究对数函数。这样的导入，不仅使“对数函数性质的探讨”更容易展开，还使对“指数函数性质和探究方法”得以巩固、深化与提高；不仅有利于对数函数性质的理解和记忆，还有利于学生体会指数函数与对数函数的联系；不仅让学生感到新知识“对数函数性质”是植根于旧知识“指数函数性质”，还让学生通过类比、归纳、总结与概括“对数函数性质”而体会到成功的喜悦。

每个学生都有自己的“数学现实”，包括已有知识、思想方法和学习经验等。有效的数学教学应当是教师充分调动、运用学生已有经验，激活学生大脑中的原有经验以接纳新知识，引导学生经历“新知识在已有经验基础上生成”的过程。

(六) 实例导入

实例导入是通过分析具体实例(包括生活中的实例和数学内部实例)来揭示一般规律的导入方法。因数学研究对象具有高度的抽象性，抽象与具体相结合的原则是数学教学的基本原则之一，而实例能使学生对抽象的数学内容，找到具体载体，使其有“看得见，摸得着”的感觉。这种导入，是一种由特殊到一般、由具体到抽象的导入方法，相对“一般、抽象”数学结论而言，“特殊、具体”的实例往往比较熟悉、简单与直观，更容易被接受和理解。

☆ 案例 4-1-8 随机变量及其分步列①

教师利用多媒体展示图片：男子 50 米步枪三姿决赛精彩一幕。

介绍图片：2008 年 8 月 17 日，在男子 50 米步枪三姿决赛中，美国名将埃蒙斯在前九枪取得了巨大领先的情况下，最后一枪仅打出 4.4 环的成绩，再次将金牌拱手送给了中国选手。

师：埃蒙斯在打最后一枪之前，我们知道他会打中几环吗?

生：不知道。

师：像这种在一定条件下，不能事先预知结果的事件称为随机事件。所以，在射击运动中，每次射击的成绩是一个随机事件。对于像“射击”这样的随机事件，我们如何刻画一个射击运动员的技术水平和特点呢?若你是教练员，如何选拔优秀射击运动员参加比赛使得获胜的概率最大?应考虑哪些因素?

生（讨论)：经常击中哪些环，平均值，稳定程度……

师（归纳)：我们可以从三个方面考虑：

(1) 取每个值的可能性大小——分布列；

(2) 这些值的平均水平——期望；

(3) 这些值的集中和离散程度——方差。

这就是本章我们要研究的三个基本问题：分布列、期望、方差，它们从三个侧面描述了值的数字特征。我们想利用数学工具研究随机事件，首先要将结果数量化，下面就来学习如何将随机事件结果数量化（引出课题)。

【分析】：该案例是“随机变量及其分布列”引言的教学片段。教师从学生熟悉的生活情境“射击”和感兴趣的话题“男子 50 米步枪三姿决赛精彩一幕”出发，设计了符合学生年龄特点的教学活动，激发了学生的思维和学习兴趣，使学生在愉快的情境中思考、讨论，引导学生自然的将情境问题转化为数学问题“分布列、期望和方差”，并“水到渠成”地介绍本章学习的主要内容，从而导入学习课题。

☆ 4-1-9 案例 最简二次根式

师：请同学们计算下列题目（方法不定)：

① $\sqrt{304}\cdot\sqrt{336}$； ② $\dfrac{3\sqrt{45}}{\sqrt{5}}$。

(学生练习，老师巡视观察，然后总结学生的解法。)

对于①题有：

解法 1：原式 $=\sqrt{304\times336}=\sqrt{102144}=16\sqrt{399}$

解法 2：原式 $=\sqrt{16\times19}\cdot\sqrt{1621}=4\sqrt{19}\cdot4\sqrt{21}=16\sqrt{399}$

① 引自：林克涌（2010).

对于②题有：

解法1：原式$=\frac{3\sqrt{45}\cdot\sqrt{5}}{\sqrt{5}\cdot\sqrt{5}}=\frac{3\sqrt{45\times5}}{5}=\frac{3\times3\times5}{5}=9$

解法2：原式$=\frac{3\sqrt{9\times5}}{\sqrt{5}}=\frac{3\times3\sqrt{5}}{\sqrt{5}}=9$

师：显然两道题中都是第二种解法较简洁，因此我们在计算二次根式时最好先简化成为第二种解法那样的二次根式，那我们这节课就来研究最简二次根式。

【分析】：教师设计两道计算二次根式的练习题，让学生做这样两道练习题，不仅是检查学生的知识储备状态和认知水平，更主要的让学生在练习中深切感受到第二种解法是较简洁的实例，使学生头脑中有了实例表征，这样引出的最简二次根式的概念不再那么抽象。

对生活中的实际问题或数学中的具体“实例”，学生比较熟悉，有的学生还是亲身经历过。从现实生活或数学内部寻找“实例”来创设问题情境，导入新课，学生往往比较感兴趣。因此，若教师能运用具体实例来创设问题情境，引导学生学会运用联系的观点，认识、分析实例，从中提炼出数学本质，不仅能帮助学生认识和理解抽象的数学内容，还有助于培养学生从具体到抽象的归纳概括能力，以及严谨的逻辑思维能力。

（七）趣味导入

趣味导入是通过选讲与本节课所学数学内容联系密切的故事、新闻、游戏等有趣味的事件来导入新课的方法。在数学的发展史上有许多和教学内容有关的动人故事，在日常生产和生活中也有许多和讲课内容相关的事例，还有许多有趣的动画人物或数学游戏等。教师可利用这些趣味事件来导入新课，抓住学生的好奇心，把这种好奇心转化为浓厚的学习兴趣，使学生的思维活动活跃起来。

☆ 4-1-10 案例　打折销售

师：岁末临，新年到，各大商场都很热闹。“喜羊羊”和“灰太狼”也想过个好年，于是来到了大街上，同学们，我们也一起去瞧瞧（播放各大商场的促销广告的视屏）。

师：正如他们一样，在我们的生活中，打折促销的广告随处可见，你是否也像“红太狼”一样盲目地买很多东西呢？

（1）那些商家打折真的是亏本了吗？

（2）我们要如何买，才划算呢？

（提出问题，引导学生思考和探索。）

师：今天咱们就通过学习打折销售来解决这样的问题：

（板书课题）——打折销售

【分析】：该案例选自教育部“国培计划－培训者研修（初中数学）”上的一堂研究课，教师根据该班学生对动漫特别感兴趣，“灰太狼”也是当时最为火热的老少皆宜的国产动画人物，利用“喜羊羊”、“灰太狼”等动画人物特点来代表不同的销售类型，巧妙利用动画人物融入数学教学，穿针引线，很好地激发了学生好奇心和探究欲望，顺利地把学生思维引入到“打折销售”的探究情境。

☆　案例 4-1-11　二分法求方程的近似解[1]

请两位学生参与，模拟“幸运 52”中的游戏环节。

猜一件商品（如某种 MP3）的价格（1180 元），给出的价位在 0～2000 元之间。

学生甲：1500，1400，1200，1100，1150，1160，1170，1190，1180。

学生乙：1000，1500，1250，1100，1200，1150，1170，1180。

师：两位同学“猜价格”的过程略有区别，但都采用了相同的方式，就是通过不断缩小价格的范围，逐渐“逼近”准确值。这节课我们就要用此方法来求方程的近似解。

【分析】：教师将抽象的“逼近”思想孕育在学生熟悉的、亲历的“幸运 52”游戏中，让学生感觉易学、乐学，从而产生数学学习的兴趣，并在游戏中体会如何用“二分法求方程的近似解”。

根据学习内容，将动画情境人物、游戏、有关数学史料或其他编拟故事等有趣事例引入数学课堂，把一系列的数学概念、技能和思想方法，寓予动画情境、游戏或故事中，以有趣味的方式呈现，从而使枯燥的数学知识变得生动有趣，促使学生积极主动的探索新知识，增强学好数学的信心。但必须注意所使用的表现手段应与教学内容、教学情境密切相关，符合学生的心理特征和教师自身的个性特点，如果离开这些条件教学效果就会大打折扣。

（八）直观导入

直观导入是利用实物、教具（挂图、投影片、幻灯片、电影、录像等），引导学生直观观察、分析，引出新知识的导入方法。

☆　案例 4-1-12　圆柱、圆台的侧面积和全面积

师：请大家观察我手里的圆柱和圆台模型，它们分别由哪些面组成？

（学生观察、讨论）

师（归纳）：都是由上、下底面和一个侧面组成的。那它们分别是什么形状呢？我们熟悉其面积计算吗？

生：上、下底面都是圆，我们能计算；但侧面是……（学生面露为难）

师：请观察（教师演示）分别将事先粘贴在圆柱、圆台侧面的纸沿着一条母线展开。

生：哦，圆柱侧面是矩形，圆台侧面是扇形环。

生：而且矩形一边边长为圆柱高，另一边边长为圆柱底面周长，扇形环……

（学生非常兴奋，对接下来探究“侧面积”和“全面积”公式充满信心）

【分析】：教师让学生观察实物模型，然后再观察它们各自的侧面展开图，进而引导学生推导出计算公式。这样，让学生在观察实物操作及展示挂图的过程中，既获得了大量感性知识，又突出了重点，为本节课内容的讲授创造了有利条件，取得良好的课堂效果是肯定的。

---

① 引自：王尚志（2006）。

☆　案例　4-1-13　圆和圆的位置关系

由“日食”导入新课：(播放录像)北京时间 2009 年 7 月 22 日 9 时许，在我国长江流域发生了“日全食”。

图 4-1-5

师：(用多媒体播放“日食”形成过程的动画课件）月亮在地球与太阳之间绕着地球旋转，当月亮正好遮住了太阳射向地球的光线时，就形成了“日食”(如图 4-1-5 所示)。

师：大家知道太阳和月亮可以近似地看成圆，太阳与月亮的位置关系可近似的看成两个不等圆的位置关系。请大家观察太阳和月亮代表的两个圆，在其运动过程中，有哪些位置关系？它们的圆心和半径有何特点？

(老师操作鼠标，让代表太阳和月亮两圆，从相离到外切，从外切到相交，从相交到内切，再从内切到内含，最后两圆圆心重合)

……

【分析】：该案例通过多媒体展示“日食”形成过程，引发了学生学习兴趣，集中了学生注意力，使学生经历观察—感受—联想等活动过程，获得对两圆位置关系的直观感知，并在此基础上引导学生在无声操作中，观察、发现和提炼出两圆的各种位置关系，为本节课学生的学习创设了生活化、直观化的有效问题情境。

采用直观导入，可使抽象的知识具体化、形象化，为学生学习架起由具体向抽象过渡的桥梁。

总之，数学课的导入类型很多，在此不能一一举例。当然，在实际数学课堂教学中，导入的类型和方法不是固定不变的，不少方法是可以交叉使用，教师要根据教学内容、学生特点和教师的具体情况灵活选用，才能取得良好的课堂效果。

三、导入技能的微格实训

（一）实训目标和要求

1. 实训目标

(1) 能根据教学内容和师生情况选择恰当的导入方法。

(2) 能熟练运用所选导入方法进行教学，并做到：①迅速集中学生的注意力；②激发学生的数学学习兴趣和求知欲；③启发学生的数学思维活动；④让学生明确本节数学课的学习目标；⑤顺利自然的进入新课。

2. 实训要求

(1) 导入要具有趣味性和直观性，不能单调枯燥。在数学教学过程中，导入要么充满新意、生动有趣，能唤起学生的注意，激发学生的学习热情；要么让学生直观感知，能帮助其从具体到抽象，理解抽象的数学概念或总结提炼出抽象的数学结论。

(2) 导入的目的要明确，不能喧宾夺主。导入是为了顺利、自然地进入新知识的学习，要根据本课内容选择导入类型和材料。无论哪种导入方式，都要和本节课内容有密切关系，起到一石激起千层浪的效果，切不可只是为了引起学生兴趣和好奇而讲一些与本质内容无关的故事或问题等。新课的导入只能起“引子”作用，起提出问题、导入正课激发学生学习兴趣的作用，占用时间不宜过长，一般3～5分钟，否则会喧宾夺主。因此，在导入时，一定要目的明确，合理选材，并控制好时间，恰到好处，适可而止。

（3）导入要具有启发性和关联性，不能偏离主题。“数学教学是数学思维活动的教学”，数学课的主要任务之一是发展学生的思维能力。富有启发性的导入能引起学生主动去发现问题，积极解决问题，参与数学学习。同时，数学课的导入设计，还应注意以旧拓新，揭示新旧知识的互相关系，使学生温故而知新，实现从已知到新知的过渡。教师要通过提供材料和提出问题，激发学生认识活动的内部矛盾，启发学生由疑到思，引导学生去发现问题，激发学生解决问题的强烈欲望，促使学生积极主动地进入数学学习进程。导入所选用的材料必须紧密配合本节数学课的教学目标，不能脱离本节课主题，更不能与本节课有矛盾或冲突，否则导入不但起不到帮助学生理解新知识的作用，反而干扰学生对新课内容的理解。

（4）导入要融合科学性和艺术性，不能顾此失彼。众所周知，数学学科具有严谨性和科学性，故数学课导入的艺术性常常被忽视。事实上，课堂教学本身就是一门艺术，因而导入作为数学课堂的重要环节也应具有艺术性。要想一语惊人，要想使学生尽快进入“角色”，要想像磁铁一样把学生牢牢地吸引住，需要教师讲究导入的语言艺术。教师既要考虑到数学本身语言的科学性、准确性和思想性，还要考虑学生的可接受性。教师创设情境时，语言应该富有感染力，要求条理清楚，又要娓娓动听，形象感人；直观演示时，语言应该通俗易懂、富有启发性；新知识导入时，语言应该清楚明白，准确严密，逻辑性强。

总之，无论采用哪种导入方法，都要求教学语言既要确切、精炼，有画龙点睛之妙，又应该朴实、通俗易懂、实事求是。

（二）评价

数学课堂导入的评价是对导入方法的选择、设计和应用是否得当做出的判断。评价可以关注导入目的是否明确，是否符合学生的学习需要，是否引发认知冲突，激发兴趣，引起数学思考，是否顺利自然地引导学生进入学习状态等。

关于数学课堂导入技能的评价，可以采用定量与定性结合的等级评价法；也可采用评价者对角色扮演者的活动指出两条优点让受训者保持，同时指出两条主要缺点让其改进的“2+2”评价法。下面提供如表4-1-1所示的评价表，供读者在导入技能训练评价时参考使用。

表4-1-1　导入技能训练的评价表

讲课人		评课人		成绩			
课题				评价等级			
评价项目			权重	优	良	中	差
1. 导入目的明确			0.15				

续　表

2. 导入自然，紧扣主题	0.15				
3. 能引起学生的兴趣，集中注意力	0.15				
4. 能调动学生积极性，促进思维	0.15				
5. 导入时间紧凑，恰当	0.10				
6. 语言精练准确	0.10				
7. 感情充沛，语言感染力	0.10				
8. 点名主题，板书课题	0.10				
补充说明：					

注：其中优为 90～100 分，良为 75～90 分，中为 60～75 分，差为 60 分以下

（三）实训内容与选题

1. 实训内容

（1）“导入”的设计。选择一个感兴趣的高中或初中课题，为之设计一个课堂导入的教学片段，时间要求 3～5 分钟，并编写教学导入环节的微格教案。在编写教案时思考以下几点：①你选择的导入方法与课题内容、目标是什么关系？②你导入的方法是如何促进学生学习的？③你的选择是否恰当？有无错误？④教学结构是否紧凑等？

（2）“导入”的体验。根据自己导入的教学设计，在微格教室进行 3～5 分钟教学导入的角色扮演，然后小组成员在指导教师组织下观摩录像，互评、教师点评，然后修改完善自己的导入设计，修改微格教案。

2. 实训选题

下面提供导入技能实训的部分选题，为读者设计课堂导入的教学片段提供选题参考。

【初中】：

（1）绝对值（七年级上册：第二章第三节）

（2）一定摸到红球吗（七年级上册：第七章第一节）

（3）探索勾股定理（八年级上册：第一章第一节）

（4）有理数的乘法（七年级上册：第二章 第八节 ）

【高中】：（普通高中课程标准实验教科书 A 版：数学）

（1）函数的单调性（必修 1：第一章第三节 ）

（2）等比数列的前 n 项和（必修 5：第二章第五节）

（3）直线与圆的位置关系（必修 2：第四章第二节）

（4）指数函数及其性质（必修 1：第二章第二节 ）

（四）实训程序

（1）仔细阅读前面部分的理论，尤其是所给导入的案例及分析和中学数学教材。

(2) 可观摩有关导入技能的录像资料。

(3) 选择一个自己感兴趣的中学数学课题，编写导入教学的微格教案，时间允许可经小组内讨论后修改。

(4) 根据编写的导入微格教案，在微格教室中进行教学导入环节的角色扮演，并在指导教师组织下进行评议。

(5) 根据评议情况修改微格教案，并重新进行微格教学体验。若一次达到训练目的的，可省略这一步程序。

第二节　展开技能

当数学教师引导学生“进入课题”后，数学课堂教学自然就转入了“展开课题”的中心环节。数学教师就要考虑如何把数学内容展开，即把数学知识理论体系，由科学形态转化为教育形态，按照学生易于接受的方式向学生展开。在导入之后，如何有效地进行数学课堂展开，是数学课堂教学的重要环节，关系到整个数学课堂教学的优劣与成败。

一、展开技能概述

所谓“展开”，包含张开、铺开和伸展之意，即是指教师引导学生分析数学问题，建立对数学概念、定理、法则和公式的认识与理解，学习数学技能，体会数学思想方法，获得情感体验的教学活动方式。

“展开技能”，就是教师根据教学目标、教学内容以及学生特点，运用各种手段进行数学教学内容“展开”的一种课堂教学实施技能。

在导入之后，如何有效地进行数学课堂展开，是整个数学课堂教学中很重要的一个环节，也是课堂教学的主体部分，其优劣与成败直接影响到整个数学课堂教学质量。

（一）课堂教学的展开在数学教学中的作用

好的数学课堂教学的展开，能有效体现培养目标的全面性，包含知识与技能、过程与方法、情感态度与价值观等三维目标。

(1) 学生能从中获取数学知识与技能。获取新的数学知识与技能是数学课堂教学展开中首要、重要的目标之一。教师在学生原有认知基础上，依据所教数学知识特点和学生的学习心理规律来展开教学内容，使学生循序渐进地理解和掌握新的数学概念、公式、定理等，并建立新的数学知识结构。如学习数学公式 $\cos(\alpha\pm\beta)=\cos\alpha\cos\beta\mp\sin\alpha\sin\beta$ 后，安排练习活动，对该数学公式进行直接运用、逆用或变式运用等等，可以促进学生对这个公式的理解记忆、掌握和巩固。

(2) 学生能从中学习和体会数学思想方法。数学学习过程，就是让学生经历类似数学家“做数学”的探索过程。引导学生进行分析、归纳、推理等一系列的数学思维活动，揭示数学知识的形成过程和内在联系，掌握分析问题、解决问题的方法和策略，在这一过程中学习和体会数学思想方法。如学习有理数的减法法则：“$a-b=a+(-b)$”，即减去一个数，等于加上这个数的相反数。通过对该数学探索活动的展开，学生体会到有理数减法法则的实质就是把“减法”问题转化成了已经学过的“加法”问题来处理，能从中学习和体会这种数学“化归思想方法”。

（3）学生能从中获得情感体验与价值观。教师在课堂展开中，引导学生经历数学探究过程时，学生必然经历成功与失败、感受快乐与艰辛、感受团队协作的乐趣。同时，了解数学知识丰富的文化背景，体会数学的科学价值、文化价值和应用价值。如，在探索勾股定理 $a^2+b^2=c^2$ 的教学展开中，通过认真仔细地观察、分析，大胆地提出假设、猜想，严密地进行验证、证明，认真、踏实地探索、研究，能逐步培养学生严谨、求实的科学态度和不断追求的进取精神，磨练不怕吃苦、勇于克服困难的科学品质；同时，通过欣赏历史上勾股定理的发现与应用，让学生深刻地感受到数学文化的无穷魅力。

（二）数学课堂展开技能的要素

数学课堂教学的展开在整个数学课堂教学中是非常重要的一个环节，是对教师使用各方面教学技能的综合要求。一般的，数学课堂展开技能包含讲解、提问、反馈和媒体运用等要素。

（1）讲解。不论用什么方式展开教学，课堂的讲解是不可或缺的。讲解就是教师运用语言向学生传授知识，启发学生思维、交流思想、表达感情的一类行为方式。从古至今，讲解都是教学的最基本的手段。讲解是“填补空隙”，非“空隙”部分，不用教师再唠叨。所以教师只能做有序的、有节制的讲解，而非“全盘托出”。教师在教学展开中只能进行恰当的“解释”“说明”“引导”，帮助学生通过自己思考、探究来概括数学知识的本质、归纳数学知识的规律，从而达到学习掌握新知识的目标。

展开教学中的讲解方法可分为解释型讲解、描述型讲解、归纳型讲解和演绎型讲解。在数学课堂展开中，不论使用哪种类型的讲解方法，都要做到：①层次分明，逻辑条理清晰；②内容科学，讲解方式适合学生要求；③语言精练、清晰、准确；④抓住重点和关键问题，有效突破教学重、难点；⑤教师讲解语言要具有启发性，善于引导学生思考。

（2）提问。提问是教师以问题的形式，通过师生的相互作用，检查学习、促进数学思维、巩固知识、运用知识实现教学目标的一种教学活动方式。它是数学课堂教学的重要手段，是师生交往互动的一种重要方式。

数学课堂展开教学的提问具有以下作用：①激励学生参与数学学习活动；②教会学生如何发现问题、提出问题，在分析和解决问题中如何比较、分析、综合、概括等，从而学会数学地思维；③可以检查学生是否掌握已学过的知识，及时得到反馈信息，了解学生认知状态，诊断学生的困难和问题，从而调整教学；④促进学生不断思考，巩固和强化所学的数学知识与技能，提高综合运用能力。

数学课堂展开教学中的提问有回忆型、理解型、运用型、分析型、综合型和评价型等不同认知水平的提问。数学课堂教学的展开环节中的提问，要遵循以下要求：①目的性，提问要有明确的目的、围绕教学目标展开；②启发性，提问要针对学生新、旧知识的矛盾，提出对学生来说既不是完全不知，又不是全知的问题，让学生借助已知探索未知，启发其数学思维；③针对性，针对学生的现有学习水平和教学内容的特点来设计问题；④明确性，设计的问题要明确具体，表述要清楚，要使学生明确问什么，思考什么，回答什么，而不是笼统模糊、模棱两可；⑤层次性，问题要有层次和梯度，所提问题的难度要有一定的层次，既要提出富有思考性和挑战性的问题，能引发学生积极思考和探索的激情，又要提出处于学生“最近发展区”的问题；⑥艺术性，问题要问得自然，合乎情理，预留思考时间和及时评价反馈。这样的提问，才能促进学生思考和探索。

(3) 反馈。反馈是指教学中师生之间的相互沟通、相互作用、信息往返交流的过程。数学教学中的反馈信息具有导向、调整、强化和完善等作用，因此数学教师要注意获取反馈信息。一般教师可以通过课堂观察、课堂提问、课堂测试等方式来获取反馈信息。

在数学课堂教学的展开环节中，授课阶段和练习阶段会应用到反馈。授课阶段的反馈主要目的是促使学生建立基本数学概念，预防和纠正错误理解的产生，调动和保持学生学习积极性。因此，这个阶段，教师要善于捕捉学生的反馈信息，根据知识的动态及时调整教学策略。比如，当学生的反馈信息带有普遍意义或典型意义时，教师可采用“启发讨论”的方法，通过“启发和点拨，引导学生展开讨论，让学生通过“再发现”“再创造”获得知识。练习是数学教学不可缺少的环节，加强练习辅导是提高数学教学质量至关重要的一环。因此，该阶段，教师提供给学生的反馈信息一定要高质量，要向学生阐明其存在的不足及改进的方向，有选择地安排学生做一定数量的习题，并及时讲评。

(4) 媒体运用。数学课堂教学展开中，离不开数学公式的推导，定理的证明，数和式的运算，图和形的展现等等，这些都需要板书板画的形式来表现；随着多媒体技术的开发和利用，现代信息技术是学生学习数学强有力的工具，它改变了学生的学习方式使学生乐意并有更多的精力投入到现实的、探索性的数学活动中去，运用多媒体技术来展开教学也是势在必行的事。因此，数学课堂教学的展开中，离不开板书板画和多媒体技术等技能的综合运用。鉴于媒体运用对数学课堂教学的重要性，将在第五章中单独对其介绍。

二、展开技能的类型及案例分析

课堂教学没有固定的模式，一堂数学课如何展开，也没有固定的形式。由于教学内容不同，教育对象学习特点不同，展开方式也会不同。即使同一内容和对象，不同教师也有不同的处理方式方法。采用什么样的方式展开数学课更有效，需要教师在钻研具体的数学教学内容后，根据教学目标、学生学习特点和自己的教学风格而选择和设计。数学课堂教学展开的类型很多，下面从教学形式的角度，介绍几种数学课堂展开的常用类型，并结合一些具体的数学课堂展开教学片段，进行案例分析，以此重点说明某一种常见展开方式。

（一）探究展开

探究展开，是指在数学课堂教学中教师利用问题情境引导学生提出问题、分析问题、解决问题，探索研究数学问题的一种数学课堂展开方式。这种展开形式以数学问题为中心来安排教学过程，强调学生自主发现的过程，突出逻辑结构的分析，由数学问题引向数学知识的建构。探究展开可以培养学生发现问题和探究问题的能力。

☆　案例 4-2-1　方纸上相似的格点三角形①（片断）

【提出问题】问题一：如图 4-2-1，在 6×6 的方格纸中，请你画出与已知 ΔABC 相似的不同大小格点三角形。（此前学生已经了解了格点三角形的定义。）

【探究过程】分发学习材料，6×6 的方格纸；

（1）组织学生进行操作（观察、尝试、分析、画图、论证）。

（教师在学生操作过程中巡视、指导。）

下面的图 4-2-2、图 4-2-3、图 4-2-4 是学生可能得到的大小不同的相似三角形。

（2）组织学生汇报、交流。

【规律总结】学生探索之后会总结出寻找相似三角形的方法：利用两角对应相等；两边对应成比例且夹角相等；三边对应成比例；预备定理来确定两个三角形相似等。

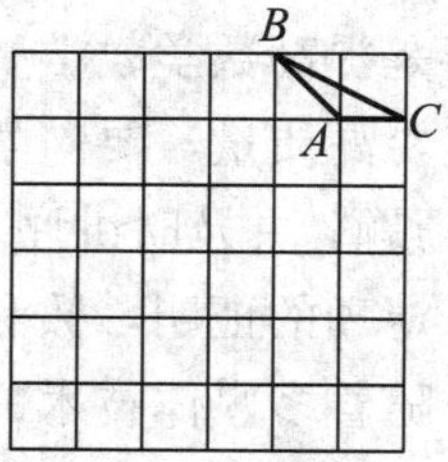

图 4-2-1

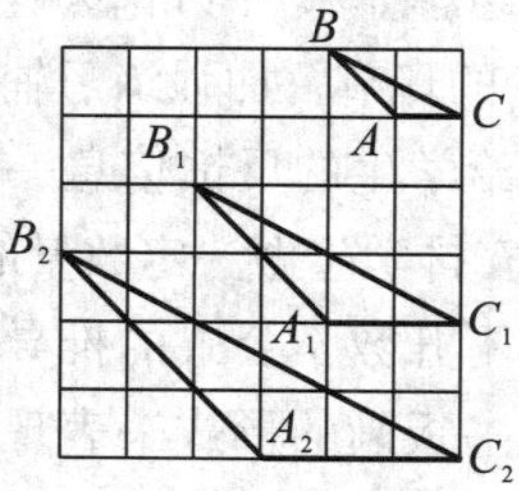

图 4-2-2

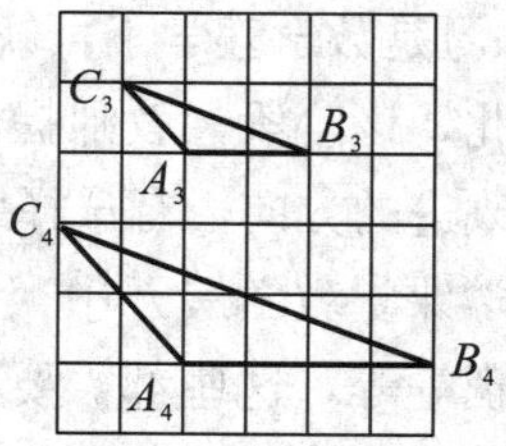

图 4-2-3

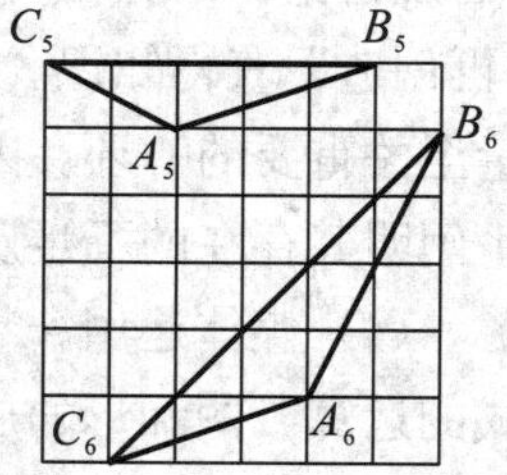

图 4-2-4

【再探究】问题二：在 6×6 的方格纸中与已知的格点三角形相似的大小不同的三角形究竟可以画出多少个？这其中有何规律？

（组织学生小组讨论，师生、生生互动交流。）

师：解决问题的关键是什么？（生：找出各种可能的相似比。）

师：设 $\Delta A_1B_1C_1 \sim \Delta ABC$，此时 A_1C_1 边只有两种可能，要么是矩形的边，要么是矩形的对角线，相似比可能是什么数？（生：只能是整数或无理数。）

师：请大家继续研究，讨论出完整的结果（给出足够的时间）。

【总结规律】：当相似比是整数时，只能取 2、3（全等除外）；当相似比是无理数时，相似比只能取$\sqrt{2}$、$2\sqrt{2}$、$\sqrt{5}$、$\sqrt{10}$。所以，符合要求的格点三角形共有 6 个，其相似比分别为 2、3、$\sqrt{2}$、$2\sqrt{2}$、$\sqrt{5}$、$\sqrt{10}$。

【进一步探究】问题三：（问题的发展）在 6×6 的方格纸中，改变已知 ΔABC 的形状，与之相似的大小不同的三角形究竟可以画出多少个？你能运用前面研究的规律来解决吗？如果是在 7×7、8×8、9×9、…的方格纸上呢？看看每增加一行和一列，与 ΔABC 相似的三角形的个数是否存在一定的变化规律？（略）

【分析】：该案例是通过探究三个“格点三角形”问题，来展开数学课堂教学的。“问题一”是利用所学过的相似三角形的判定定理，找出“与已知三角形相似的格点三角形”

① 引自：陈算荣和孙联荣（2004）。

进行探索，学生都能找到解决的方法，虽然可能不全面，但是学生感知了探索的过程，运用了三角形的判定定理。通过讨论交流，总结出所有的判定方法，同时学生也看到了自己考虑不全面的地方，使判定方法得到全面的复习和巩固应用。“问题二”的探索，困难较大，通过探索、交流，教师的启发和提示，使得学生能够从相似比的不同入手，形成了解决问题的策略，提升了数学思想方法，知识得到了灵活的应用。“问题三”的探究，是对数学问题的发展与升华。

新课程标准注重科学探究，提倡教师应善于运用探究式的教学方式，帮助学生建构有意义的数学知识，增进学生对科学探究的理解。同时，探究方法又是学生的学习方式和学习内容，在数学课堂教学中应渗透科学探究的理念。通过探究展开数学课堂教学，学生对科学探究有了亲身的体验，了解了数学问题应该如何去思考、如何去解决。这样，学生既掌握了知识与技能，又可以经历科学探究的过程，总结解决问题的规律和方法，还伴随着情感的体验和价值观的改变，这些都是课标理念所推崇的，所以探究展开是新课改中所提倡的一种课堂展开的形式。

（二）讲解展开

讲解展开是指在数学课堂展开中，教师用语言向学生传授知识、启发学生思维、交流思想、表达感情的一种数学课堂展开方式。它是教师向学生传授知识的重要手段，是一种展开数学课堂教学的重要形式，它主要具有传授数学基础知识，培养学生基本能力的功能。在新课程理念下，课堂讲解有了新的特点：课堂讲解只是为课堂数学教学活动的展开服务的，教师只能做有序的、有节制的讲解，而非“全盘托出”。教师在展开教学中只能进行适当的引导、启发和帮助，要给学生提供有一定挑战性的探索任务，留给学生足够的思考时间，通过学生自己的努力来达到学习新知识的目标。因此，课堂讲解技能更多地体现为“说明”、“解释”、“启发”和“指导”等。这种讲解完全不同于“满堂灌”，而要启迪学生思维、适时适量地讲解。

☆ 案例 4-2-2 一元二次方程根的判别式（片断）

【启发讲解】一元二次方程根的情况讨论

……

师：下面我们从一元二次方程的一般形式 $ax^2+bx+c=0$（$a\neq0$）开始分析，看看它的根的情况是什么？又是由什么来决定的？

（板书）$ax^2+bx+c=0$（$a\neq0$）配方后：$(x+\dfrac{b}{2a})^2=\dfrac{b^2-4ac}{4a^2}$。

师：下面需要用“直接开平方法”来解方程。什么情况下，方程的右边可以开平方？

（启发）大家观察一下，左边是一个完全平方，是大于或等于零的，所以右边也要大于或等于零，方程才有实数根。再来观察右边，右边是一个分数，分母是正数，那么就看分子 b^2-4ac 的符号了。

生：当 $b^2-4ac\geqslant0$ 时，右边可以开平方，方程有实数根 $x=\dfrac{-b\pm\sqrt{b^2-4ac}}{2a}$。

师：什么情况下，方程的右边不能开平方，也就是方程没有实数根？

生：当 $b^2-4ac<0$ 时，方程没有实数根。

师：什么情况下，方程有两个不相等的实数根？

生：当 $b^2-4ac>0$ 时，方程有两个不相等的实数根。

师：什么情况下，方程有两个相等的实数根？

生：当 $b^2-4ac=0$ 时，方程有两个相等的实数根。

【总结规律】一元二次方程根的判别式的定义和结论

问：刚才的根的情况是由什么决定的？（生：b^2-4ac。）

师：对，由于一元二次方程根的情况是由它来判别的，我们把它叫做一元二次方程根的判别式，记为 $\Delta=b^2-4ac$。

师：结论是什么？（学生口答，教师板书以下内容）：

对于一元二次方程 $ax^2+bx+c=0$ $(a\neq0)$：

$\Delta>0$⇔方程有两个不相等的实数根；

$\Delta=0$⇔方程有两个相等的实数根；

$\Delta<0$⇔方程没有实数根。

师：要判定一元二次方程的根的情况，还需要先解方程吗？

生：不解方程，就可以用判别式判定根的情况。

【分析】：本案例中的讲解，是在师生的问答交流中进行的，教师的讲解是有序、有节制的，而非“全盘托出”，并给了充分的时间让学生思考分析，在学生有困难的时候，教师又给以适当的讲解，启发和帮助学生跟随教师层层深入思考和探索，自己获得知识，得出结论。教师的讲解体现在“启发”和“指导”。

☆　案例 4-2-3　等差数列前 n 项和公式

【出示例题】

例 1　求等差数列 20，17，14，…，的前 30 项的和；

例 2　等差数列 12，14，16，…，前多少项的和为 242？

例 3　已知等差数列 $\{a_n\}$ 中 $a_1+a_2+a_3=-24$，$a_{18}+a_{19}+a_{20}=78$，求数列 $\{a_n\}$ 的前 20 项的和。

【讲解例题】

师：我们来看例 1，可以直接用公式吗？

答：……

师：例 2 中已知什么？求什么？用哪个公式？（答：已知 a_1、a_n 和 S_n，求 n。）

师：很好！我们请同学甲来板书，其余同学在自己的本子上写。

（学生甲板书解答过程，略。）（教师巡视，最后评析学生甲的板书。）

师：例 3 要求 S_{20}，条件里没有给出 a_1、a_n 和 n，也没有给出 a_1、d 和 n，两个求和公式都用不上，怎么办呢？

生：先用已知条件求出 a_1、d 和 n，再带入求和公式。

师：很好！板书过程：$\begin{cases}a_1+a_2+a_3=3a_1+3d=-24\\a_{18}+a_{19}+a_{20}=3a_1+54d=78\end{cases}$

$$\Rightarrow\begin{cases}a_1=-10\\d=2\end{cases}$$

$$\Rightarrow S_{20}=20a_1+\frac{20\times19}{2}d=180$$

师：有其他的方法吗？（等待学生的思考和反应）哦，没有？

师：大家来观察，在已知条件中：$a_1+a_2+a_3$，$a_{18}+a_{19}+a_{20}$的下标之间有什么关系？

师：所求的$S_{20}=\frac{20\ (a_1+a_{20})}{2}$，又出现了$a_1+a_{20}$，这两者之间有什么联系吗？

生：哦，明白了！由等差数列的性质可以得到：$a_1+a_{20}=a_2+a_{19}=a_3+a_{18}$，可以把已知条件转化为$a_1+a_{20}$，这正是求和所需要的。

师：对！（请学生板书过程。）由$a_1+a_2+a_3=-24$，$a_{20}+a_{19}+a_{18}=78$两式相加，得：$3\ (a_1+a_{20})\ =-24+78=54\Rightarrow a_1+a_{20}=18\Rightarrow S_{20}=\frac{20\ (a_1+a_{20})}{2}=10\times18=180$。

【总结规律】

师：3个例题分别有什么规律？用了什么思想方法？

师：例1是直接用公式，例2是灵活运用公式："知三求一"，列方程，解方程。例3的"解法一"是由已知条件联立方程组，求出首项和公差，然后带入求和公式即可，用到"方程的思想"。"解法二"的思路是考虑整体求出首项与末项的和a_1+a_{20}，观察到已知条件很特殊，由等差数列的性质求出a_1+a_{20}，再整体带入公式$S_n=\frac{n\ (a_1+a_n)}{2}$中，这是"整体代换"数思想。

师：例3的这两种解法，哪种解法简单？

生：第二种。

师：我们今天主要用到了什么思想方法？

生："方程思想""整体代换"的思想。

【分析】：该案例是对例题讲解，讲解中教师多次用启发性的语言引导学生思考，帮助学生回顾旧知识、提炼总结方法，讲解中教师注意了对学生的表扬鼓励，师生交流顺畅。在分析例题后，教师要么一边讲解一边板书示范，要么讲解指导学生板书，学生能够从中学到运用公式的具体方法，进一步巩固公式，加深对公式的理解和认识，达成了运用知识解决问题的目标。教师在讲解例3时，还预留了充足的时间给学生思考和演算。同时，讲解内容的设计也富有层次性，从公式"直接运用"到"灵活运用"再到"综合运用"。

讲解要注意语言，特别是数学语言的规范自然、精练；要注意精选内容，认真加工，理清讲解的结构和层次，抓住讲解的主线，做到承前启后，逐步深入。讲解要注意学生的知识与能力的储备，重视学生的认知起点，做到心中有数。讲解是为课堂教学服务的，不可滥用。

（三）问题展开

问题展开是指教师根据数学教学目的和要求，围绕教学内容，一环扣一环地提出问题，让学生根据这些问题进行思考、讨论，通过师生相互作用，检查学习、促进思维、巩固和运用知识来实现教学目标的一种数学课堂教学展开方式。问题展开教学的一般步骤是：呈现中心问题—设计问题串—解决问题—获得结论。

☆　案例 4-2-4　求复合函数的定义域（片断）

【中心问题】：已知 $f(1-3x)$ 的定义域是（1，2），求函数 $f(2x-1)$ 的定义域。

【问题窜】

问 1：已知什么？求什么？（理解型提问）

问 2：什么是函数的定义域？（回忆型提问）

问 3：已知 $f(1-3x)$ 的定义域是（1，2）是指谁的取值范围？是指 $1-3x$ 的取值范围，还是指 x 的取值范围？（理解型提问，理解定义域的概念在该函数中的具体含义。）

问 4：　$f(1-3x)$ 中，x 的取值范围是（1，2），$1-3x$ 的范围可以算出来，是什么？

问 5：$f(t)$ 中的 t 的范围是什么？

问 6：求 $f(2x-1)$ 的定义域是求 $2x-1$ 的范围，还是求 $f(2x-1)$ 中 x 的范围？（分析型问题）

（学生茫然，等待学生思考，还是没有回答）

问 7：什么是函数的定义域？（追加回忆型提问）

问 8：求 $f(2x-1)$ 的定义域是求 $2x-1$ 的范围，还是求 $f(2x-1)$ 中 x 的范围？（重复回忆型提问）

问 9：刚才我们已经算出 $f(t)$ 中的 t 的范围是 $-5<t<-2$，那么 $f(2x-1)$ 中的 $2x-1$ 的范围呢？（运用型提问）

答：和 t 一样，f（$2x-1$）中，$-5<2x-1<-2$，得出 $-2<t<-0.5$，所求定义域为（-2，-0.5）。

【解决问题】（学生根据教师的问题，注意思考和解决。）

【归纳方法】问：求复合函数定义域的方法是什么？用到什么思想方法？（综合型提问）

答：①不论什么样的函数，其定义域都是指自变量的取值范围；②用到了“整体替换”的思想，如把 $f(1-3x)$ 中的 $1-3x$ 看做 t，把 $f(2x-1)$ 中的 $2x-1$ 看做 t。

【分析】：该案例是一个典型的问题展开式的数学教学片段，教师由中心问题出发，通过设计回忆型、理解型、分析型、运用型和综合型等一系列有层次的问题窜来进行数学课堂教学的展开的。如在解决问题的过程中，当学生出现疑问时，教师两次向学生提问：“什么是函数的定义域？是这个函数中的 x 的取值范围吗？”这种回忆型提问，给学生的思维搭脚手架；教师提问、评论或反馈以维持对推理、解释或意义的强调；通过提出不同层次的问题，教师频繁地在概念之间建立联系，整个提问的过程就是引导学生层层深入思考解决问题的过程，最后获得了求复合函数定义域的方法，形成了求复合函数定义域的技能，体会了“整体替换”思想方法。

问题展开教学，可以引发学生积极思考；以问题为线索，推动学生的思维层层深化最后形成新的认知结构。在问题展开数学教学前，需要认真分析学生的最近发展区。学生的现有认知水平是什么？潜在认知水平是什么？教学的起点是什么？教学的目标是什么？教学时教师还要注意：①要给学生留出足够的时间思考，认真地倾听学生的回答②要注意营造良好的情感氛围，师生之间要建立一种信任与尊重、理解与支持、启发与激励的关系；③把问题植根于学生原有的认知结构，指向学生的最近发展区，学生思考和回答起来也会自然而然，新知识的学习也会水到渠成；④提问要有序有度，不可把“满堂灌”改为“满堂问”，同时要把握好提问的时机。

（四）讨论展开

讨论展开是指在数学课堂中通过师生、生生之间的互相交流观点，形成对某一问题的较为一致和全面的理解、评价或判断的一种课堂展开教学方式。课堂讨论一般分为班级讨论式和分组讨论式两种基本的形式。分组时要考虑学生认知水平的搭配，以达到更好的讨论效果。讨论式展开教学的一般步骤是：创设问题情境—学生独立或小组合作探索—学生讨论交流—获得知识或技能。

课堂讨论展开对数学教学具有很重要的意义，主要表现在：

①充分发挥学生的主体作用。学生学习是通过问题的形式开展讨论，积极思考，充分发挥自己的看法和意见。在讨论中，主体作用得到发挥，提高学生学习的主动性和自主性。

②提高学生的批判性思维能力。讨论不仅要求学生能够发表自己的见解，还要对别人的观点进行评判，通过交流达成共识，使学生的批判性思维能够得到发展。

③训练和提高数学交流能力。数学交流能力是数学素养的基本成分之一，它包括数学语言的使用、数学符号的使用与表达、数学思想方法的表述以及对数学现象的数字描述等。在课堂讨论展开中，这些能力都得以训练和提高。

☆ 案例 4-2-5 不等式的证明（片断）

【问题情境】已知：$a>0$，$b>0$，$c>0$，

求证：$\sqrt{a^2+b^2}+\sqrt{b^2+c^2}+\sqrt{a^2+c^2}\geqslant\sqrt{2}(a+b+c)$。

【分组讨论】学生探索、尝试、讨论，教师巡视，适时参与讨论、适当启发。

【展示交流】（让各小组展示自己的证明过程，派代表说明自己的证明思路。）

师：第一小组的代表甲，说说你们用什么方法证明，是怎么想到？

甲：我们用的是综合法。看到题目中 a、b、c 具有轮换对称性，只需证 $\sqrt{a^2+b^2}\geqslant\frac{\sqrt{2}}{2}(a+b)$，两边平方，即 $a^2+b^2\geqslant\frac{1}{2}(a+b)^2$，即 $a^2+b^2\geqslant 2ab$。

（教师投影其证明过程，如图 4-2-5 所示）

证法1（综合法）：

由$a^2+b^2\geqslant 2ab$得$a^2+b^2+a^2+b^2\geqslant a^2+b^2+2ab$

$\therefore 2(a^2+b^2)\geqslant (a+b)^2$即$(a^2+b^2)\geqslant \frac{1}{2}(a+b)^2$，

由$a>0$，$b>0$，两边开方得$\sqrt{a^2+b^2}\geqslant \frac{\sqrt{2}}{2}(a+b)$：

同理可得$\sqrt{b^2+c^2}\geqslant \frac{\sqrt{2}}{2}(b+c)$；$\sqrt{a^2+c^2}\geqslant \frac{\sqrt{2}}{2}(a+c)$。

图 4-2-5

三式相加即得结论。

师：可以写成分析法吗？（学生表示可以）

师：第二小组乙，你们的思路？

乙：我们是利用复数的模进行证明。

左边的三个根式，分别看做三个复数的模，由复数模的性质：$|a+bi|+|b+ci|+|c+ai|\geqslant |a+bi+b+ci+c+ai|=\sqrt{2}(a+b+c)$，故原式得证。（教师投影学生的推导过程）

师：想到了利用复数来解决实数的问题，很独特！同学丙，来说说你们小组的思路。（教师一边说，一边投影其推理过程。）

丙：我们观察到$\frac{\sqrt{2}}{2}$是三角函数的特殊值，从右边证到左边：

$\frac{\sqrt{2}}{2}(a+b)=a\sin\frac{\pi}{4}+b\cos\frac{\pi}{4}=\sqrt{a^2+b^2}\sin\left(\frac{\pi}{4}+\varphi\right)\leqslant\sqrt{a^2+b^2}$；

同理可得：$\frac{\sqrt{2}}{2}(b+c)\leqslant\sqrt{b^2+c^2}$；$\frac{\sqrt{2}}{2}(a+c)\leqslant\sqrt{a^2+c^2}$。

三式相加即可。

师：不错，观察很仔细，联想到了三角函数公式！

（教师走向第四小组，拿其演算本来投影，并说同学丁，你们呢？）

丁：（指着投影屏幕）大家看a、b、c，可以看作长方体的长、宽、高。如图4-2-6构造长方体来证明。左边三个根式，就是这个的长方体的三个面的对角线的长。

$a+b=|AB|\sin\alpha+|AB|\cos\alpha=\sqrt{a^2+b^2}(\sin\alpha+\cos\alpha)$

$=\sqrt{2}\sqrt{a^2+b^2}\sin\left(\frac{\pi}{4}+\alpha\right)\leqslant\sqrt{2}\sqrt{a^2+b^2}$

$\therefore\sqrt{a^2+b^2}\geqslant\frac{\sqrt{2}}{2}(a+b)$；

同理$\sqrt{b^2+c^2}\geqslant\frac{\sqrt{2}}{2}(b+c)$；$\sqrt{a^2+c^2}\geqslant\frac{\sqrt{2}}{2}(a+c)$。

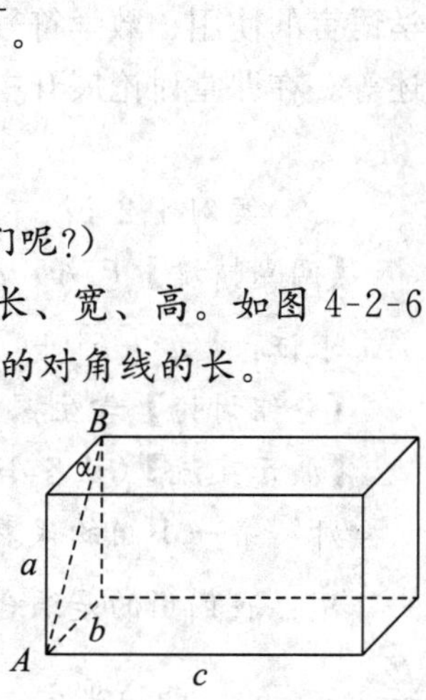

图 4-2-6

三式相加即可。

【归纳方法】

师：刚才几位同学向我们展示了几种不同的做法，或者是观察到题目中三个字母a、

b、c 具有轮换对称性，用均值不等式证明；或者联想到复数的模，左边的三个根式，分别视为三个复数的模；或者是考虑到$\sqrt{2}(a+b)/2$，利用三角函数的辅助角公式，从右边证到左边；或者构造几何模型（长方体）来证明。我们大家的共同点就是抓住问题中的信息，展开丰富的联想，把这个问题分别转化为均值不等式问题、复数模的问题、三角函数问题或几何问题。

师：因此，除了观察思考求证的不等式的结构特征，数据特征，展开想象，与其他数学知识联系起来，还用到了什么思想方法?

生：转化的思想方法。

师：对，简言之，就是“联想”和“转化”。

【分析】：该案例是小组讨论展开，要求学生能够对所给的条件进行广泛的联想，综合运用各种数学知识来解决问题。对于这一道题，各小组的学生从不同的角度去分析研究，得到了不同的启示，从而得出了多种不同的解法，使学生的思维触角伸展到了不同的方向。通过交流总结，板书演示、小组之间互相学习，学生们学到了更多思考问题的方法，难点得以突破。这样的讨论展开，教师在讨论交流中给予学生鼓励和表扬，营造了和谐的氛围，不仅突出了教学重点、突破了教学难点，还有助于培养学生分析问题、解决问题和交流表达的能力。

讨论展开教学，对教师和学生的要求都较高，要求教师有较强的调控能力和应变能力，对学生的自主学习能力也有较高的要求。一般地，讨论展开教学要求教师注意：①营造宽松、民主的讨论氛围，引发学生的认知冲突和探究欲，创设“愤”“悱”的氛围；②要明确讨论的要求，注意时间的安排和学生水平的差异，面向全体学生，给每个学生提供机会；③注意讨论题目的选择，一般选择一些容易混淆的概念、可能产生争议的问题或有多种思路的问题进行讨论，通过讨论澄清错误的理解，开拓思路，达到更加深刻的认识；④注意教师在讨论中的主导作用，听取讨论、介入讨论、捕捉有用信息，传递信息，激发讨论，对学生的发言适度进行鼓励性评价、激励学生的参与积极性。

（五）练习展开

练习展开是教师有目的、有计划、有组织地指导学生对数学练习题进行尝试性的数学学习实践活动，以达到理解和掌握数学知识、掌握数学基本技能、体会数学思想方法，提高数学能力的一种课堂展开方式。数学练习能够加深学生对所学数学知识的理解，促进数学基本技能的形成；练习能够提高学生的数学思维能力、分析问题和解决问题的能力；练习可以及时反馈学生的情况，便于教师及时调控教学；练习可以促进知识的迁移，提高学生的数学应用能力等等。数学课堂练习展开是课堂教学中不可缺少的重要教学活动。数学练习可分为理解性、巩固性、应用性、综合性等类型，而一个练习的设计可能是多个类型的交叉，可以实现一个或多个目标。练习展开的一般步骤是：出示练习—学生练习—交流讨论—归纳方法、结论。

☆　案例 4-2-6　平方差公式

（复习平方差公式 $(a+b)(a-b)=a^2-b^2$，分析其结构特征。）

【出示练习】

(1) $(b+c)(b-c)=$

(2) $(a-2)(a+2)=$

(3) $(2a+b)(2a-b)=$

(4) $(2a+3b)(2a-3b)=$

(5) $(a+b+1)(a+b-1)=$

(6) $(a-b+2c)(a+b-2c)=$

【独立计算】让学生独立完成以上练习(留足时间，教师巡视观察学生的情况。)

【投影交流】用投影仪展示学生的典型作法，师生共同评析完善。

……

【提问小结】

问 1：计算中你们分别把什么当成平方差公式中的 a，把什么当成 b？为什么？

问 2：平方差公式 $(a+b)(a-b)=a^2-b^2$ 中，a 和 b 可以是一个字母、一个数？可以是单项式或多项式吗？

问 3：当我们在计算中把某个单项式或多项式看作一个整体，当作 a 或 b 时，是什么思想方法？

【分析】：该案例通过 6 个题练习，让学生由基础到复杂、由浅入深地进行练习，从而熟练掌握平方差公式的运算，体会公式的本质意义。这 6 个理解性、巩固性、应用性的练习，其设计体现出了层次和坡度，可以逐步提高学生的运算能力。练习过程中教师留足了时间，让学生独立演算和探索，虽然出现一些错误，但是通过后来的媒体演示示范，交流讨论，纠正了错误，巩固了公式。最后通过提问，归纳出了正确的方法，加深了学生对平方差公式的理解。

数学课堂展开教学中的练习设计，首先要有目的性，让学生能通过练习理解和掌握数学概念、定理、公式和法则，掌握相关的基本技能，体会数学解题中的思想方法。其次要有针对性，要根据教学内容、学生学习情况设计出有针对性的练习。比如针对教学重点、难点和关键，可以设计巩固练习；针对错误现象，设计反馈练习；针对学生的思维定式，设计变式练习；针对“高原现象”，设计趣味练习等。同时，数学练习还要注意层次性、系统性、精炼性和多样性。

（六）演示展开

演示展开是指在数学课堂上主要由教师操作，并通过教师的启发引导，帮助学生对演示内容进行观察思考，以达到一定教学目标的课堂展开方式。该过程的操作者主要是教师，但有时为了方便或调动学生积极性等目的，也可让学生参与教师操作。演示展开的主要目的是教师引导学生对数学对象的属性或关系进行探究，通过对感性材料的研究，概括出数学概念或归纳出数学规律。

☆　案例 4-2-7　直线与圆锥曲线的位置关系[①]

如果直线 $y=kx-1$ 与双曲线 $x^2-y^2=4$ 没有公共点，求 k 的取值范围。

(1) 初探

师：大家会用代数方法研究这个问题吧？

生：会，把 $y=kx-1$ 带入方程 $x^2-y^2=4$ 得：$(1-k^2)\ x^2+2kx-5=0$，由 $\Delta<0$ 时，直线与双曲线没有公共点，可得 k 的取值范围。

师：解题时要注意什么？

生：注意二次项系数是否等于零

(2) 计算机演示实验，探究解决（如图 4-2-7）。

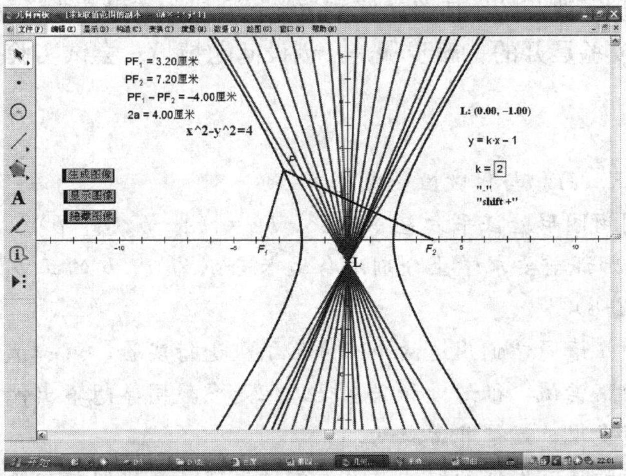

图 4-2-7

师：有哪些直线过定点 P (0，−1) 且与双曲线 $x^2-y^2=4$ 没有公共点？请同学们仔细观察，注意直线运动到什么位置时符合要求？

（教师在计算机上演示，学生观察思考，讨论，交流，自主解决。）

师：过定点 P (0，−1) 且与双曲线 $x^2-y^2=4$ 有公共点的直线有几条？

生：（学生在计算机上探究，师生共同思考，讨论，交流，得出答案。）

师：过定点 P (0，−1) 且与双曲线 $x^2-y^2=4$ 有且仅有一个公共点的直线有几条？

师：如果把条件中的"定点 P (0，−1)"改为"平面上任意一点 P $(x_0,\ y_0)$"，结果又如何？

生：（学生在计算机上探究，学生思考，讨论，交流，自主解决。教师巡查，参与探究，适时点拨。学生互相交流，总结。）

【分析】：案例中的问题用常规代数方法解决，运算量很大，而且容易算错，算漏，或者算不出来，但是该处采用几何画板制作的课件演示，很生动地展现了直线与双曲线的位置关系的运动变化的过程，答案也就由学生观察得出，变得很容易了。本案例设置了一个问题及其多个变式，先研究没有公共点的情况，然后研究有公共点的情况，再后让定点 P (0，1) 改为平面上任意一点 P $(x_0,\ y_0)$，使问题由特殊到一般，最后得出一

---

① 引自：王尚志（2006）．

般的规律和方法。

（七）实验展开

实验展开是指在数学课堂中教师指导学生准备实验材料或工具，围绕数学问题进行实验探索、猜想或推理验证，以达到一定数学教学目标的一种数学课堂教学展开方式。弗莱登塔尔说过“学一个活动的最好方式是做”。有效的数学学习活动不能单纯地依靠模仿和记忆，动手实践、自主探索、合作交流是学生数学学习的重要形式。教师应该给学生提供有利于他们观察、实验、猜测、验证、推理和交流的数学活动的素材。实验展开教学的目的是让学生通过实验对数学知识“再发现”、自主建构。实验展开教学方式能够充分满足学生的心理需要与情感体验，使数学学习变成为“做数学”，这也正是数学新课程理念所提倡的。实验展开的一般步骤是：创设问题情境—尝试实验操作—思考探索讨论—获得结论。

☆　案例 4-2-8　面积与代数恒等式①

【呈现问题】利用图形验证平方差公式 $a^2-b^2=(a+b)(a-b)$

【实验准备】教师课前要求学生分别准备边长分别为 a、b 的正方形纸板各一个，其中 $a>b$。(见图 4-2-8)

【初步实验】师：请同学们用这两个正方形纸板进行实验，试一试能否验证平方差公式？(学生动手实验，尝试，很好奇和兴奋吗，但是多数同学想不出什么办法。)

(少数同学有所发现，显得非常激动。)

【交流讨论】教师请有发现的同学说说他们的发现，全班同学积极讨论、议论。

【教师启发】师：等式的左边和右边与面积分别有什么关系？

生：等式的左边是两个正方形面积的差，等式右边就是一个长方形的面积。

【再次实验】学生有目标的再次实验、探究，完成验证的实验。（如图 4-2-9、图 4-2-10）

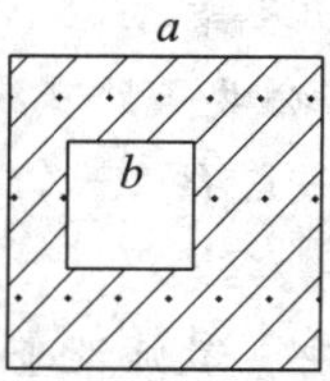

图 4-2-8

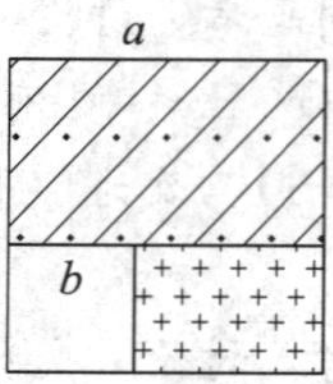

图 4-2-9

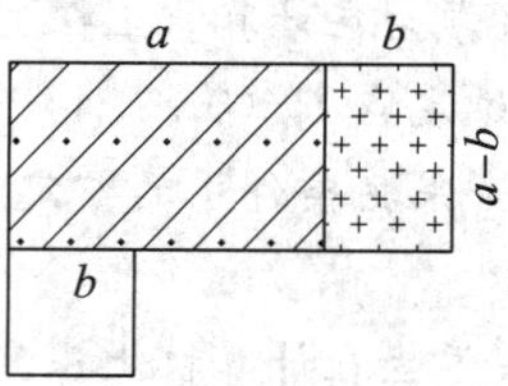

图 4-2-10

【交流讨论】师：同学甲，你来说说自己是怎么想到这样拼的？

学生甲：我是想拼出 a^2-b^2，如果拼成图 4-2-8，就得不出结论，我就把小正方形靠到大正方形的角落（如图 4-2-9），a^2-b^2 的差就是余下的两个长方形。然后用这两个长方形拼出右边的长方形（如图 4-2-10），得到 $a^2-b^2=(a+b)(a-b)$ 的结论。

师：很好！

---

①　引自：周松（2005）。

【归纳方法】师：从公式 $a^2-b^2=(a+b)(a-b)$ 的验证，使我们发现要一下子找到办法还是不容易的，我们必须分析公式的结构特点，和两个实验工具之间的关系。我们还发现了这个公式和图形面积之间的对应关系。其实我们学习的许多公式都和几何图形有关，这有待于我们去发现和探索。

【分析】：该案例中，展开的设计充分赋予学生自主探索的空间和自由，学生刚开始的实验还是充满困难的，大多数学生一筹莫展，这时教师并没有直接告诉学生怎么做，而是让有所发现的学生来讲解自己的思路，也许不够完善，但是这些都是学生自己的发现，学生会受到莫大的鼓励。他们通过“拼一拼”亲身感受了图形面积的关系，其对应的代数式恒等也就在情理之中了。这样学到的知识印象深刻，感受良多。更重要的是学生体会到了数学知识是怎样在他们是身边诞生的。这不仅提高了学生学习数学的兴趣，激发了学生学习数学的热情，而且提高了数学教学的深度和广度，有利于培养学生的动手能力和创新意识。

新课程标准下的数学教材增加了许多与社会生活实践密切相关的内容，这些内容的学习强调学生体验的过程，强调学生自主探索与创新发展，所以我们教师要善于探索和创新，利用实验展开教学，向学生提供进行数学活动的机会。同时，针对目前学生表现出自主实验的能力不强，提出问题的能力较弱，难以完成必要的归纳和总结，遇到困难和挫折容易退缩等现象，教师要耐心地引导、鼓励。实验展开教学的关键是让学生参与得更多、思考得更多，学生就会获得更多。数学教学不仅要关注他们数学学习的结果，还要关注他们在数学活动中的变化和发展，把被动接受的学习变为主动的实验建构。

总之，数学课的展开方式很多，就一节课的展开方式也都不止一种。如直线与平面平行的判定的学习中，既有概念又有判定定理和推论。可以结合学生实际，概念采取探究式或实验操作式展开，定理可以采取讲解式或探索式展开，巩固运用可以采取例题讲解展开和练习展开。因此，教师必须根据具体的教学内容、学生的认知心理和认知水平、教师自身的特点等情况进行数学课堂教学展开方式的选择与设计。

三、展开技能的微格实训

（一）实训目标和要求

1. 实训目标

（1）能合理地根据教学内容和师生情况选择恰当的数学课堂教学展开方式。

（2）能熟练运用所选展开方式进行教学，并做到：①学生获取数学知识与技能；②启发学生的数学思维活动，激发学习的兴趣；③让学生体验探索的过程，学会数学的思考方法；④体现教师的主导地位，能适当地调控课堂教学的展开。

2. 实训要求

（1）围绕中心，抓住重点。课堂教学是围绕中心问题展开的，而中心问题又可以分解为若干个有层次的小问题，教师要分析清楚这些问题之间的层次关系，层层深入地引导学生探索一个个小问题，从而最终解决中心问题，完成教学目标。如果没有抓住重点，每个问题都平均使用力量，就会冲淡主题，对中心问题的解决带来负效应。所以要分析清楚教学重点，设计出中心问题，整个教学展开不能偏离方向。

(2) 过渡自然、清晰连贯。在展开中，要注意概念、命题定理和例题之间、新旧知识之间、问题与问题之间的过渡。精心选择语言来进行连接，使得过渡自然，衔接合理。

(3) 学生主体，留足时间。在展开中，要以学生为主体。首先要了解学生的知识准备情况和学习习惯、学习风气和认知特点等情况，才能使教学展开适合学生的实际。在教学过程中要让学生亲自体验探索数学问题的过程；鼓励学生思考、猜想、尝试、讨论、交流，提出解决问题的方法；关注学生的情感体验、引导学生自己去探索获得知识、演练巩固知识、感知提炼数学思想方法；引导学生进行自主学习和合作学习等等。同时，教师还要注意给学生留下足够的思考和探索判断的时间，教师要充分地尊重学生、相信学生，不能急不可待地把自己的思想强加在学生头上，不可用自己的思维过程来代替学生的探索过程，更不能用“满堂灌”来替代学生对新知识的逐步探索和理解。留给学生的思考判断时间的长短，涉及学生的思维能力、课堂信息反馈和展开进程的调控等多种因素，需要老师在教学实践中不断积累经验，才能很好地把握。

(4) 注意反馈、及时调控。教学是师生双边的活动，教师在课堂展开的过程中，要随时注意观察学生对教学内容的理解和掌握的情况，不能只顾自己的教学，不管学生的反应。教师要有敏锐的眼光、丰富的经验，随时关注到学生是否明白、是否理解、是否有困难。教师要根据这些信息进行灵活的调控，如调整教学内容、控制问题的难度、放慢或加快教学的节奏 、改变展开的方式、改变提问或讲解的方式、重复讲解或提问，提高或降低声调等等，从而达到更好的教学效果。

总之，无论采用哪种展开方式，教学语言既要准确规范、条理清晰，又要简洁清晰、生动有趣，富有表现力和感染力，还要求语言流畅不拖沓，语义连贯不分散跳跃。

(二) 评价

数学课堂教学展开的评价是对展开方式的选择、设计和应用是否得当做出的判断。评价可以关注展开的中心问题是否明确有层次，展开形式是否科学合理，是否体现学生的主体性，是否能够有效地启发学生思维，是否能激励学生积极参与，是否关注情感和学习方法，是否记忆反馈，各环节衔接和过渡是否自然合理等等。

关于数学课堂展开技能的评价，可以采用定量与定性结合的等级评价法，即“2+2”评价法。下面提供表 4-2-1 的评价表单，供读者在展开技能评价时参考。

表 4-2-1　展开技能训练的评价表

讲课人	评课人		成绩		
课题		评价等级			
评价项目	权重	优	良	中	差
1. 围绕中心问题展开，层次分明	0.20				
2. 展开形式灵活多样，并运用得当	0.20				
3. 提问和讲解适当合理，能启迪学生思维	0.20				

续　表

4. 激励学生积极参与，关注情感体验	0.15				
5. 重视学习方法，及时反馈	0.15				
6. 各环节衔接有逻辑性，过渡自然	0.10				
补充说明：					

注：其中优为 90～100 分，良为 75～90 分，中为 60～75 分，差为 60 分以下

（三）实训内容与选题

1. 实训内容

(1)“展开”的设计。选择一个感兴趣的高中或初中课题，为之设计一个课堂展开的教学片段，时间要求 5～10 分钟，并编写教学的展开微格教案。

(2)“展开”的体验。根据展开微格设计，在微格教室进行 5～10 分钟的教学展开的角色扮演，然后在指导教师组织下观摩录像，小组成员互评、教师点评，然后修改完善自己的展开设计，修改微格教案。

2. 实训选题

下面提供展开技能实训的部分选题，为读者设计课堂展开的教学片段提供选题参考。

【初中】

(1) 平方根（八年级上册：第二章 第二节）

(2) 探索勾股定理（八年级上册：第一章第一节）

(3) 有理数的乘法（七年级上册：第二章 第八节）

(4) 平行四边形的性质（八年级上册：第四章第一节）

(5) 圆和圆的位置关系（九年级下册：第三章第六节）

【高中】(普通高中课程标准实验教科书 A 版：数学)

(1) 函数的单调性（必修 1：第一章第三节）

(2) 等差数列的前 n 项和（必修 5：第二章第三节）

(3) 直线与圆的位置关系（必修 2：第四章第二节）

(4) 指数函数及其性质（必修 1：第二章第二节）

（四）实训程序

1. 仔细阅读前面部分的理论。

2. 观摩有关展开技能的录像资料。

3. 选择合适的展开方式编写相应的微格教案，有条件可在小组内讨论、交流。

4. 根据自己教学展开的教案，在微格教室进行教学展开的角色扮演，并在指导教师组织下进行观摩、自评和互评等。

5. 根据评价修改展开微格教案，并视情况而定是否重新进行微格教学实践。

第三节　结束技能

做事既要“善始”，也要“善终”，课堂教学也是如此。一个好的开头是成功的一半，而一个好的结尾，往往是这节课的点睛之笔。有些教师比较忽视课堂教学的“结束”这一课堂教学重要环节，有始无终，虎头蛇尾，直接影响到教学效果。许多优秀教师很重视“结束”教学的设计，并且能结合教学内容恰到好处的“结束”。或归纳总结，强调重点；或设置悬念，引人遐想；或寓意深刻，回味无穷；或新旧联系，铺路搭桥等，无不显示出其精湛高超的教学艺术。“结束”是一种教学艺术，也是课堂教学的最后一个重要环节，是中学数学教师必备的一项基本功。

一、结束技能概述

所谓“结束”，包括“总结”和“纳入”两方面，即是在完成一项教学内容或教学活动时，教师引导学生对所学内容进行归纳和总结，及时系统化巩固和运用，并使新知识有效地纳入学生原有认知结构的一种教学活动方式。

结束技能，是指结束教学任务时，教师通过归纳总结、实践强化、转化升华等教学手段进行教学“结束”的一种的课堂教学实施技能。

结束技能不仅限于在数学概念、新定理、新公式和发则等新知识的课堂教学的结束之际，也可应用于一个单元或一章节新知识的教学结束之际，所以结束技能应用非常广泛，对于每一位教师来说都是一种必备的教学技能。本节主要阐述如何做好一堂数学课的结束。

（一）结束在数学课堂教学中的作用

教师在结束本节课的教学时，重申本节课所学的重点知识，帮助学生区分容易混淆的概念，无异于起到了画龙点睛的作用，使学生在纷繁的知识点中一下子豁然开朗，把握住知识的脉络。所以在数学课堂教学中，一个好的课堂结束，往往费时虽少，收效却很大，概括起来主要有以下几个方面的作用。

(1) 归纳整理，强化记忆。心理学研究表明，记忆是一个不断巩固的过程，由瞬时记忆再到长期记忆，有一个转化过程，实现这个转化过程最基本的手段是及时小结，周期性的复习。

在课堂结束阶段，将本堂课的数学概念、定理、公式、法则、解题方法等归纳整理，概括提炼出来，形成系统的知识网络，可以帮助学生沟通各个知识点间的联系，让知识在头脑中条理化、结构化和系统化，便于学生对新知识、新技能的理解更清晰准确，记忆更加牢固。

(2) 深化知识，提高素养。课堂结束阶段教师通过总结或引导学生自我总结本堂课中的解题思维过程和数学思想方法，可以帮助学生深化对数学知识的理解，促进学生智能的发展，让学生养成主动分析思考的习惯，形成良好的思维品质，进一步提高学生的数学素养，培养良好的个性品质。

(3) 及时反馈，承前启后。通过对教学内容的课堂提问、课堂练习等的及时评价，能及时得到教学的反馈信息，为下节课的教学或下一章节教学活动的展开做好调整和改进的准备。在概括本节课内容的基础上，巧妙的引出下节课的问题或为下节课的教学创设教学意境，埋下伏笔，促使学生的思维活动不断深化，诱发学生继续学习的积极性，这都是结束技能中体现出来的重要功能。

(4) 启发思考，引导探索。在课堂小结时，教师可以在本堂课的基础上，除了布置思考题和练习题来及时复习、巩固和应用所学的新知识外，还可以提出一些有深度和广度的问题，让学生可以在课后有机会进行思考或同学间的探讨，这样不仅可以激发学生的学习热情，还可以开阔视野，激活思维，启迪智慧，促进学生思维活动的深入开展。

总之，成功的结束，不仅对教学内容起梳理概括，画龙点睛的作用，还能拓展教学内容，激发学生的学习欲望，从而达到“课虽结而趣无穷”的效果。同时，教师通过提问或习题检查教学效果，为改进自己的教学提供依据。

(二) 数学结束技能的基本要素

在课堂教学中，教师要注意充分发挥课堂教学结束的作用，帮助学生将新知识进行系统的总结、归纳、提炼，从而圆满地完成一堂课的教学任务。一般的，数学课堂结束技能有以下几个要素。

(1) 自然贴切，水到渠成。课堂教学结束是一堂课发展的必然结果，它既反映了课堂教学内容的客观要求，又是课堂教学自身科学性的必然体现。在刚要进入教学结束阶段，教师通过结束性语言，如“关于 XXX 的内容，我们今天就学到这里，接下来我们来总结一下”；或通过概括教学任务及对照教学主要内容的进展情况，给学生一个信号：教学活动已经进入总结阶段，从而帮助学生将思绪转到教学活动的结束部分，对整个教学内容进行简要的回顾，为学生主动参与总结、提炼做好心理准备，使课堂教学的结束做到自然贴切，水到渠成。

(2) 概括要点，提示关键。课堂教学结束的语言一定要少而精，紧扣本节课教学的中心，梳理知识，总结要点，形成知识网络结构，干净利落地结束全课，使之做到总结全课，首尾呼应，突出重点，深化主题，让学生的认识产生一个飞跃。教师应该在结束前的几分钟内，以精练的语言使课堂主题得以提炼升华，使学生对课堂所学知识有一个既清晰完整又主题鲜明的认识。在教学活动中可以根据实际情况，教师可以独自进行总结；也可以提问的方式与学生进行互动，带领学生总结，这样在巩固和强化数学知识的同时，提高学生的概括能力。

(3) 沟通知识，立疑拓展。任何数学知识的教学，在导入环节总是从提出问题、提出疑问、提出矛盾开始，当问题得到解决之后，就要把悬疑的问题与刚获得的结论之间的关系总结清楚。新学数学知识常常与以前学过的有关旧知识有某种联系，又有某种深化，数学课堂结束需要建立新旧知识之间的联系和区别。因此，在数学课堂教学结束时，要总结本节课所学知识，把前后知识联系起来不仅只局限于课堂本身，还要注意新知识与旧知识的联系、悬疑的问题与刚获得的结论之间的关系，课内与课外的互动，学科课程与活动课程的联系，以及本学科课程与其他学科课程的沟通，以此启发学生的思维，拓宽学生的知识面。

(4) 布置作业，练习巩固。在课堂教学结束之前，教师结合本堂课的内容应布置适当的作业。作业的布置要起到巩固当堂课的知识和方法的作用，同时也要适当联系旧知识，拓展学生思维。作业的布置要注意适量、适度、有针对性，避免机械重复和搞“题海战术”。对学有余力的学生可以布置一些有思维难度和拓展性的思考题，但是应以激发学生的兴趣和激励学生的信心为原则。课后的数学作业既是对学生心智技能的训练，也是对学生良好个性品质的一种培养。

二、结束技能的类型及案例分析

教师课堂结束的形式与方法多种多样，若按结束时的主体不同，可分为教师为主体的概括式结束和学生为主体的参与式结束方法；也可按对知识的不同处理方式，划分为封闭型结束和开放型结束等。教师可根据数学教学内容、学生的年龄特征或课堂实际情况，来灵活设计课堂结束方式。数学课堂结束形式灵活多样，以下介绍一些数学课堂结束的常用类型，并结合案例分析加以说明。

(一) 总结归纳式结束

总结归纳式结束，是指在教师的引领下师生共同通过简明准确的语言、文字、表格或图示等形式对本堂课的知识结构和基本原理、基本技能进行梳理、概括，用以突出重点，强化记忆的结束方式。它可以在一节课结束时进行，也可以在一个相对独立的问题结束时、或者在有联系的几节课后进行。

归纳总结式结束多用于新授课的结尾，也是最常用的结束方式之一。这种结束方式可以是老师讲，也可以让学生讲，亦可以老师说纲，学生说内容等。

☆ 案例 4-3-1　对数函数的图像和性质

师：这节课我们一起研究了“对数函数的图像和性质”，现在我们再一起来填写这个表格（表 4-3-1）：

(PPT 呈现留空的表格，请学生说，老师补充、提炼，并在学生的注视下将结论补空。)

表 4-3-1　对数函数的图像和性质

	$a>1$	$0<a<1$
图象	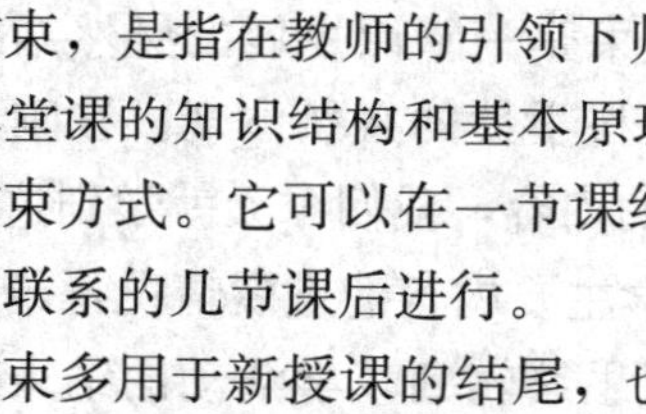	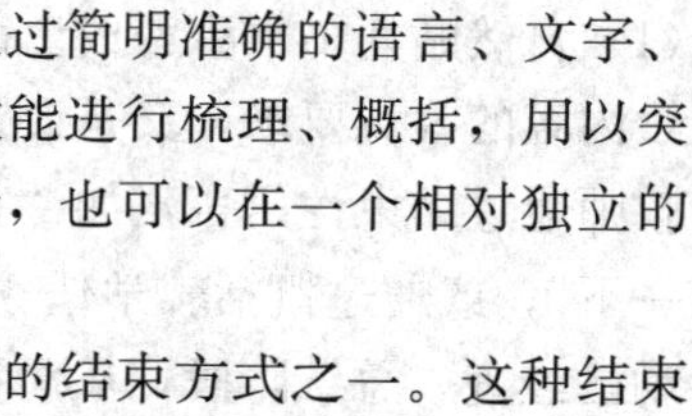

续　表

	$a>1$	$0<a<1$
性质	定义域：$\{x \mid x>0\}$	
	值域：$\{y \mid y\in R\}$	
	当 $x=1$ 时，$y=0$，即图像过定点 $(1, 0)$	
	在 $\mathbf{R}^+$ 上是增函数	在 $\mathbf{R}^+$ 上是减函数
	当 $x>1$ 时，$y>0$ 当 $0<x<1$ 时，$y<0$	当 $x>1$ 时，$y<0$ 当 $0<x<1$ 时，$y>0$

【分析】：上表由教师课前制作成幻灯片，内容留空，让学生回答后再填入，通过图表的形式总结本堂课的基本知识，直观、清晰、明确、便于记忆，可增强学生的感性认识。

☆　案例 4-3-2　平行四边形的判定

师：这节课我们研究了平行四边形的判定方法，大家一起来总结和回顾一下，我们学到了哪些数学结论，在探究过程中又是采用怎样的研究方式方法。

生 1：平行四边形的判定方法：

(1) 两条对角线互相平分的四边形是平行四边形。

(2) 两组对边分别相等的四边形是平行四边形。

生 2：(学生讨论后回答) 我们从开始的观察、猜想、验证、说理再到判定定理最后到应用。

师：不错，看来同学们对平行四边形的判定方法掌握得不错，而且对这个研究的步骤记忆很深刻，事实上这些步骤也就是我们做科学研究的基本步骤和方法。那这个研究过程是怎样将问题解决的呢？

生 3：把不熟悉的、难解决的问题，变成我们熟悉的、已解决的问题来处理。

师：总结得非常好！像这种将不熟悉的、难解决的问题转化为熟悉的、易解决的问题，并归结为熟悉的、能解决的问题来处理的数学思想方法，称为数学化归思想方法，是数学中常用的、重要的思想方法。

作业：(1) 习题 4.4 的第 1、2、3 题；(2) 请观察收集“生活中平行四边形”，并写一份调查小报告。

【分析】：在课堂结束时，教师通过提问的方式，引导学生小结本节课所学数学知识和思想方法，养成学生“学习—总结—学习”的良好学习习惯，发展学生的数学思维和数学语言表达，同时通过作业的布置对知识技能进行检测和反馈，调查报告既拓展学生的知识面，又提高学习数学的兴趣。

在课堂教学的结束部分，对本节课的重点内容进行归纳概括，使所学的知识条理清晰、重点突出。教师可以根据实际教学情况独自完成，也可以和学生互动共同完成，在巩固和强化的过程中，既可以帮助学生提高思维能力和语言表达能力，又可以提高学生归纳概括的能力。

（二）分析比较式结束

分析比较式结束，是指教师对教学内容采用辨析、比较、讨论等分析比较的方式进行的一种课堂教学结束方式。这种结束方式，意在引导学生将新知识与原有认知结构中的类似知识或有关联的知识进行对比，找出它们各自的本质特征，明确它们的内在联系和异同点，使学生对新知识的理解更加准确、深刻，记忆更加牢固、清晰。

分析比较式结束的教学内容包括：①对概念分析比较，如新概念与原有概念、并列概念、相对概念、近似概念进行的分析比较；②对数学结论的分析比较，如相似或相关的一些定理、公式或者互有联系的结论进行比较，便于学生对它们的识别和记忆；③对数学方法的分析比较，如对蕴含在数学知识中的典型的数学方法和数学思想，也应在总结时进行分析强调。

☆　案例 4-3-3　等比数列

师：本节课的总结，除了总结等比数列的定义和相关性质外，还应将其与等差数列进行比较。（教师边讲边板书，如表 4-3-2 所示）

表 4-3-2　数列示例

	等差数列	等比数列
定义	文字定义：……	文字定义：……
	数学定义：$a_n - a_n - 1 = d$（$n \geqslant 2$）	数学定义：$\dfrac{a_n}{a_n - 1} = q$（$q \neq 0$，$n \geqslant 2$）
通项公式	$a_n = a_1 + (n-1)d$ $a_n = a_m + (n-m)d$	$a_n = a_1 \cdot q^{n-1}$ $a_n = a_m \cdot q^{n-m}$
中项	a，A，b 成等差$\Leftrightarrow A = \dfrac{a+b}{2}$	a，G，b 成等比$\Leftrightarrow G = \pm\sqrt{ab}$（$ab > 0$）
判定方法	（1）定义； （2）等差中项； （3）通项； （4）前 n 项和.	（1）定义； （2）等比中项
性质	$m+n=p+q \Rightarrow a_m + a_n = a_p + a_q$ S_n，$S_{2n} - S_n$，$S_{3n} - S_{2n}$ 成等差数列 $a_n = \dfrac{S_{2n} - 1}{2n - 1}$	$m+n=r+s \Rightarrow a_m \cdot a_n = a_r \cdot a_n$ S_n，$S_{2n} - S_n$，$S_{3n} - S_{2n}$ 成等比数列 （$S_n \neq 0$）

【分析】：通过等比数列与等差数列的对比小结，学生不但掌握了等比数列的定义、通项公式和性质，还加深了对等差数列的定义、通项公式和性质的理解，更为重要是：通过分析比较，既对两种特殊的数列有了更清晰的认识，又提炼了本节课的数学思想方法，为后续学生学习和研究其他的数学知识打下了良好的知识和思维基础。

利用分析比较的方式结束，可以沟通相关知识之间的联系，让学生体会到数学的整体性和连贯性，可以提高学生对数学本质的把握，让学生能站在更高的思维层次上去学习数学，提高用数学知识解决问题的能力。所以涉及数学中相似或相关的概念、结论、思想方法等的教学时宜用分析比较法来结束。

（三）练习巩固式结束

练习巩固式结束是指教师通过练习，小测验或有针对性的提问来结束课堂教学的方式。教师通过精心设计的练习和问题“趁热打铁”，使学生所学知识和技能得到巩固和运用，又可以通过适时的评价给予学生学习的成就感，激发学生的学习热情，还可使课堂教学效果得到及时反馈。

☆　案例 4-3-4　一元二次不等式的解法

师：今天我们这节课学习了一元二次不等式的图像解法，我们用数形结合的思想深讨出它和二次函数、二次方程之间的联系（教师同时播放 PPT 幻灯片，如表 4-3-3）。

表 4-3-3　一元二次不等式的解法示例

一元二次方程的判别式△的符号	△>0	△=0	△<0
二次函数 $y=ax^2+bx+c$（$a>0$）的图象	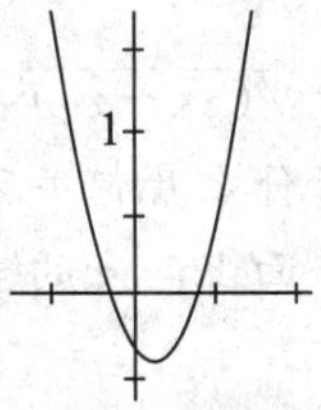	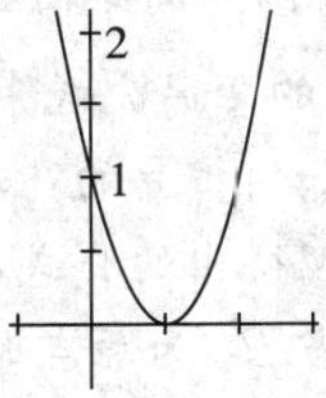	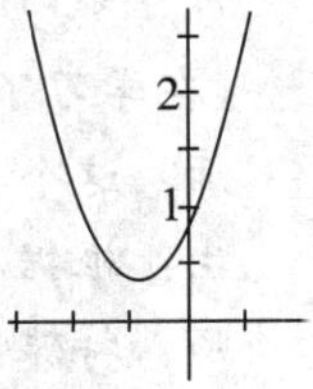
一元二次方程 $ax^2+bx+c=0$（$a>0$）的根	有两不等实根 x_1，x_2（$x_1<x_2$）	有两相等根 $x_1=x_2=-b/2a$	没有实根
不等式 $ax^2+bx+c>0$（$a>0$）的解集	$\{x \mid x<x_1$ 或 $x>x_2\}$	$\{x \mid x\neq -b/2a\}$	**R**
不等式 $ax^2+bx+c<0$（$a>0$）的解集	$\{x \mid x_1<x<x_2\}$	**Φ**	**Φ**

师：同学们有没有信心来完成下面的几道解二次不等式的题呢？

生：有。

师：那我们就比比看看谁解得又快又准确，好不好？

教师投影练习题：

（1）$3x^2-7x+2<0$；

（2）$-6x^2-x+2<0$；

（3）$4x^2+4x+2<0$；

（4）$x^2-3x+5>0$；

(5) $(x-1)(3-x)<x(x+1)+1$。

3分钟后，教师公布答案，同座学生交换批阅，统计得分，教师对做得好的同学提出表扬或展示范本，并评讲出现问题较多的一般性问题。)

【分析】：一元二次不等式的解法重在解不等式，所以学生是否能利用与二次函数二次方程的关系准确快速的解出不等式是本堂课教师要重点关注的方面。因此在本节课的结尾教师用练习评估的方式不仅及时了解和掌握了学生对本节知识的掌握情况，又在测验之后给予适当的评价，让学生有一种成就感，进一步激发了学生的学习热情，在此是一种很好的结束方式。

这种通过练习结束课堂教学的方式，教师能及时了解学生的学习情况，反馈教学信息，切准学生的“命脉”以利于调控和把握教学进程。

（四）拓展延伸式结束

拓展延伸式结束是指教师在课堂教学即将结束时，将讲授过的知识与其他方面的知识或将要学到的内容联系起来，把知识向其他方向扩展或向纵深延伸的结束方式。这种结束方式，意在拓宽学生的知识面，激发学生学习和探究新知识的兴趣，养成学生主动学习和深入思考的习惯。

☆　案例 4-3-5　两点间距离公式

(在学习了两点间的距离公式 $|P_1P_2|=\sqrt{(x_1-x_2)^2+(y_1-y_2)^2}$ 后。)

师：这个公式是如何推导的？其结果表示什么几何关系？

生：根据勾股定理得出的公式，给出了平面上两点的坐标与两点间的距离的关系。

师：特殊情况，当 P_2 为原点时，$|P_1P_2|=$?

当 P_1、P_2 都在 x 轴上时，$|P_1P_2|=$?

当 P_1、P_2 在 y 轴上时，$|P_1P_2|=$?

当 P_1 在原点时，P_2 在 x 轴上时，$|P_1P_2|=$?

当 P_1 在原点时，P_2 都在 y 轴上时，$|P_1P_2|=$?

生：(学生一一得出结论)

师：可知两点间的距离公式是数轴上绝对值概念的推广。若 $P_1(x_1, y_1, z_1)$、$P_2(x_2, y_2, z_2)$ 为空间中的两个点，距离公式又是什么？

【分析】：该案例通过对两点间距离公式的小结，提问复习了公式的推导过程，让学生感悟到距离公式是前面所学知识——勾股定理的推广，又是后继学习内容——空间两点距离公式的特殊情形。教师通过一维、二维、三维中两点间距离公式的比较，揭示了它们在结构和规律上的共性，不仅开阔了学生的视野，还激发了学生学习数学的兴趣。

课堂的时间虽然是有限的，但是课后的思考却是无限的。因此在课堂内容即将结束之时给出更有挑战性的问题，给学生提供机会对有关的课题做进一步的探索和研究，既可以提高学生用数学知识解决实际问题的能力，还可以拓宽学生的知识面，扩展学生的数学视野，有利于提高学生对数学的科学价值、应用价值和文化价值的认识。

(五)悬念探究式结束

悬念探究式结束是指教师在学生课堂学习的基础上，在课时的最后，设置悬念，向学生抛出相关的、有吸引力和挑战性的问题，引发学生探究欲望的一种结束方式。课堂在扣人心弦时戛然而止，从给学生留下一个有待探索的未知领域，激发学生学习新知识的强烈欲望。

☆ 案例 4-3-6 相交弦定理

“相交弦定理”的课堂教学临近结束，教师向学生抛出一个“节外生枝”的问题。

师：同学们，我们已经学了相交弦定理，知道“若圆中两弦 AB、CD 交于 P，则 $PA \cdot PB = PC \cdot PD$”。

(学生点头表示认可)

师：那当 P 点在圆外时，PAB、PCD 成了该圆的割线或切线，此时，还有结论 $PA \cdot PB = PC \cdot PD$ 吗？

教师此言一出，学生显得兴趣盎然，陷入深深的思考中。

下课了，学生们还欲罢不能。真是一石激起千重浪！

【分析】：教师所提出的问题正好处于新旧知识的最近发展区，因而唤起了学生的探究欲。而学生要解答这个问题，需要加深对相交弦定理和圆的相关性质更加深入的认识与分析。问题的探究本身，促进对圆的学习，准确把握圆的性质，都是十分有意义的。这样的课堂结束，不仅为学生自主探究学习创设了良好的条件，也给学生如何反思回顾问题，解决和提出新问题，提供了思路。

这种结束方式通常是为后面的教学埋下伏笔，后面的教学又为前面的教学疑问解惑，如果上下两节课的内容联系密切时，是比较适用于这种方式结束的。我们知道，数学思维总是从问题开始的，在教学结束的时候常常使用设立悬念的方法，给学生留下有待探索的问题，更容易激发学生的求知欲，让下一次课成为学生的期待，是做教师的成功。

(六)首尾呼应式结束

首尾呼应式结束是指教学结束和起始相呼应，使整个教学过程前后照应的一种结束方式。有些课采用提出问题，创设情景导入课题。这样简洁明快，有利于激发学生的学习欲望；但是如果问题始终悬而未决，学生的学习积极性会受到挫伤。因此，课堂教学结束时，应指导学生用所学的新知识解决上课时提出的问题以消除悬念。这样既巩固了知识，又使学生享受到运用新知识的乐趣和心理满足。

☆ 案例 4-3-7 一元二次方程的根与系数的关系

在学习“一元二次方程根与系数的关系”内容时，老师在课题引入时采用“提出问题、巧布悬念”法，先出示小黑板：弟弟解一元二次方程 $x^2-15x-100=0$，得出两个根为 20 和 5。姐姐走过来，刚看了一眼就说：“你做错了。”姐姐是怎样看出来的？有的学生脱口而出：“验根。”教师强调：“由题意可知，姐姐是在一瞬间作出判断的，不可能是利用代入原方程验根的方法。”(学生点头)

当老师讲完一元二次方程根与系数的关系——韦达定理后，重新出示小黑板，让学生再次考虑导入课题时提出的问题，学生恍然大悟，齐答："是利用了韦达定理"。

【分析】：首尾呼应的结束方式使教学表现出更强的逻辑性，让学生豁然开朗，茅塞顿开，同时还使学生产生一种思路遥遥、惊回起点的喜悦感，有助于增强学生进一步学习的兴趣。

"结束"有法但无定法，它要求教师匠心独运，既要知"常"又要晓"变"。因此，在设计"结束"时，教师一定要考虑到教学内容的不同、具体数学知识的特点、学生的学习心理规律和课堂教学的实际情况，可以综合运用形式多样、不拘一格的各种结束方法。总的来说，"结束"是一门重要的教学艺术，应有画龙点睛之效，所以千万不可忽视。

三、结束技能的微格实训

（一）实训目标和要求

1. 实训目标

（1）能合理地根据教学内容和师生情况选择恰当的结束方法。

（2）能熟练运用所选结束方法进行结束教学，并做到：①注意把握课堂节奏；②条理清晰、重点突出；③能帮助学生归纳整理、拓展思维；④语言精练准确。

2. 实训要求

（1）要求语言简练，概括性强。课堂小结应概括出本堂课的主要知识点和方法规律。总结不是对课堂内容的简单重复，也不是面面俱到的简化，是帮助学生建立系统化和条理清晰的知识网络，所以，概括性的总结，语言要少而精，只有这样才能使学生领悟所学知识的精髓，使数学认知结构系统化、网络化。

（2）要求突出重点，时间和内容安排要紧凑。通常结束的时间不宜超过 5 分钟，虽然这不能作为所有教学结束的时间标准，况且通过练习方式进行结束 5 分钟显然不够，但是教师的课堂总结如果用时过多，内容面面俱到，既不能突出重点，又妨碍学生对知识的理解和记忆。所以"结束"的内容和时间安排都不宜过多过长。

（3）结束要及时，避免拖堂。"结束"是课堂教学的一个环节，不必小题大做，拖延时间，尤其在下课铃响以后还津津乐道，会使学生产生厌烦心理，此时学生思维已分散，因而学习效果不佳，达不到预期的教学效果，还对学生下面的课堂学习造成不良影响。所以，"结束"无论使用哪种方式结束，都切忌拖拉。

（二）评价

数学课堂结束技能的评价是对结束方式的选择是否有利于巩固所学的知识、是否有利于促进学生的思维等方面做出的判断。评价可以关注结束目的是否明确，是否起到深化知识，强化记忆的效果，时间安排是否恰到好处，适可而止；结束的方式选择是否符合本节课的内容和学生的特点，做到语言准确、简明扼要；是否激发兴趣、促进思维、既突出课堂重点、突破难点，又帮助学生形成知识结构等等。

关于数学课堂结束技能的评价，可以采用定量与定性结合的等级评价法，即“2＋2”评价法。下面提供表 4-3-1 的评价表，供读者在强化技能评价时参考。

表 4-3-1　结束技能训练的评价表

讲课人		评课人	成绩			
课题			评价等级			
评价项目		权重	优	良	中	差
1. 目的明确、紧扣本节课的内容		0.15				
2. 突出重点，有利于巩固所学知识		0.15				
3. 结束活动设计恰当、合理，余味无穷		0.15				
4. 结束调动学生积极性，促进学生思维		0.15				
5. 结束语言简练清晰，简明扼要		0.10				
6. 结束环节时间安排合理紧凑		0.10				
7. 布置的作业面向全体，又分层推进		0.10				
8. 结束方式的选择符合课堂教学情况		0.10				
补充说明：						

注：其中优为 90～100 分，良为 75～90 分，中为 60～75 分，差为 60 分以下

（三）实训内容及选题

1. 实训内容

（1）“结束”的设计。请自己选择一个感兴趣的高中或初中课题，为之设计一个课堂结束的教学片段，时间要求 3～5 分钟，并编写教学结束环节的微格教案。在编写“结束”微格教案时请注意以下几点：①你选择的结束方法与课题内容、目标是什么关系？②你结束的方式是如何帮助学生对本节课知识的理解与掌握的？③你的结束方式的选择是否恰当？④你结束的语言是否精练？

（2）“结束”的体验。根据自己的教学结束微格设计，在微格教室进行 3～5 分钟的教学结束的角色扮演，然后小组成员在指导教师组织下观摩录像、互评、教师点评，然后修改完善自己的“结束”微格教案。

2. 实训选题

下面提供结束技能实训的部分选题，为读者设计课堂结束的教学片段提供选题参考。

【初中】

（1）绝对值（七年级上册：第一章第三节）

（2）探索三角形全等的条件（七年级下册：第五章第四节）

（3）反比例函数的图像与性质（九年级上册：第五章第二节）

（4）二次函数与一元二次方程（九年级下册：第二章第八节）

【高中】

（1）三角函数的诱导公式（必修 4：第一章第三节）

(2) 平面向量的数量积（必修4：第二章第四节）

(3) 直线、平面垂直的判定及其性质（必修2：第二章第三节）

(4) 等差数列的前 n 项和（必修5：第二章第三节）

（四）结束技能的实训程序

1. 仔细阅读前面部分的理论，尤其是所给案例及分析，并熟悉中学数学教材。

2. 观摩有关结束技能的录像资料。

3. 选择合适的结束方式编写相应的“结束”微格教案。

4. 根据编写的“结束”微格教案，在微格教室中进行教学结束环节的角色扮演，并在指导教师组织下进行观摩和评议。

5. 根据评议情况修改教学结束的微格教案，并视情况确定是否重新试讲。

第五章　数学课堂教学的媒体运用技能

课堂教学的媒体，是指在课堂教学过程中运用的文字语言、图形图片、音频视频等信息资源。这些课堂教学媒体在数学教学中传递着数学教学信息，是具有特殊意义的符号系统。在传统数学课堂教学中，运用的主要媒体有语言、教材、挂图、黑板、投影仪等。随着计算机的广泛普及，多媒体技术的运用也越来越普遍，也是数学课程改革对数学教师提出的新要求。因此，本章介绍数学课堂教学中的传统板书板画与现代多媒体技术的运用等两个重要的媒体运用技能。

第一节　板书板画技能

板书板画是教师讲课的重要手段，数学教师离不开板书板画。这是因为公式的推导，定理的证明，数与式的运算，图和形的展现等都要用板书板画的形式来表现。板书板画是“微型学案”，同时也是一幅艺术作品，它浓缩了一堂数学课的信息，并能给学生带来启发、示范和美的感受。因此，板书板画是一名合格数学教师应具备的教学基本功之一，也是衡量教师素质高低的一个重要指标。

一、数学板书板画技能的概述

所谓“板书板画技能”，是在教学过程中，教师利用黑板、白板或投影仪，以凝练简要的文字、符号和图表等形式，向学生呈现学习内容，分析认识过程，使知识概括化系统化，帮助学生正确理解并增强记忆，提高教学效率的活动方式。

（一）数学板书板画的主要作用

板书板画是数学课堂教学中传递教学信息的主要手段之一，是数学课堂教学内容步骤、方法的体现，是师生教与学过程的反映，是师生互动的桥梁。板书板画的设计安排受到年级、教材、课型和教学目标等多种因素的影响，其呈现形式变化多样。但板书板画的最基本功能是展示，也是传递教学信息的主要手段。

(1) 弥补语言表达不足，加深学生对数学知识的理解。在数学课堂教学中，口头语言和板书板画是向学生传递教学信息的两个主要手段。板书与口头语言相比，最根本的特点是表现的内容可以逐字展开，并且停留下来由视觉感知。教师可以把要教的内容配合视觉逐字逐句地讲解，在讲到后面内容时可以随时用前面内容进行对照。板画的形象性，直观性更是口头语言难以完成的。由于数学内容的符号化，使得数学语言成为以符号语言为核心的科学语言。在数学教学中，板书板画的内容丰富，不仅有文字符号，还有图形和图像。同时，数学板书板画还涉及严密逻辑性的定理证明、公式推导以及例题演算，而这些前后联系紧密，环环相扣。

教师的口头语言能调动学生的听觉，而板书板画能调动学生的视觉，视、听结合可以大大加强数学语言的信息传递效果。通过板书板画的直观形象可以加深学生对知识的理解和记忆。例如，等式性质之一“等式两边同时加上（或减去）同一个代数式，所得结果仍是等式”，可板书为：若 $x=y$，则 $x+c=y+c$ 且 $x-c=y-c$ 。

(2) 揭示数学内容的结构体系，突出教学重点、突破教学难点。数学知识往往具有系统性和逻辑性。条理清晰、简明扼要的数学课堂教学板书，易于揭示教学内容的知识结构，有助于突出教学重点，突破教学难点，强化知识脉络，使学生对整堂数学学习内容有一个系统、全面的认识。通过精心设计的板书板画，不仅能将数学知识清晰的呈现，还可以清楚的表达出教学思路和认识数学问题的方法。

因此，教师通过高度概括的板书，以简练的语言将知识条理化、系统化，并把教学重点、难点、关键和注意事项写在突出位置上或加以醒目的色彩，这样有助于学生形成系统的、有逻辑关系的数学知识体系，也有助于教师突出教学重点、学生突破学习难点。

(3) 揭示数学思想方法，启发学生的思维。数学板书板画不是机械地展示数学教材知识，而是数学知识展示与师生互动相结合的过程。这个过程也是数学学习过程中数学知识发生和数学思维发展的过程，通过师生之间的互动，一步一步地板书或板画，就可以很容易地揭示数学的思想和方法，也容易启发学生的数学思考。

例如，平面内有 n 条直线，其中任意两条不平行，任意三条不共点，求：①n 条直线的交点数，记为 $f(n)$；②平面被 n 条直线分割的区域，记为 $p(n)$。

教师：当仅有一条直线 L_1 时，显然 $f(n)=0$，$p(n)=0$。增加一条直线 L_2 时，由于 L_1 与 L_2 相交，则增加了一个交点，同时 L_2 被 L_1 分成两段，每段将所在区域分成两部分，即比原来的增加了两部分，因此，$f(2)=f(1)+1$，$p(2)=p(1)+2$。

同学们可以探讨 $f(3)$ 与 $f(2)$ 的关系，$p(3)$ 与 $p(2)$ 的关系……，于是可得表 5-1-1。

表 5-1-1 举例

$f(n)$	$p(n)$
$f(1)=0$	$p(1)=2$
$f(2)=f(1)+1=1$	$p(2)=p(1)+2=4$
$f(3)=f(2)+2=3$	$p(3)=p(2)+3=7$
$f(4)=f(3)+3=6$	$p(4)=p(3)+4=11$
……	……
$f(n)=$	$p(n)=$

在教师一边讲解一边板书的过程中，配合师生互动中的列表板书，学生很容易得到：$f(n)=f(n-1)+(n-1)$ 和 $p(n)=p(n-1)+n$，进而得出 $f(n)$ 和 $p(n)$ 的公式，然后再给出证明。$f(n)$ 与 $f(n-1)$，以及 $p(n)$ 与 $p(n-1)$ 的关系就是通过列表比较、归纳、猜想得到的。这里列表式的板书过程，不仅揭示了数学类比方法和由特殊到一般的思想方法，还起到了启发学生思维的作用。

(4) 提供正确示范，促进学生良好数学素养的形成。数学语言和数学符号是表述某一数学概念的专用方式，有着严格的含义，既不可混淆，也不可乱用；同时，数学专业语言、符号、图形也是学习数学的基本工具。学生在学习数学时，首先要知道数学专业语言、符号等规范的书写方式，在此基础上，学生还要作出准确的数学图形，正确地使用数学语言、符号和图形，这些无疑都需要教师为学生提供模仿的原型，而板书正好可以提供良好的示范平台。

因此，在数学课堂教学中，教师运用板书板画可以为学生提供正确书写和运用数学语言、符号和图形的示范，促进学生良好数学素养的形成。

(5) 体会数学美，发展学生的审美观念。板书板画是书法、绘画、布局艺术的综合表现，也是教师内在素质的一个体现。书写端正、字迹清秀、绘图精美、布局合理的数学板书板画，犹如用文字和符号巧妙组成的一幅艺术画面，令人赏心悦目，使人获得美的体会和享受。

数学板书板画，不仅显示出简要精妙的简洁美、层次清楚的条理美、形式多样的变化美、直观图表的图画美等外在美，更重要的是它体现出数学的内在美。比如，一些数学定理、公式的推导、问题的解决中，体现出数学思维的灵活性、逻辑性和严谨性，这些巧妙的构思和简洁的分析论证过程中隐藏大量的数学内在美。而这些数学内在美不像外在美那么直观自然，需要在数学板书板画过程中随着思维的活动一步一步得以呈现。

因此，教师能够通过数学板书板画这种教学手段来创造、发现和展示数学的美，让学生在学习过程中体会和欣赏数学美，从而发展审美观念。

（二）数学板书板画的要素

数学板书板画的目的在于启发思维，强化记忆，激发兴趣。一般情况下，数学教学内容都有一定的层次性、思维的连续性和严密的逻辑性。这就要求设计的板书板画也要层次分明，条理清楚，要使各个知识点结构严谨，有主有次，一条主线贯穿始终。一般地，数学板书板画技能有书写与作图、布局、配合三个基本要素。

1. 书写与作图要素

数学板书主要是书写和作图。书写的主要对象是文字和数学符号，作图的主要对象是一些函数图像和几何图形等。

(1) 书写文字、数学符号时，字迹要工整清楚，书写要规范准确。文字不可用繁体字和简笔字，更不可自造汉字；字的大小和笔画的轻重视教室大小和光线情况，以最后一排学生能看清楚为宜。数学符号要注意规范，体现科学性。

(2) 作图时，要做到准确无误，直观清晰，并要注意大小比例恰当，易于分析和启发学生思维。在作图教学中，教师一定要使用作图工具，在平常教学中，可以采用手动作图。在平常教学中，对一些问题的分析，常需要做一些辅助性的草图，而手动作图往往比工具作图更方便有效，更便于学生的理解，更符合人的思维习惯。因此，手动作图能力是一个优秀数学教师必备的能力。

能让学生看清楚教师所板书的内容是书写与作图的基本要求。已有事实表明，有的中学数学教师的教学效果不好，与其板书不能完全让学生看清黑板的内容有关。数学教学中有大量的数学符号和图形，切不可因板书板画的疏忽而造成学生记忆和理解上的混乱或错误。

2. 布局要素

在实际数学课堂教学中，为了让课堂教学更有效，教师板书板画要有计划地布局。要根据教学目标精心设计板书内容，根据教师黑板的大小确定板书的格式，预定好板书板画的位置。一堂课要板书板画哪些内容，安排在哪个位置，先板书板画什么，后板板画书什么，大标题写在什么地方，小标题写在什么地方，哪些东西应该保留到讲课结束，哪些作为临时板书板画随写随擦，都应该精心设计，要有一个通盘考虑。

通常在黑板上的粉笔板书，将高度概括的数学教学内容从左向右、从上向下依次扩展。有经验的教师常常把黑板分成三至四个板块，特意设计正板书、副板书。其中，正板书又可叫主板书，可分为知识板书和示范板书；而副板书又叫辅助性板书。正板书是一节数学课的主要教学内容，也是一直要保留在黑板上的内容，一般是学生本节课必须掌握知识点的梳理、问题的分析论证与推导解决、例题的示范等过程内容。副板书是可以在黑板上随写随擦的板书，通常是提醒学生注意的数学概念、数学符号，启发学生思维的草图，以及学生的板书板演等。在中学数学教学中，常把解题思路的分析写在副板书上，而解题的具体过程写在正板书上。另外，布局还要包括合理安排板书与教学挂图、屏幕投影的位置或小黑板等，以利于学生听课、观看和记录。例如，“垂直于弦的直径”板书板画布局，如图 5-1-1 所示。

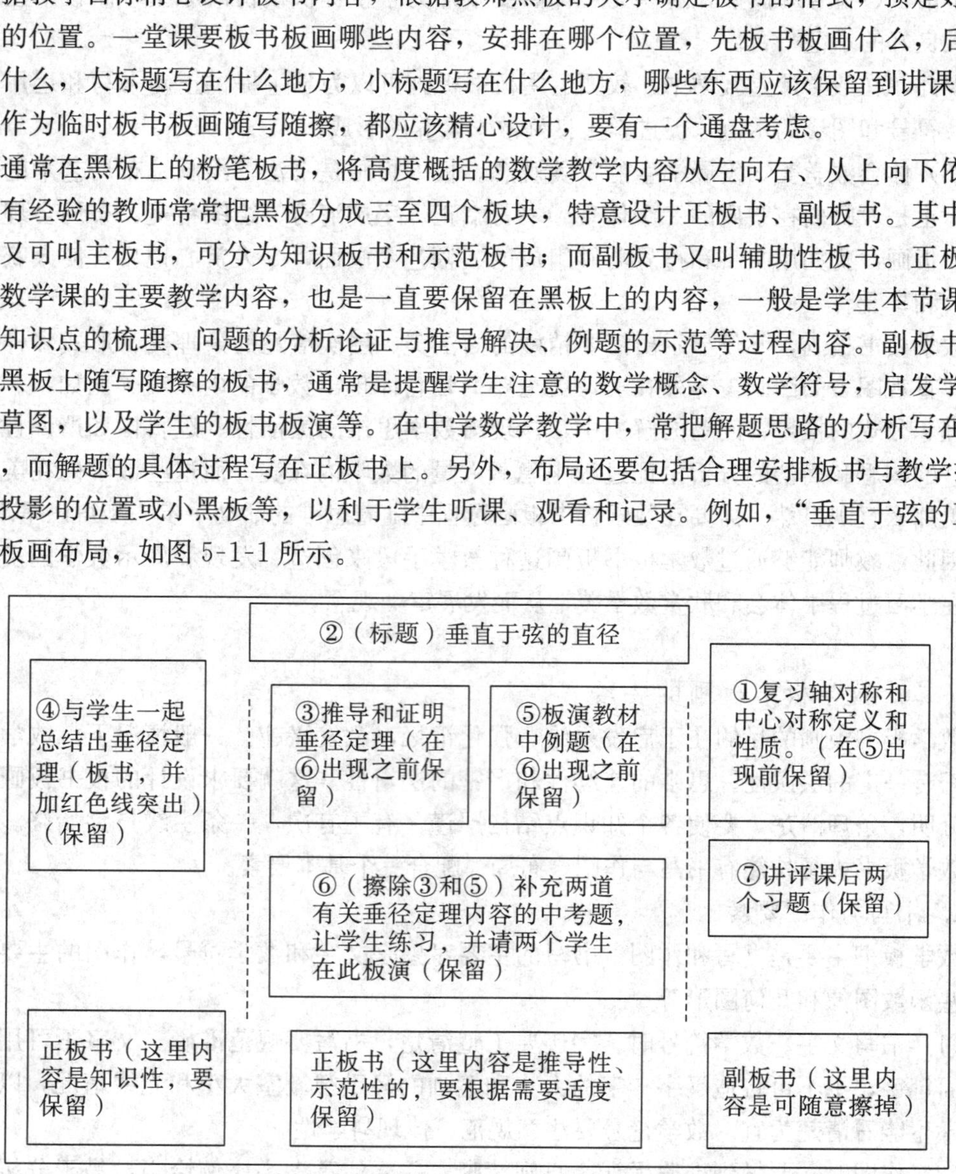

图 5-1-1　“垂直于弦的直径”板书板画布局

注：图中序号表示各部分板书的顺序

数学板书板画的布局设计应根据教学内容和教学过程的不同而不同，但不管设计怎样的数学板书板画布局，都应力求反映出数学知识结构的内在联系，反映出学生知识的建构过程，能充分调动学生的思维，使数学新知识的学习变得顺利自然。因此，数学板书板画应该：①层次分明，条理清晰；②重点突出，详略得当；③画龙点睛，有启发性；④整体设计，有审美性。

3. 配合要素

数学板书板画要与讲解、演示等配合。板书板画与讲解、演示配合的要求是：①要分清讲解与板书板画的主次关系，在讲解中的必要和关键处辅之以板书板画，切不可让学生课上盲目地抄写笔记；②中学数学课堂板书要采用边讲（或演示）边板书的方式，特别是在推导公式和法则、分析解题思路和方法、数学逻辑推理时，讲解与板书配合能增加分析过程的清晰程度。

配合时，还需要把握板书板画内容出现的顺序和方式。一般来说，新课的标题在复习提问及导入新课后书写，各部分的标题则依据具体情况而定；演绎法课型中则是先探究发现后板书，因为写了板书也就知道了结论，会削弱学生的思维活动，不利于学生思维品质的培养；讲解中对指导讨论的主要问题以及这些问题的结论通常是先语言叙述，后板书，并以标题的形式来书写，文字较多的板书可边说边写。讲解中语言叙述不清楚的内容，需要用板书和板画来提示，通常是边写、边画、边讲解。

总之，在一堂数学课中，教师是靠口授和板书板画来表达思想、启发学生，从而达到帮助学生建构良好的数学认知结构。因而板书板画技能是一项数学教师必备的基本功。

二、数学板书板画的形式及案例分析

数学课堂教学中的板书板画，分类标准很多，板书板画的类型也很多。比如，从语言的运用来分有：提纲式、语词式；从板书的作用来分有：正板书、副板书；从表现形式来分有：文字式、表格式、图示式；从内容来分有：单项式、综合式；从结构来分有：总分式、对比式、分析式、过程式、提示要点式等。从实际出发，选择最佳的板书形式，进行恰当地运用是增强教学效果的重要一环。现介绍几种常见的数学课堂教学板书板画形式。

（一）提纲式板书

提纲式板书，是把一节课的教学内容经过分析和综合后，归纳为几个要点，用简明扼要的文字形式反映数学知识结构、重点和关键，提纲式地反映在板书里的方法。这种形式的板书条理清楚，能突出重点，是数学课中常用的板书方法。特别是小结课和复习课多采用这种形式的板书，它便于学生抓住要领，掌握学习内容的层次和结构，利于发展学生分析和概括问题的能力。

☆　案例 5-1-1　“锐角三角函数（复习）”的板书

教师边讲解边板书，以下是板书内容：

1. 锐角三角函数知识结构：……

2. 锐角三角函数的概念：……

3. 特殊角的三角函数值：……

4. 典型题目：……

【分析】：通过提纲式板书，将锐角三角函数的知识结构、概念、特殊三角函数值及关系、典型例题留在黑板上，条理清楚，知识层次分明，言简意赅，重点突出，便于学生归纳，抓住锐角三角函数的学习要领，建构良好的数学认知结构。

（二）过程式板书

过程式板书是对数学课堂教学内容逐步体现的一种板书。这种板书形式是数学板书的精华，重点在于过程，有很强的逻辑性。数学定理、公式的推导，例题的证明以及运算求解的课堂教学中，常用过程式板书来揭示数学知识的发生过程和学生的认知过程，体现数学思想和方法，有利于发展学生推理论证能力和运算求解能力。

☆　案例 5-1-2　“等差数列前 n 项和的推导”的板书

问题：求数列 1，3，5，7，9，11，…，前 5 项和。

解：　$\because S_n=1+3+5+7+9$

且　$S_n=9+7+5+3+1$

两式相加得：$2S_n=10+10+10+10+10$

$=5\times(1+9)$

$$S_n=\frac{5(1+9)}{2}=25$$

一般地，等差数列 a_1，a_2，a_3，…，a_n，…，的前 n 项和 $S_n=a_1+a_2+a_3+\cdots+a_n$，也可用同法求得：

$$S_n=a_1+a_2+a_3+\cdots+a_n$$

且 $S_n=a_n+a_{n-1}+a_{n-2}+\cdots+a_1$

两式相加得：

$$2S_n=(a_1+a_n)+(a_2+a_{n-1})+(a_3+a_{n-2})+\cdots+(a_n+a_1)$$

$$=n(a_1+a_n)$$

$$S_n=\frac{n(a_1+a_n)}{2}$$

【分析】：该案例结合数学教学内容——等差数列的特点和其中蕴涵的“倒序相加”数学方法，进行了巧妙的过程式板书，不但有助于学生对等差数列前 n 项和公式的理解和掌握，而且可以增加课堂教学的活力，激发学生学习积极性，启发学生的思维，发展探究和创新意识，并为后续的等比数列前 n 项和公式的推导方法打下基础。

（三）表格式板书

表格式板书是把教学内容用表格的形式表现在板书里的方法。其优点是类目清楚，井然有序，可使不同知识点形成强烈的对比，便于学生加强对数学知识的记忆、分类、归纳和对比，能够较好地培养学生的数学系统化思维。这种形式的板书是根据教学内容可以明显分项的特点而设计的。教师根据教学内容设计表格，提出相应问题，让学生思考后提炼出简洁词语填入表格，也可以把教学内容分类，有目的的按一定的位置书写，归纳、总结时再形成表格。

☆　案例 5-1-3　“一元二次不等式的解法”的板书

教师根据该教学内容，有明显的分项特点，设计出表格的第一行和第一列的内容提出相应问题，让学生思考后，再提炼出学生的语言并板书如表 5-1-2 所示内容。

表 5-1-2　板书

一元二次方程的判别式△的符号	△>0	△=0	△<0
二次函数 $y=ax^2+bx+c$ $(a>0)$ 的图象	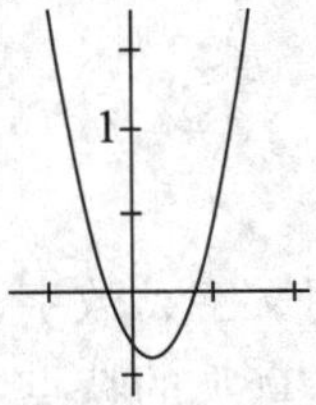	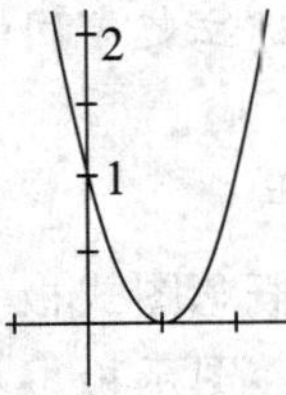	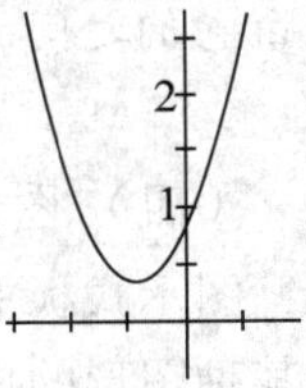
一元二次方程 $ax^2+bx+c=0$ $(a>0)$ 的根	有两个不等实根 x_1，x_2 $(x_1<x_2)$	有两个相等根 $x_1=x_2=-b/2a$	没有实根
不等式 $ax^2+bx+c>0$ $(a>0)$ 的解集	$\{x \mid x<x_1 或 x>x_2\}$	$\{x \mid x\neq -b/2a\}$	**R**
不等式 $ax^2+bx+c<0$ $(a>0)$ 的解集	$\{x \mid x_1<x<x_2\}$	**Φ**	**Φ**

【分析】：在此案例中，应用栏目清晰的表格形式板书，对函数一元二次方程根的三种情况，进行了二次函数图像、一元二次方程的根、一元二次不等式的解集的分类、归纳、对比，有利于学生对一元二次不等式的解决情况有一个清楚的认识，用联系的观点看待三者的关系，还有助于学生体会函数思想方法。

☆　案例 5-1-4　“对数概念的引入”的板书

先复习指数式：$a^b=N$ $(a>0，a\neq1，N>0)$，三个数中知道了两个，求第三个数。这时列表板书如表 5-1-3 的内容。

表 5-1-3

已知	求	例	引进的数学概念	字母名称			引进符号
				a	b	N	
a，b	N	$2^4=?$	幂	底数	指数	幂	$a^b=N$
b，N	a	$a^4=16$	方根：如果 $a^b=N$，a 叫做 N 的 b 次方根	方根	根指数	被开方数	$a=\sqrt[b]{N}$
a，N	b	$2^b=16$					

【分析】：该案例中的表格式板书分析，学生自然会提出“已知 a、N，求 b”的问题，在此基础上引入对数恰如“顺水推舟”，学生不仅不感到生疏，而且会与指数对照、类比，使整个对数概念的教学生动自然。这时在第三行空格处填上相应的内容：“对数：……，符号为：……”。因为前面已经交代了 $N>0$，所以在实数范围内“零和复数没有对数”也容易讲清楚了。这样的板书有利于学生理解和掌握幂、方根和对数的概念，明白它们之间的关系，建立起牢固的观念系统。

（四）图示式板书

图示式板书，又称概念图式板书，是利用文字、数字、符号、线条、关系框图等组成某种图形的板书方法。图示板书具有形象、直观的特点，较容易引起学生的注意，便于学生对数学知识进行分析和比较，促进学生思考与记忆。图示式板书可用于某一章或几章复习时的板书，它以具有基础作用、核心作用的一些知识点（概念、法则等）为源头，通过线条把相关联的知识之间的内在联系（逻辑思维顺序、因果关系等）表示出来，帮助学生梳理已学知识，建立起有用的“脑图”。

☆　案例 5-1-5　“正方形的定义和性质”的板书

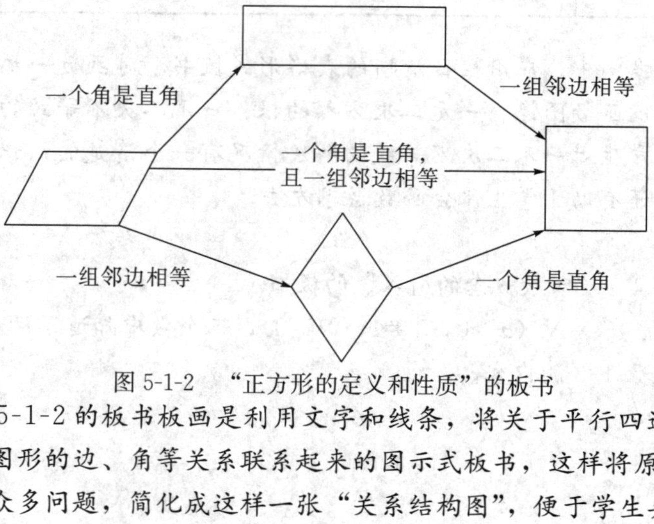

图 5-1-2　“正方形的定义和性质”的板书

【分析】：图 5-1-2 的板书板画是利用文字和线条，将关于平行四边形、矩形、菱形和正方形等四种图形的边、角等关系联系起来的图示式板书，这样将原本繁琐的边、角、对角线、对称等众多问题，简化成这样一张“关系结构图”，便于学生弄清四种图形间的关系，也有助于学生在应用中的整体迁移，提高了学生的思维水平。

☆　案例 5-1-6　“同角三角函数的基本关系”的板书

在讲同角三角函数的基本关系时，得到倒数关系、商数关系和平方关系后，可板书板画如图 5-1-3 所示内容，并配合讲解。

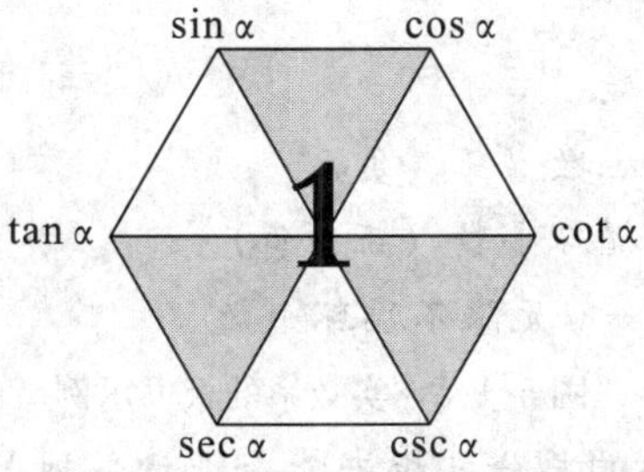

图 5-1-3　“同角三角函数的基本关系”的板书

【分析】：此案例中，教师利用正六边形的图示式板书并配合讲解，在学生大脑中建立起由正六边形及其顶点上的函数构成的图形，借助图形能清晰的反映出：三条对角线上的两端标注的函数，具有倒数关系；三个倒三角形的顶点标注的函数，具有平方关系上面四个函数与 1 形成两个平行四边形，具有商数关系。这样的图示板书便于学生理解记忆三角函数的基本关系。

（五）总分式板书

总分式板书，又被称为括弧式板书，是利用总与分的结构关系图来表达教学内容的板书方法。这种板书方法，适合于先总体叙述后分述或先讲结构后分别讲解支结构的教学内容的形式。这种板书条理清楚，从属关系分明，便于学生掌握和理解学习内容的结构，给人以清晰完整的印象。但这种板书对新教师来说，不容易布局合理，可以借助多媒体预先做好。

☆　案例 5-1-6　“不等式”知识结构图①的板书

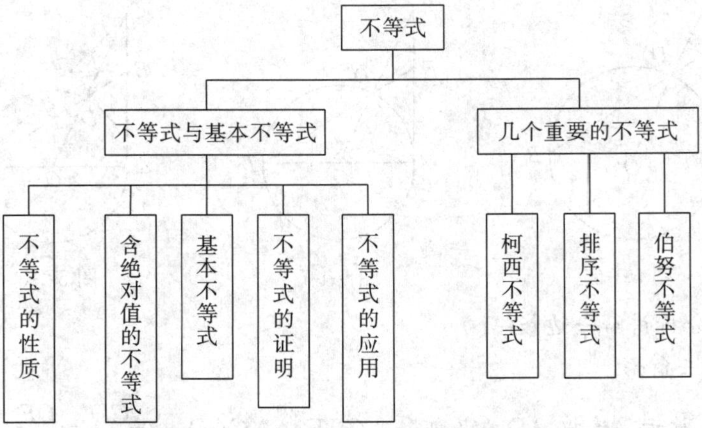

图 5-1-4　“不等式”知识结构图的板书

① 引自：王尚志（2006）.

【分析】：图 5-1-4 所示的总分式板书揭示了“不等式选讲”这一章的知识结构，使学生对不等式有一个完整的认识，便于学生抓住学习要领，掌握学习内容的结构和层次。

☆　案例 5-1-7　实数系的板书

- 实数
  - 有理数
    - 整数
      - 正整数
      - 零
      - 负整数
    - 分数
      - 有限小数（正、负）
      - 无限循环小数（正、负）
  - 无理数（正、负）——无限不循环小数

图 5-1-5　实数系的板书示例

【分析】：如图 5-1-5 所示的总分式板书能条理清楚地呈现实数的关系结构，这样的板书形式，使得实数、有理数、无理数、整数、分数等概念的从属关系分明，便于学生掌握和理解实数系的结构，给学生以清晰完整的“实数系”印象。

（六）分析式板书

分析式板书，是对数学公式的推导或对习题解答中的因果关系的分析思路的板书方法。这种板书简单明了，逻辑清楚，节省时间，可以使学生思路更清晰，印象更深刻。但这种板书对新教师来说，容易使板书变得混乱；对学习基础较差或上课不专心听讲的学生来说，不便于课后复习笔记。

☆　案例 5-1-8　几何习题证明的板书

题目：已知如图 5-1-6，$AB=AC$，且 AB 是⊙O 的直径，AC 是⊙O 的切线，CO 与圆相交于 D，BD 的延长线交 CA 于 E。求证：$CD=AE$。

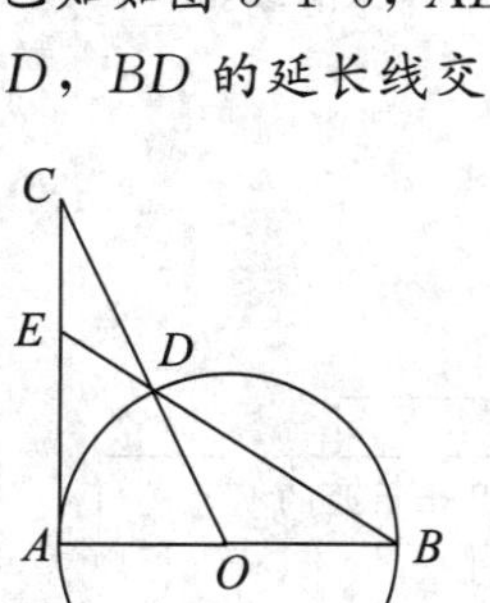

图 5-1-6

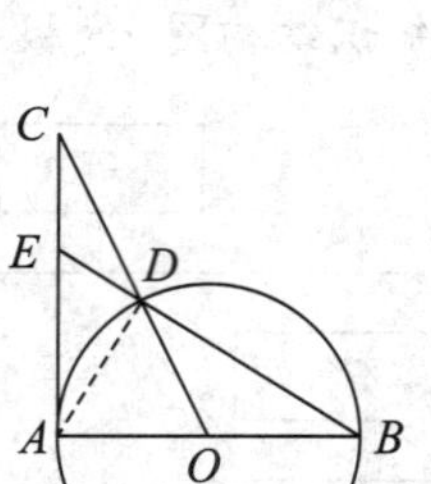

图 5-1-7

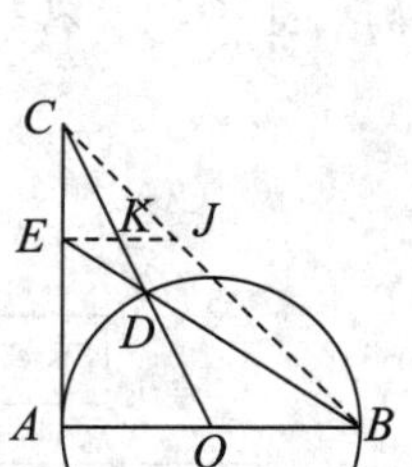

图 5-1-8

（教师一边分析讲解一边板书。）

法 1：相似三角形

如图 5-1-7 所示，连接 AD，易证：$\triangle CDE \backsim \triangle CAD$，得 $\dfrac{CD}{CA}=\dfrac{DE}{AD}$；

又 $\triangle ADE \backsim \triangle BDA$，得 $\dfrac{AE}{AB}=\dfrac{DE}{AD}$；

$\therefore \frac{CD}{CA}=\frac{AE}{AB}$，又 $AB=AC$，

$\therefore AE=CD$。

法 2：如图 5-1-8 所示，连接 BC，过 E 作 AC 的垂线交 OC 于 K，交 BC 于 J

$\frac{EJ}{AB}=\frac{CE}{CA}\Rightarrow EJ=CE$；

又 $CD^2=AC\cdot CE$，$AE^2=DE\cdot EB$；故要证 $AE=CD$，

只需证 $AC\cdot CE=DE\cdot EB\Leftarrow\frac{EJ}{DE}=\frac{EB}{AB}$，

由直角三角形相似易证。

(这个题目的证法很多，如可利用切线长关系、过 B 或 D 做切线，也可垂线，还可用代数方法或解析几何法等)

【分析】：该案例是对一道几何习题的两种证明思路的分析推理过程板书，该板书简单明了、逻辑清楚，节省时间，学生跟随教师的板书条理来思考与推理，会感到思路清楚，印象深刻，从而掌握解题策略，思维方法。

☆　案例 5-1-9　代数习题的求解分析板书

在讲解习题："已知 $a+b+c$，$b+c-a$，$c+a-b$，$a+b-c$ 构成等比数列，公比为 q。试证明：$q^3+q^2+q=1$，且 $q=a/c$。"时，教师配合讲解写下板书：

不妨设等比数列的首项为 A，则后面三项依次为 Aq，Aq^2，Aq^3，要证明 $q^3+q^2+q=1$，只需证明 $A(q^3+q^2+q)=A$，这是不难证明的。

公比 $q=\frac{c+a-b}{b+c-a}=\frac{a+b-c}{c+a-b}$，利用比例中的等比性质，不难得到 $q=a/c$。

【分析】：这个分析过程板书很简单，但解题思路和关键式子在教师的分析讲解中已经呈现清楚，便于学生抓住解题的关键，有利于启发学生的思维，有助于掌握问题分析思路和策略。

在实际数学教学中，板书板画的形式往往不是单一的，而是多种形式的综合运用。教师要根据教学内容，配合教学目标，抓住教学的重点，精选板书内容，统筹安排，使得板书新鲜、层次清楚、图文并茂，才能充分发挥板书板画的作用。

三、数学板书板画技能的微格实训

(一) 实训目标和要求

1. 实训目标

(1) 了解数学板书板画的概念、作用、要素和应用要求。

(2) 掌握数学板书板画的各种形式。

(3) 能根据教学内容，合理地设计其板书板画。

(4) 能根据板书板画设计熟练进行教学，并做到：①书写规范、作图准确；②条理

清楚、布局合理；③板书板画简明、重点突出；④板书有示范性和启发性；⑤讲解与板书板画配合得当。

2. 实训要求

（1）书写规范、有示范性。数学板书板画的字母、符号、语言、图形，都应是正确的，教师的板书不仅要传授知识，还有一个引导和训练学生养成良好书写和认真画图的任务。

（2）条理清楚、布局合理。板书板画的布局要计划周密、精心设计，只有确定好板书板画的内容，设计好板书的格式，预定好板书的位置，在课堂教学过程中，才能有条不紊地按计划进行，配合讲解灵活地加以运用。

（3）形式多样、启发思维。根据教学内容和学生实际情况，备课时要认真选择板书的类型，启发学生的思维。课堂教学中要充分利用板书板画来促进学生思考，激发学生的学习兴趣，加深理解和记忆。

（4）文字、图表科学准确。板书板画中使用的数学术语、符号、关键词语必须科学准确，不能出现混乱不清的错误。例如："a 与 b 的平方都是有理数"这种叙述是不明确的，它是指"a^2 与 b^2 是有理数还是 a 与 b^2 是有理数？若是前者应写为 a^2 与 b^2 都是有理数，若是后者应写成 a 与 b^2 都是有理数。

（5）内容简明、重点突出。数学教学板书内容要精选，做到重点突出，详略得当，不必要面面俱到。一堂结束后，通过板书就能纵观全课，了解全貌，主次分明，给人以清晰的印象。

（6）合理利用教具、辅助教学。板书要求教师书写流利清楚，也可以借助小黑板、投影仪、多媒体等现代教具进行板书板画，既节约时间，又直观形象，也是板书板画的发展和改革。但多媒体的使用不能代替数学板书板画，因为教学实践表明，数学板书板画与多媒体相比有如下优势：①更能实现数学教学目标，特别是过程性目标；②更能促进师生之间的交流；③更灵活、更有时效性。在中学数学实际教学中，一般对演示性的内容使用多媒体，而对过程性、示范性的内容使用板书板画。同时，随着电子白板的使用，多媒体与黑板的使用逐渐融合。

（二）评价

数学板书板画技能的评价是对教师板书板画的示范性、直观性、启发性等方面进行的评价。板书板画技能不仅反映在板书板画形式的选择上，更反映在板书板画过程中的书写与作图、布局、配合等要素上。因此，板书板画的评价不仅要看形式、更要看过程。

关于数学板书板画技能的评价，可以等级评价法，如表 5-1-4 所示；也可采用"2＋2"评价法，如表 5-1-5 所示。

表 5-1-4 板书板画技能的等级评价表

讲课人		评课人		成绩		
课题				评价等级		
评价项目	权重	优	良	中	差	
1. 板书设计体现了教学目标	0.15					
2. 文字符号书写规范、图形准确无误	0.15					
3. 布局合理、层次分明、条理清楚	0.15					
4. 简明扼要，重点突出	0.15					
5. 板书与讲解、演示配合得当，步调适宜	0.10					
6. 板书大小和笔画轻重合适	0.10					
7. 板书过程能启发学生思维	0.10					
8. 强化手段（如彩色粉笔、下划线、方框等）运用恰当、合理	0.10					
补充说明：						

注：其中优为 90～100 分，良为 75～90 分，中为 60～75 分，差为 60 分以下

表 5-1-5 板书板画技能的“2+2”评价表

课题		授课人		评课人	
评价项目	1. 板书板画文字符号书写规范、图形准确无误，大小轻重适宜，便于学生观察思考。 2. 板书板画布局合理，简明扼要，重点突出、层次分明、调理清楚，能够启发学生的思维。 3. 板书板画与讲解、演示配合得当，步调适宜，体现了教学目标。				
两条优点					
两条建议					

（三）实训内容与选题

1. 实训内容

(1) 练习写粉笔字（可不限内容）。每个成员在练习时认真体会握粉笔的方法、用笔的力度和写字的大小；体会如何做到板书的横排、竖排不出现倾斜，尽可能使粉笔字写得流畅工整。小组互评，纠正板书中出现的问题。

(2) 板书板画的教学设计训练。选一个课题设计板书板画，要求分栏，有正、副板书，小组成员互相用等级评价，最后评出小组优秀板书设计。指导教师点评，小组成员讨论、学习，然后修改完善自己的板书设计。

(3) 板书板画的教学训练。根据自己的板书板画教学设计，进行微格教学的角色扮演，重点关注板书板画布局、书写与作图情况、板书板画与讲解的配合情况等，可采用“2+2”方式评价。

2. 实训选题

下面提供部分板书板画的实训选题，鼓励读者对同一个课题选择板书板画的不同形式进行设计，比较其优劣。

【初中】

(1) 展开与折叠（七年级上：第一章第二节）

(2) 有理数的加减混合运算（七年级上：第二章第六节）

(3) 探索勾股定理（八年级上：第一章第一节）

(4) 从梯子的倾斜程度谈起（九年级下：第一章第一节）

【高中】(普通高中课程标准实验教科书 A 版：数学)

(1) 直线与平面垂直（必修 2：第二章第三节）

(2) 直线、圆的位置关系（必修 2：第四章第二节）

(3) 古典概型（必修 3：第三章第二节）

(4) 等比数列的前 n 项和（必修 5：第二章第五节）

(四) 实训程序

(1) 仔细阅读前面部分的理论，熟悉数学板书板画的概念、作用、要素以及应用的要求等。

(2) 学习数学板书板画的形式，研读数学板书板画各种形式的案例，并掌握各种板书板画的应用特点。

(3) 选择一个感兴趣的中学数学学习内容，应用一种与教学内容相适应的板书板画形式，进行板书板画设计，并编写板书板画的微格教案。

(4) 在教师指导下，小组内各成员讨论其板书板画设计，并修改其设计。

(5) 在小组内进行 5～15 分钟板书板画微格教学实践，并进行“2+2”评价方式自评和互评。

(6) 根据评价进行改进，并视情况而定是否重新进行微格教学实践。

第二节　多媒体技术的运用技能

随着计算机、互联网、各种计算机软件等多媒体技术的开发和利用，人类学习方式也随之发生变化。多媒体技术可以提高信息交流的速度、改善人机交互的效果、促进自主学习和探索研究。

在数学教学中，多媒体技术的使用能够在视觉、听觉上给学生更多的刺激，能够将抽象问题具体化，能够展现一些传统媒体无法展现的过程。基础教育数学新课程要求“注重信息技术与数学课程的整合”，提倡数学教学内容的呈现应该采用不同的表达方式，以满足多样化的学习需求。数学课程的设计与实施应重视运用现代信息技术，充分考虑计算器、计算机对数学学习内容和学习方式的影响，大力开发并向学生提供更为丰富的学习资源，把现代信息技术作为学生学习数学的强有力的工具，致力于改变学生的学习方式，使学生乐意并有更多的精力投入到现实的、探索性的数学活动中去。总之，现代教育技术的开发与利用是数学课程资源中一个特别重要的组成部分，熟练掌握多媒体技术的运用技能是教师专业化背景下数学教师的一项基本功。

一、多媒体技术的运用技能概述

所谓“多媒体技术”（multimedia technology）是指利用计算机对文本、图形、图像、声音、动画、视频等多种信息综合处理、建立逻辑关系和人机交互作用的技术。这种多媒体技术不同于以前的多种媒体的简单组合，而是利用计算机综合使用多种软件，处理集成多种媒体的技术。

在课堂教学中多媒体技术的运用简称为多媒体教学，也叫计算机辅助教学（computer aided instruction，CAI），是指根据教学目标，结合教学内容和学生特点，运用预先制作的多媒体课件来开展的一系列数学教学活动。多媒体课件简称课件，是利用计算机进行教学活动的一种教学系统软件，也称为 CAI 课件，它是根据教学目标和教学内容，利用计算机软件编制而成的。计算机辅助教学就是以使用课件的形式来进行的。多媒体技术的运用技能是指运用多媒体技术来辅助数学教学的一系列行为方式的总和。

（一）多媒体技术的特点

不同的媒体承载着各种不同的信息，每种媒体的教学功能与特性各不相同。与传统媒体教学相比，多媒体教学有很多优势，主要具有集成性、多样性、可重复性、交互性等特点。

（1）集成性。集成性是指多种媒体可以集成的特点。在多媒体教学中，可以把文字、声音、图片、图像、视频和动画等多种媒体的信息通过计算机进行交互式处理，综合了多种媒体的功能，形成一个统一的整体。

（2）多样性。多样性是指不同媒体的表现形式多样。不同的媒体，对事物的时间与空间、运动与静止、色彩与声音等特征的表现力是不同的。由于计算机集成了多种媒体的功能，所以多媒体既可以呈现动态形式，也可以呈现静态形式，具有直观、形象、生动的特点，表现形式多种多样。

（3）可重复性。可重复性是指多媒体技术的运用使教学内容可以重复出现。传统的板书板画一旦擦掉，就难以重现，现场的声音也会即刻消逝。运用多媒体技术，可以让幻灯片、投影、录音、录像和电影等等媒体根据教学要求进行储存和反复播放。多媒体课件储存的一切信息也能按照教学的要求重新呈现。所以多媒体技术的运用具有可重复性的特点。

(4) 交互性。交互性是指人机交互的特点。计算机具有人机交互的功能，并且具有友好的交互界面。教师和学生都可以和计算机进行交互。教师可以操纵计算机来控制教学的进程，调节教学内容和难度。学生可以根据自己的实际需要去控制学习的内容、难度和进度，进行个别化的学习。同时，这种交互性也能调动学生的学习积极性，充分发挥学生的主体作用，促进学生学习方式的改变。

由此可见，多媒体技术在教学上的运用具有独特的优势，数学教师要充分利用多媒体技术的这些特点来辅助数学课堂教学。

(二) 在数学课堂教学中运用多媒体技术的作用

由于多媒体具有强大的集成功能，能将文字、图片、声音、视频、符号、动画等多种信息进行集成；也能根据教师数学课堂教学的需要及时更改变化；在操作上只需要鼠标或投影笔等，更能轻易实现人机的交互式教学；还能突破传统教学在时间和空间上的限制。所以，与传统媒体相比，多媒体技术的运用对教学内容、教学手段、学习形式都产生了巨大的影响，对数学教学有重要的作用。

(1) 直观形象，激发学生主动参与。中学生的年龄特征决定了其对新鲜事物具有强烈的求知欲。多媒体的形象生动、画面美观、动静自如等特点，可以使有些索然无味的教学内容变得生动有趣，充满吸引力。多媒体创设的“真实”的数学问题情境，使学生有身临其境的感觉，心理活动和思维活动迅速处于积极的兴奋状态。计算机的人机对话、模拟时空、角色扮演等手段，让学生在快乐的学习环境下积极参与，轻松愉快地完成学习任务。多媒体技术的运用可以把文字、图片、声音、视频、符号、动画等集于一体，为学生提供丰富的媒体刺激。将视觉、听觉相结合，手脑并用，促进学生积极思考，主动投身到有趣的学习活动中去。

例如，在“等差数列前 n 项和”的导入中，教师运用多媒体呈现图 5-2-1，并配合讲解：在这个泰颐陵内有很多珍贵的宝石，它们是这样摆放的（图 5-2-2）：第一层 1 颗，第二层 2 颗，第三层 3 颗，以此类推，共 100 层，问一共有多少颗宝石？

宝石数量：$1+2+3+4+\cdots+999+100=?$

图 5-2-1　泰颐陵

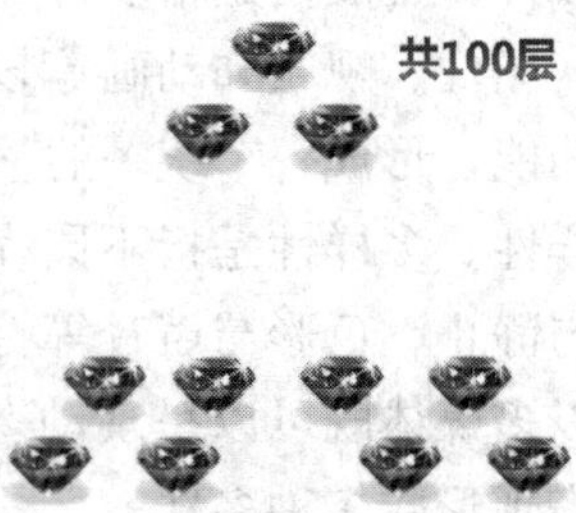

图 5-2-2　宝石的摆放

这样利用美观生动的图片，将数学问题与实际问题联系起来，使学生感受数学问题源于生活，生动有趣，能有效激发学习兴趣。

(2) 再现模拟，促进理解和探究。有时因学生缺乏相关的知识背景，或因数学知识本身比较抽象，而感到学习困难。多媒体课件可以制作动画，展现过程，使一些抽象问题具体化。这样可以促使学生积极探索，借助多媒体的直观演示，多角度、多方位地理解和掌握数学知识。利用 PowerPoint、几何画板和 Authorware 等软件，能够针对教学中的实际需求，制作一些动态软件，模拟和再现一些数学知识发生变化的过程。这样不仅较好地表现数学问题内在的关系和变化过程，而且能够以问题驱动的方式，启发学生的思维，引导学生更好地探究、理解和掌握数学知识，尝试各种解决问题的途径。

(3) 高效多能，变革教学结构和学习形式。在日常的数学课堂教学中，教师的书写或画图就有可能需要比较多的时间。多媒体技术的运用，可以对较长例题题目，或者任何需要书写在黑板上的例题都可以预先制作在幻灯片上，同时还可以制作规范的解答。多媒体教学可以使学生处于多种媒体的刺激下，接收更大量的信息，获得的更多知识，这样可以节省大量的时间。利用这些时间可以从容地安排学生的学习活动，如看一看、猜一猜、试一试、想一想、做一做、议一议等活动；还可以采用指导自学、独立练习、协作交互、网上学习等各种形式，使课堂教学结构和学生学习方式发生本质的变化。

例如，在习题课的教学中，可以事先做好题目、图形的幻灯片，省去书写和画图的时间，留下的时间可用于师生共同分析题目，探索求解等等。

(4) 动态交互，准确反馈和调控。数学课堂教学必须重视信息反馈过程，只有利用反馈出的信息状态与预期目标加以比较，才能有效地调控教学过程。数学教学实践表明，反馈越及时，学生的数学学习效率越高，反馈信息的转换频率就越高，教学效果就越好。多媒体技术的运用，具有高效、及时、多向和动态等特性，能及时准确的反馈教学信息，并适时调控教学过程。

例如，课堂上学生完成练习后，教师可以利用幻灯片投影，选择有代表性的解法和学生存在共性的问题，及时投影，师生共同评议，进行信息双向交流。这种双向交流便于教师尽快发现学生的不足之处，及时准确地采取相应的措施加以弥补和改进，对数学课堂教学进行有效调控。

(5) 媒体刺激，渗透情感态度价值观。数学教学中，需要达到渗透情感、态度和价值观的教学目标，但学生往往很难接受老师讲“大道理”。可以利用多媒体强烈的感官刺激，让学生在探究数学知识的发生发展过程中，获得积极的情感体验，体会数学思想方法、感受数学的价值等。

如在“轴对称现象”的课堂教学，上课一开始先播放一段视频，如图 5-2-3、图 5-2-4、图 5-2-5 分别是北京的故宫、京剧脸谱、蝴蝶等，这些实际生活中的事物的对称美给学生强烈的刺激，既能增强学生的民族自豪感，又让学生观察到了生活中的自然之美，从而惊诧于数学之美，感受数学知识的应用价值。

图 5-2-3　故宫

图 5-2-4　京剧脸谱

图 5-2-5　蝴蝶

总之，多媒体技术的运用，可以改变教学模式，丰富教学内容，完善教学手段，给数学教学增添无穷的魅力，可以收到良好的教学效果。

（三）多媒体技术运用技能的构成要素

多媒体教学系统是一个由硬件、软件和课件组成的计算机应用系统，它们之间相互配合与支持，共同作用于数学教学，以实现 CAI 的教学活动。因此，多媒体技术的运用技能包括软件的使用、硬件的使用和课件的制作与使用等三个要素。

(1) 硬件的使用。硬件是指多媒体数学教学系统的设备，主要有媒体计算机（含声卡、电视卡、Modem 等)、投影设备（投影仪、大屏幕彩电和视频展示台等)、视频设备(DVD、录像机等)、音响设备（录音卡座、功率放大器、音箱等)。教师必须了解这些常用设备的基本功能，掌握它们的基本使用方法，为多媒体教学做好准备。

(2) 软件的使用。操作系统一般采用 Windows 操作系统；文字处理主要用 Microsoft Office 中的 Word；数学符号的编辑可以用 Word 中的公式编辑器或 MathType 等软件；多媒体教学软件主要有 Microsoft Office 中的 PowerPoint、几何画板、Excel、Flash 、Mathematic、Z+Z 智能平台、Authorware、图形计算器等，教师可以利用这些软件来自己编制多媒体教学课件。数学教师首先要熟练掌握基本的文字处理技能、数学符号的编辑技能、制作 PPT 的技能、几何画板的运用技能，然后根据实际需要选择性地掌握其他软件的使用方法。

(3) 课件的制作与使用。数学教学软件多种多样，功能各异。课件的形式要为数学教学内容服务。一切先进软件的使用都是辅助手段而不是目的。教师要认真分析教学目标，把握具体教学内容的特点。有的内容要求静态演示，如例题、练习的出示，结论的展示等等；有的要求动态展现，如探索活动中图形变化的过程展示等等；有的要求及时反馈调整，产生交互性作用，如问答的依次出现、输入参数获得不同结果等等；有的要求个别化享用信息和独立探索等等。只有明确数学教学的具体需求，选择适当的工具软件，才能编制出符合教学实际的课件，正确使用这些课件，以达到更好的教学效果。

二、数学多媒体课件的常用工具软件简介

在数学教学中，课件的制作和使用是为数学教学服务的。通常情况下，教师需要花很多时间来进行数学教学设计，比如对教材的分析把握，对学生情况的分析和处理，选择正确的教学方法等，所以教师的教学任务都比较繁重，不可能把大量的时间花费在日常课件的制作上。因此，数学教学软件一定要让教师容易学会、操作简便，同时还要达到教学中所需要的效果。下面介绍几种常见的简单易学的软件，供读者在需要时参考。

（一）PowerPoint 幻灯片

PowerPoint 是一款当前被广泛应用的教学软件，简称 PPT。它是 Microsoft Office 的系列组件之一。由于 PPT 编辑多媒体的功能相对强大，所以被广泛应用在了课件制作上。PPT 的特点是无需编程、简单易学。一个没有任何基础的教师经过几分钟的培训就

可以制作出课件，经过几个小时的培训就可以做出漂亮适用的课件。几乎所有教师都以PPT作为基本课件，然后将丰富的图片、动画、声音等融入其中。由于PPT具有强大的超级链接和控件功能，可以实现和其他软件的交互作用。善于实践的教师可以发现，PPT不仅简单易学、快捷适用，而且在和其他软件配合下几乎可以实现数学教师所需要的大多数动画演示效果。如图5-2-6所示，就是利用PPT把文字、图形、链接等组合在一起的一张幻灯片。

想一想？
船有无触礁的危险？
如图，海中有一个小岛 A，该岛四周10海里内有暗礁。今有货轮由西向东航行，开始在 A 岛南偏西 55° 的 B 处，往东行驶20海里后到达该岛的南偏西 25° 的 C 处之后，货轮继续向东航行。你认为货轮会有触礁的危险吗？
分析　辅助线　解答

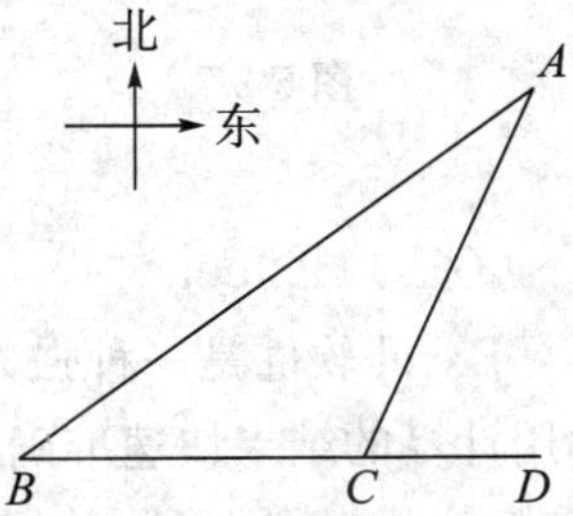

图5-2-6

（二）几何画板

几何画板是美国研发的非常适合数学教师使用的一款优秀软件，它特别适用于平面几何、解析几何、立体几何、代数、三角等课程的教学。几何画板最大的特色是“动态性”，能在变化的状态下揭示不变的数学关系。几何画板的动态演示能给学生最直观的感受，使抽象的问题变直观、枯燥的内容变有趣、静态的变动态，极大地提高学生学习数学的兴趣。几何画板为老师和学生提供了一个观察和探索几何图形内在关系的环境，有些教学内容完全可以让学生自己动手操作、观察分析，提高教学效果。

几何画板以点、线、圆为基本元素，通过对这些基本元素的变换、构造、测算、计算、运动、跟踪轨迹等，构造出其他较为复杂的几何图形。几何画板还可以通过超级链接的方式和PPT结合在一起。对于目前版本较高的几何画板则可以通过控件的方式直接组合在PPT中。

几何画板的课件在制作上非常简单，一切操作只需要了解工具栏和菜单，不需要编制任何程序。例如，“利用几何画板绘制函数 $y=ax^2+bx+c$（$a\neq0$）的图像，并探究系数 a、b、c 对函数图像的影响。”首先利用几何画板作一个 $y=ax^2+bx+c$（$a\neq0$）的图像，然后可以点击【动画参数】，使 a、b、c 的值变动起来，图形也随之运动起来，再次点击【动画参数】，则图形定格在这一瞬间，a、b、c 的值也固定下来。师生可以操作演示动画，让学生观察系数 a、b、c 对函数图像的影响，从而得出结论。如图5-2-7和图5-2-8所示，分别是抛物线开口向上和开口向下的情况。又如“直线 $y=kx-1$ 与双曲线 $x^2-y^2=4$ 没有公共点，求 k 的取值范围。”如图5-2-9，利用几何画板作出双曲线 $x^2-y^2=4$ 的图像，过点（0，－1）作直线 $y=kx-1$，变动 k 值得到不同的直线，然后让学生观察动直线 $y=kx-1$ 与双曲线 $x^2-y^2=4$ 的交点情况，求出 k 的取值范围。这种解决问题的方法直观形象，动态演示直线的变化过程，体现了几何画板的独特作用。

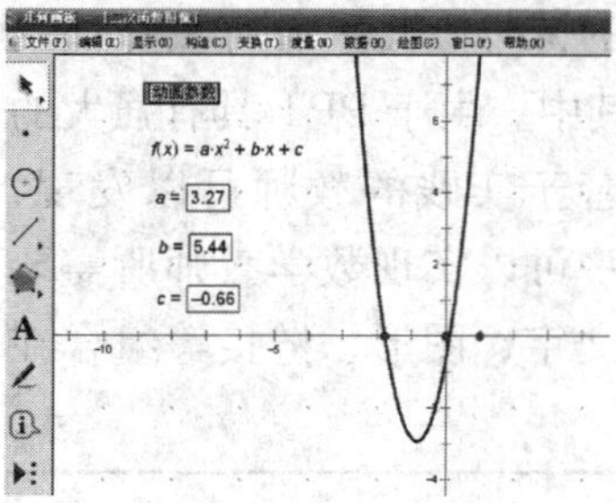

图 5-2-7

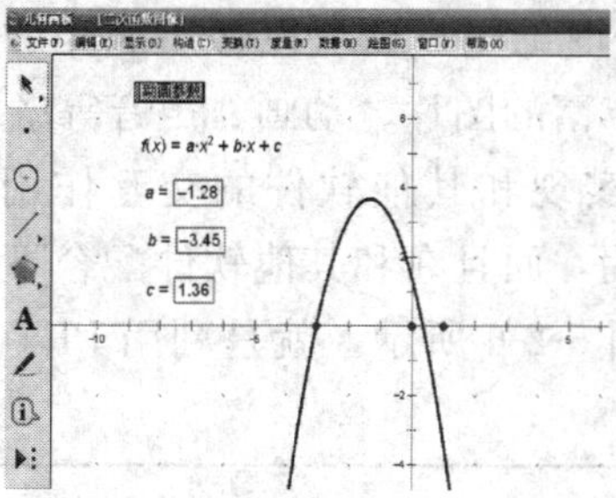

图 5-2-8

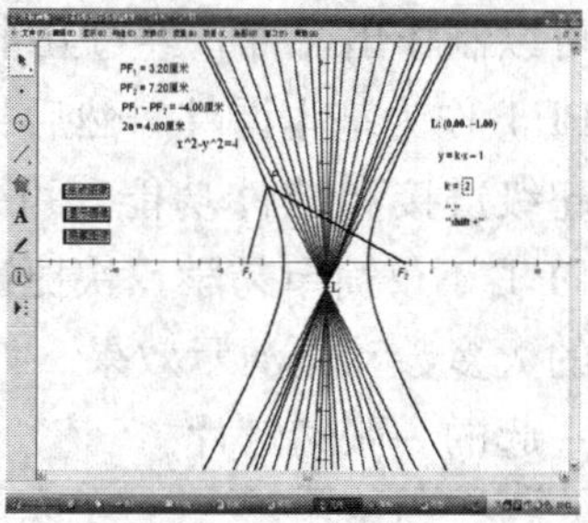

图 5-2-9

（三）Excel

Excel 软件是一种强大的数据统计和数据分析软件，不仅可以进行公式计算，还可以利用计算的结果快速准确地做出直观的图像。例如高中必修教材中就有“用 *Excel* 绘制函数 $y=x^3$ 的图像”的阅读材料。如图 5-2-10 所示，首先在 A 列输入一些 x 的值，把光标移到 B 列，编辑计算法则【=POWER（A：A，3)】，回车，则产生对应的函数值；然后选中数据区域 A、B 列，执行【插入—图表】命令，在【图表类型】中选择【XY 散点】，然后根据对话框的要求进行操作，就可得到如图 5-2-11 所示的函数 $y=x^3$ 的图像。

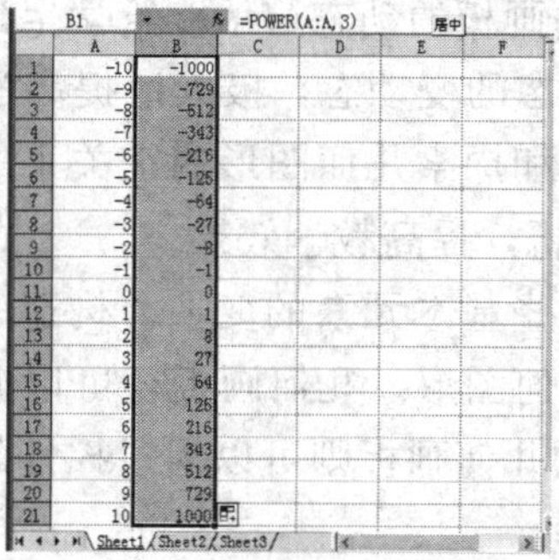

图 5-2-10

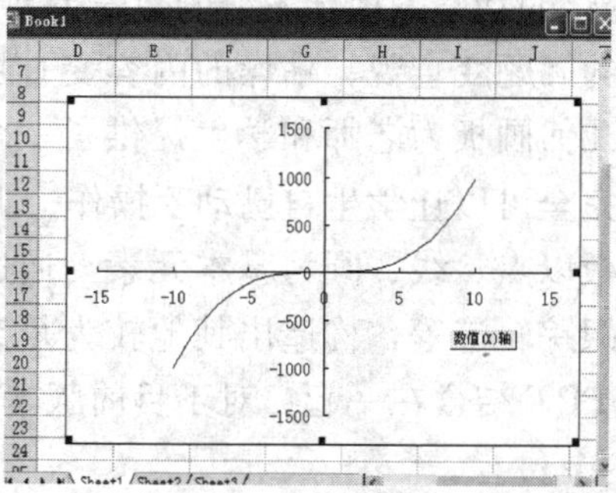

图 5-2-11

（四）Flash

Flash 是一款二维矢量的动画制作软件，功能强大。其主要特点是：①矢量动画形式，缩放自如，图像清晰完美；②多种媒体交互式集成；③资源库内容丰富，取用方便；④生成的课件小，可以打包成可执行文件独立运行。用 Flash 动画的好处是可以作为控件直接放在 PPT 当中，而且它所占有的空间是比较小的。

如，在“轴对称”的学习中，如图 5-2-12 所示，先利用 Flash 制作出图形对折的动画，点击【翻折】则右边的图沿着虚线向左翻折，在图 5-2-13 中，再启发学生来探索轴对称图形的概念和性质。

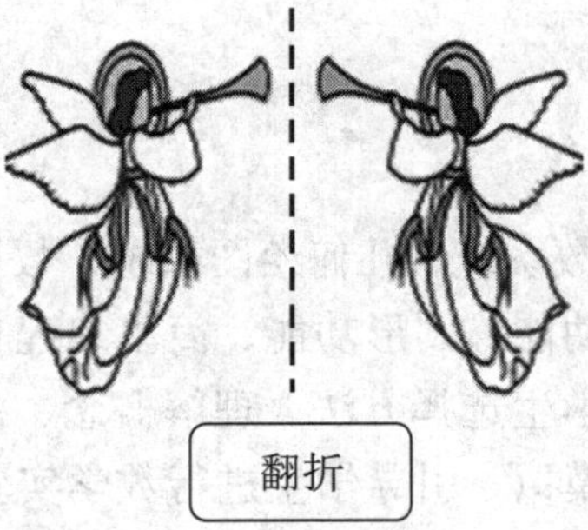

图 5-2-12　“轴对称”学习示例

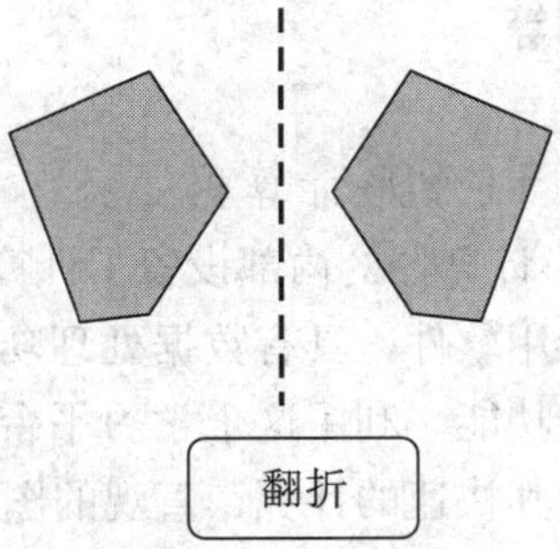

图 5-2-13　启发探索

（五）Authorware

Authorware 软件是开发因特网和教学应用的“多媒体大师”。它是一种基于图标和流程线的多媒体开发工具，主要承担多媒体资源的集成和组织，操作简单，程序流程简单明了，开发效率极高。Authorware 有显示、擦除、交互、计算、声音、电影等十几个图标，形成完整的系统。它把各种多媒体素材交给其他软件处理，结合其他软件共同实现多媒体的多种功能。其主要特点有：①面向对象的可视化编程；②丰富的人机交互模式；③丰富的媒体素材的使用方法；④强大的数据处理能力。

（六）Mathematic

Mathematic 是美国 Wolfram 公司开发的一个功能强大的数学软件系统。它主要包括：数值计算、符号计算、图形功能和程序设计。Mathematic 的主要特点是：①数值和符号运算的功能强大；②丰富的图形表示；③编程简单，其命令句法惊人地一致，这个特性使得 Mathematic 很容易使用。即使不太熟悉计算机的人，也能够迅速了解 Mathematic 的基本使用过程。

例如，在区间 [0，2π] 上作出 $y=\sin x$ 与 $y=\cos x$ 的图形（图 5-2-14）。输入 Plot [{Sin [x]，Cos [x]}，{x，0，2Pi}]，则输出图 5-2-14。

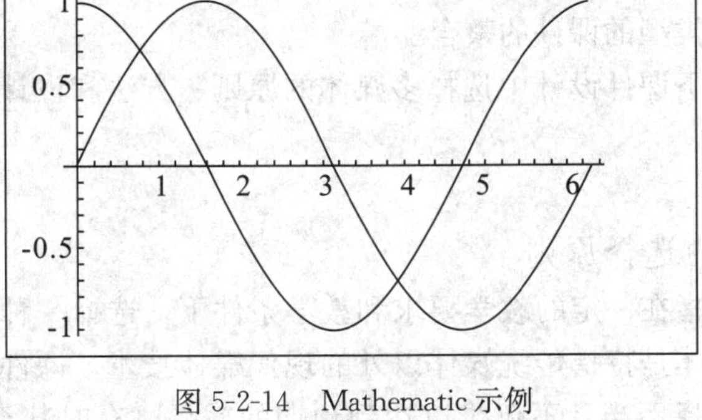

图 5-2-14　Mathematic 示例

（七）Z+Z 智能平台

Z+Z 智能平台是由中国科学院成都计算机应用研究所张景中院士研制开发的计算机软件平台，它是平面几何、立体几何和解析几何等数学课程的知识平台，适合师生在这个平台上进行“二次开发”，特别有利于教师在课堂上演示教学、学生进行个别化学习和创新研究等等。

（八）TI 图形计算器

TI 图形计算器的内部设置了计算机符号代数系统、几何绘图系统、数据处理系统等数学教学专用软件，具有数据处理功能、函数功能、图形功能、简单编程功能和进行一些数理实验功能。利用这个学习平台，有利于学生选择方法、理解概念、活跃思维；教师可以借助其快速的计算、直观的图形和仿真模拟，引导学生进行数学实验和探究。TI 图形计算器具有体积小、交互性和实用性强以及应用广泛的特点。

其他软件工具还很多，如媒体素材处理软件“豪杰解霸”、只需“搭积木”就可编制出精美课件的“速龙软件”等等。新的工具软件也层出不穷，这里就不详细介绍了。其实，以上介绍的工具软件并不需要每一种都掌握，而是要根据教师自己的计算机基础和教学实际进行学习，从最简单常用的 PPT 开始，逐步掌握几何画板、Excel 等更多软件的使用方法，灵活自如地选择软件，编制出最适合的数学教学课件。

如果数学教师暂时还没有掌握某些软件的使用和制作课件的方法，可以采用收集修改的方式，平时积累一些素材，在需要这种软件的独特功能（如动画等）来突出课堂教学效果的时候，进行提取和使用。

三、多媒体技术的运用及案例分析

多媒体技术的运用技能具体表现为：根据具体的教学内容和教学目标，在整个教学设计的框架下，将教学设计中的教学活动和其他媒体有机结合，形成多媒体课件的设计方案，然后利用软件进行课件的制作并付诸于教学实践。

多媒体课件的分类方法很多，按照课件设计的教学活动的不同，可以把课件分为演示型课件、练习型课件、自主学习型课件、模拟型课件、游戏娱乐型课件等等。根据课件结构的不同，可以分为直线型课件、分支型课件、模块化课件、积件型课件等等。根据课件运行途径的不同可以分为单机版和网络版两种。一节数学课的课件可能是一个类型的课件或者是多个类型的课件的整合。

下面简要介绍一下课件设计中选择多媒体的原则、方法和设计过程，并给出多媒体课件的案例分析。

（一）多媒体的选择原则

多媒体的选择是指在一定的教学要求和教学条件下，选择一种或一组适宜可行的教学媒体，这里的多媒体是特指传统媒体以外的现代媒体技术。课件的设计必然涉及多媒体的选择，多媒体选择不当，不仅难以达到预期的效果，有时甚至会起到相反的作用，所以多媒体的选择至关重要。多媒体的选择必须遵循目的性、针对性、交互性、可行性和适度性等原则。

（1）目的性原则。目的性原则是指多媒体的选择必须明确教学目标和设计意图，使学生把注意力集中在重要的教学内容上。多媒体的选择和使用是为教学目标服务的。所以一定要明确教学目标，从而为多媒体的选择指明方向。教师必须思考：使用多媒体是为了演示示范过程，还是展现几何图形变化的过程？可以达到教学目标吗？如果教学目标是发展运算能力，则学生主要通过演算练习，则根本不需要什么动画设计，用幻灯片或小黑板准备好练习题就可以了。

(2) 针对性原则。针对性原则是指选择的多媒体必须针对教学对象、教学内容。不同年龄的学生、不同知识起点的学生，对同样的多媒体的反映是不一样的，教学效果也各不相同。

(3) 交互性原则。交互性原则是指多媒体教学是多向交互作用的，对于创设情境、课堂提问、例题练习活动、测试反馈、应答纠错等内容的所有交互界面都需要精心设计，使课件的交互性优势得以发挥作用。

(4) 可行性原则。各种多媒体的性能各不相同，在教学中发挥的作用也不同，而学校的教学环境、教学软件和硬件设备等也不相同，教师实际驾驭多媒体和课堂的能力也不同，选择多媒体要结合实际，设计出切实可行的课件。所以多媒体的选择必须遵循可行性原则。

(5) 适度性原则。有的教师过度依赖多媒体，以为教学过程就是演示多媒体的过程，其实这是完全错误的。多媒体要以满足教学需求为目的，任何滥用、乱用多媒体的教学都有可能无法达到较好的教学效果，难以完成教学目标。所以多媒体的使用一定要适度、适量、适合。

(二) 多媒体的选择方法

多媒体选择的方法很多，主要依据教学目标、教学内容、动静要求、交互与否来进行选择。

(1) 目标选择法。教学目标不同，选择的多媒体也不同，教师可以根据自己设计的教学目标进行选择。表 5-2-1 给出了一个教学多媒体和教学目标的优选关系表，供大家参考。

多媒体选择后，教师还需要对选出的教学多媒体进行整合以便于使用。比如对多媒体集中进行适当编制、轮流使用或同步呈现各自信息；或将各种多媒体的功能集合起来，组成多媒体系统，如声画同步、幻灯、交互视频系统等。教师还要对人机功能的合理分配进行全面的思考，协调配合，以达到最好的教学效果。

(2) 教学内容选择法。教学内容与具体的可观察物无关的，则直接采用适当的讲解、阅读教材、看黑板等方式进行教学，不必使用多媒体；教学内容与具体的可观察物有关且易于观察的，则让学生直接观察实物，不必使用多媒体；需要观察却又不易观察到的，则需要借助于多媒体进行观察。

(3) 动静选择法。如果被观察对象只需要平面静止呈现的，则使用图形或照片；如果被观察对象需要立体呈现的，则使用三维动画；如果被观察对象的动作需要学生识别或模仿的，则使用二维动画或者活动影像视频。

(4) 交互与否选择法。如果不需要人机交互，则使用传统媒体即可；如果需要人机交互，则选择现代多媒体。

表 5-2-1　教学媒体和教学目标的优选关系表[①]

多媒体类型	教学目标					
	学习事实	学习直观判别	学习概念定理法则	学习技能化的知觉动作	感受过程	发展态度、观点、动机
静止图像	+	++	+	−	+	−
电影	+	++	++	+	++	+
电视	+	+	++	−/+	+	+
三维物体	−/+	++	−	−	−	−
录音	+	−	−	−	+	+
程序化教学	+	+	+	−	++	+
演示	−	+	−	+	++	+
书面材料	+	−	+	−	+	+
口头表述	+	−	+	−	+	+

注：++、+、−分别表示高、中、低。

（三）多媒体课件的设计过程

多媒体课件的设计与其他软件设计过程相同，主要有需求分析、教学设计、脚本设计、课件制作等过程[②]。

（1）需求分析。需求分析就是对课件要达到的目的和要求进行分析。可以首先提出以下问题进行思考：①首先明确课件要干什么用？解决什么问题？②在各种手段中，使用计算机软件是否是最佳的方案？③是否有必要花时间和精力来制作这个课件？④在知识和技能方面的目标如何实现？⑤教学内容的重点和难点是什么？⑥传统的教学方法为什么不能解决？⑦利用多媒体课件如何解决传统教学所不能解决的问题？⑧教学对象有什么特点？课件会适合他们吗？

（2）教学设计。教学设计主要包括确定教学目标、分解教学目标、选择教学策略和方法、选择教学媒体、设计教学活动等等（详见第三章的相关内容）。一般情况下，多媒体课件的教学设计是整堂课教学设计的组成部分之一。

（3）脚本设计。脚本设计是将课件的教学设计进一步细化，具体到课件的每一帧所要呈现的信息、画面的具体设计、交互方式以及学习过程的控制等细节。脚本设计是开发课件的直接依据，课件脚本的编写将直接影响到课件的制作。脚本内容必须说明需要显示在屏幕上的内容、音响系统发出的声音以及所有这些内容输出的具体顺序和方式。

（4）课件制作。课件制作就是将前面各环节的工作在计算机上具体实现的过程。主要是收集、加工素材和多媒体集成等工作。

① 引自：何小亚和姚静（2008）。

② 引自：黄宇星等（2007）。

（四）多媒体课件的案例分析

数学课内容丰富，不能一一说明如何运用多媒体，下面对六个数学课的多媒体课件进行案例分析。这些案例分别涉及概念、公式、定理、习题、复习和问题解决等内容，其中多数案例只是课堂教学的片断展现，有的课堂也许只需要这么一点多媒体课件即可，有的也许还有其他多媒体课件的使用，这里不一一详述。

☆ 案例 5-2-1 等比数列前 n 项和（片断）

师：如图 5-2-15 所示，这是印度国际象棋发明者西萨，由于他发明了国际象棋，国王非常高兴，于是问他要什么奖赏，他说要麦粒。麦粒数是这样的：在国际象棋棋盘上第一格放 1 粒，第二格放 2 粒，第三格放 4 粒，第四格放 8 粒，以此类推，每次翻一倍，把每个格子都放完，如图 5-2-16，结果国王不但没有答应他的要求，反而把他杀了。

图 5-2-15 西萨

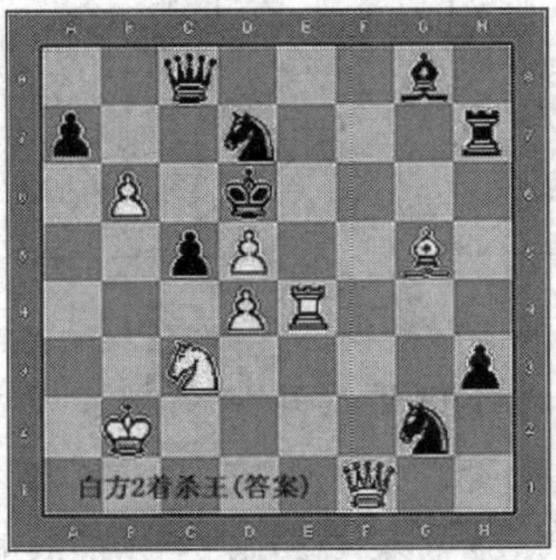

图 5-2-16 国际象棋

问：同学们，你们知道西萨要的是多少小麦吗？

（引导学生写出麦粒总数为：$1+2+2^2+2^3+\cdots+2^{63}$。）

问：国王为什么要杀他？当我们学习完等比数列求和公式后，大家就会明白了。因为他要的实在太多了。

【分析】：这个案例运用 PPT 呈现了印度国际象棋发明者西萨本人的头像和国际象棋棋盘，让学生身临其境地进入到教师创设的“等比数列求和”问题情境中，并清晰地表达出所要解决的问题本质，同时由故事产生悬念，吸引学生主动积极地探索一个究竟，生动形象地导入了问题。

☆ 案例 5-2-2 探索勾股定理（片断）

（在探索学习勾股定理后，可以作如下介绍：）

师：勾股定理的证法很多，目前世界上可以查到的方法有 500 余种，下面首先介绍我国古代两种证法。

如图 5-2-17 所示，这是公元 3 世纪我国汉代数学家赵爽在为《周髀算经》作注时给出的“弦图”。（教师对该图进行简要的解释和说明）

问：大家可以利用这个图来证明勾股定理吗？

（学生探索、讨论、交流，教师说明、启发。详细证明过程略。）

师：如图 5-2-18 所示，这是我国数学家刘徽在他的《九章算术注》中给出的“青朱出入图”。(教师对该图进行简要的解释和说明。)(运用几何画板动态演示移补拼接的过程。)

问：大家可以利用这个图来证明勾股定理吗?

(学生探索、讨论、交流，教师说明、启发。详细证明过程略。)

师：同学们，我们中国古代的数学水平很高吧？大家有什么感受?

问：如图 5-2-19 所示，这是 2002 年在我国召开的世界数学家大会的会标，它与图 5-2-16 有什么联系？它的设计用意是什么?

师：下面我们来应用勾股定理解决一个实际问题。在我国古代数学著作《九章算术》中记载了一道有趣的问题：“有一个水池，水面是一个边长为 10 尺的正方形。在水池正中央有一根新生的芦苇，它高出水面 1 尺。如果把这根芦苇垂直拉向岸边，它的顶端恰好到达岸边的水面（图 5-2-20），请问这个水池的深度和这根芦苇的长度各是多少?”

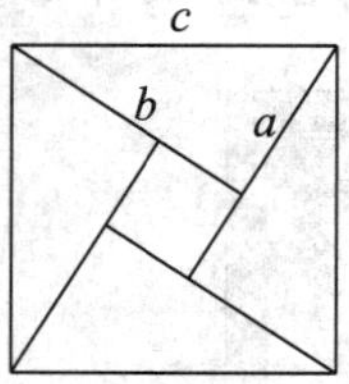

图 5-2-17

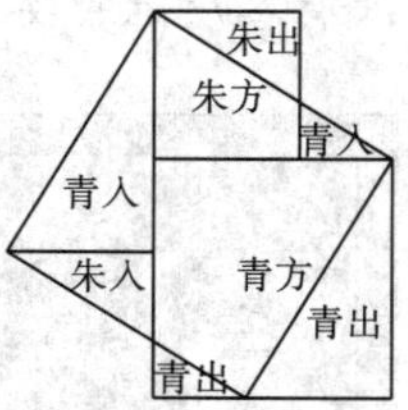

图 5-2-18

图 5-2-19

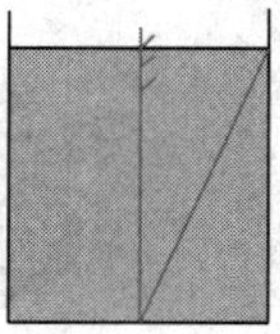

图 5-2-20

【分析】：该案例运用几何画板、动画演示、图片等多媒体技术，让学生在这些具体的问题情境中探索、讨论、交流，了解勾股定理的历史和我国古代辉煌的数学成就，追随古人的足迹，重新探索勾股定理的证明，体会古人方法的精妙之处；由数学家大会会徽呈现赵爽“弦图”来激发学生的爱国热情，激励学生发奋学习；还在充满生活情趣问题情境中，运用勾股定理，体会到数学与生活实际的紧密联系。同时因一组多媒体技术的综合运用，不仅呈现了鲜活的问题情境，有利于学生的积极参与数学课堂探索、交流活动；而且也使该数学课堂逻辑线索（勾股定理的古代两种证明思路—现代数学家大会会徽的呈现—实际应用）清晰，层次分明，并增加了数学课堂教学的容量。

☆　案例 5-2-3　讨论函数 $f(x)=kx+b/x$ 的单调性（片段）

师：函数 $f(x)=kx+b/x$（其中 k，b 为非零常数）中含有一次函数和反比例函数，但是它的图像我们不清楚。k、b 的符号也可能变化，所以情况比较复杂。下面首先利用几何画板作出函数 $f(x)=kx+b/x$ 的图像。

(演示：教师利用计算机，在几何画板窗口演示作函数 $f(x)=kx+b/x$ 的图像。)

问：现在我点击图标【k、b 值的变化】，大家观察图像随 k、b 值的变化而变化的过程，分析出变化的规律?

(教师多次点击图标【k、b 值的变化】，进行变动和定格的操作，学生观察思考。)

生：$k>0$，$b>0$ 时的图像如图 5-2-21 所示；$k>0$，$b<0$ 的图像如图 5-2-22 所示；$k<0$，$b>0$ 时的图像如图 5-2-23 所示；$k<0$，$b<0$ 的函数图像如图 5-2-24 所示。由此观察，得到它们的单调性是……

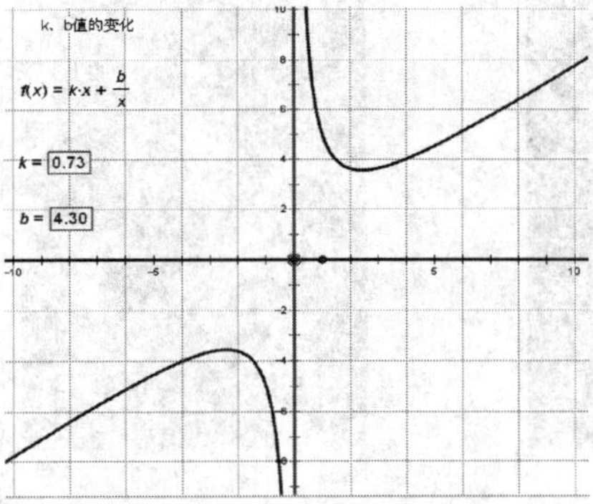

图 5-2-21

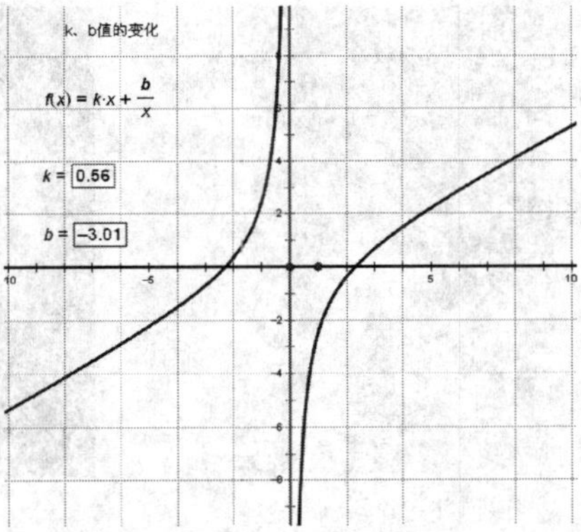

图 5-2-22

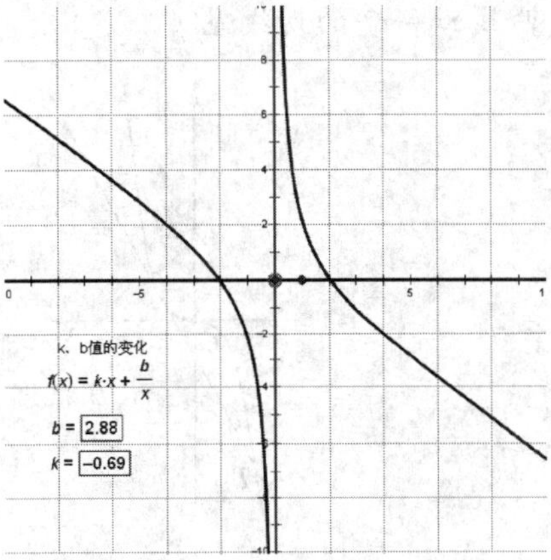

图 5-2-23

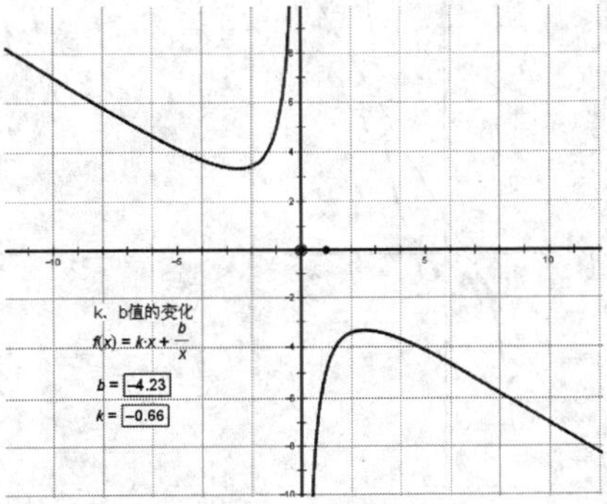

图 5-2-24

【分析】：讨论函数的单调性有很多中方法，用传统的作差法和求导法都可以讨论出该函数的单调性，但是这样的理论推导只能让我们了解这个函数的大致趋势，在黑板上也很难凭借这点信息画出大致图像，更不用说精确的函数图像了。仅凭理论研究学生理解起来感觉很抽象，印象也不深刻。这里通过几何画板在不做任何求解判断的情况下，利用动画使得图像的变化得以直观呈现，观察分析，得出函数单调性的规律。这样学生对这种重要的函数模型 $f(x)=kx+b/x$ 的图像印象深刻，也深刻理解了图像如何随着 k、b 取值的变化而变化，函数单调性甚至其它的性质也直观形象地呈现在学生面前，完全可以观察和感知。同时，启示学生学习方法可以改变，可以利用几何画板来自己作图、亲自实践、探索分析，自己找出问题的答案。

☆　案例 5-2-4　导数的几何意义（片段）

问 1：已知某物体的运动轨迹，如图 5-2-25 所示，我们如何确定它的速度方向呢？

问 2：很容易画出平面的反射光线，那么在如图 5-2-26 所示曲面上光又是如何反射的呢？

问 3：很容易确定斜坡的坡度，但如图 5-2-27 所示的拱桥坡度又如何确定呢？

图 5-2-25

图 5-2-26

图 5-2-27

问 4：怎样确定 $y=x^3$ 的切线呢？是和它有唯一公共点的直线吗？如图 5-2-28 所示，观察运动的直线 PT，它运动到什么位置才是曲线 $y=x^3$ 的切线呢？

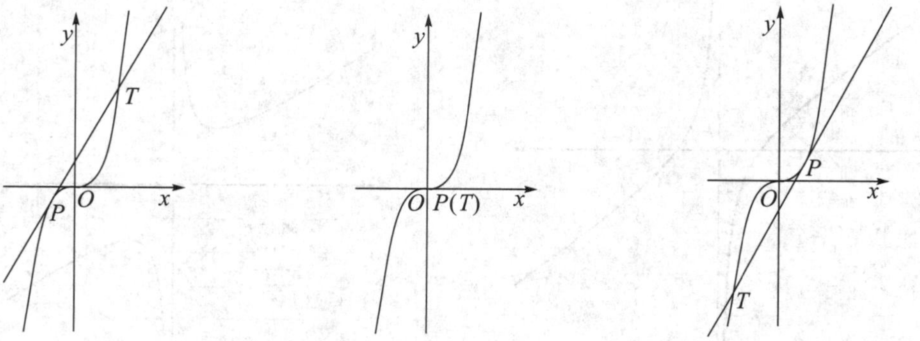

图 5-2-28

问 5：如图 5-2-29，怎样确定 $y=\sin x$ 的切线呢？是和它有唯一公共点的直线吗？观察运动的直线 PT，它运动到什么位置才是曲线 $y=\sin x$ 的切线呢？

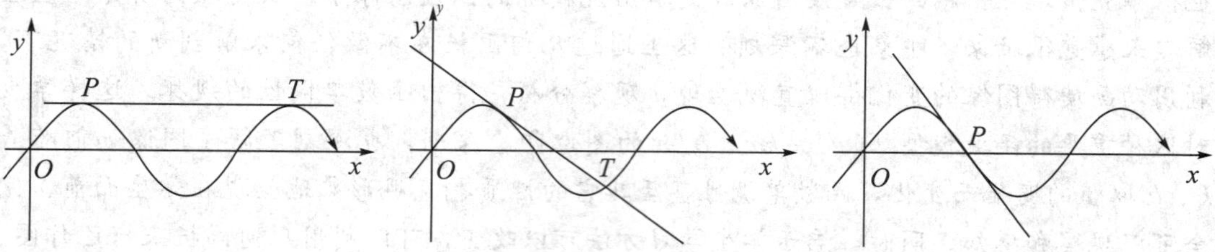

图 5-2-29

【分析】：该案例首先运用 PPT 呈现现实生活问题情境，由导数的最初研究历史引入本节课的正题。这样引入，学生对将要学习的数学内容会有一种亲切感，感觉它并不陌生，就在身边，并可用于日常生活。然后运用几何画板制作函数图像，利用其动画功能让直线运动起来，最后到切线的位置，揭示图像切线的本质意义：不是和曲线的交点个数，而是与曲线“切于某点”的状态，即割线运动到两个割点重合的极限位置。这种运用多媒体技术的教学设计，让学生直观感知图像和运动的过程，揭示切线和割线的关系，发现“切线是割线运动到两个割点重合的极限位置”，从而突破教学难点，这是传统媒体无法展现的。

☆　案例 5-2-5　等腰三角形习题课（片段）

已知：如图 5-2-30，$\triangle ABC$ 中 $\angle C=2\angle B$，$AD\perp BC$ 于 D。求证：$BD=AC+DC$。

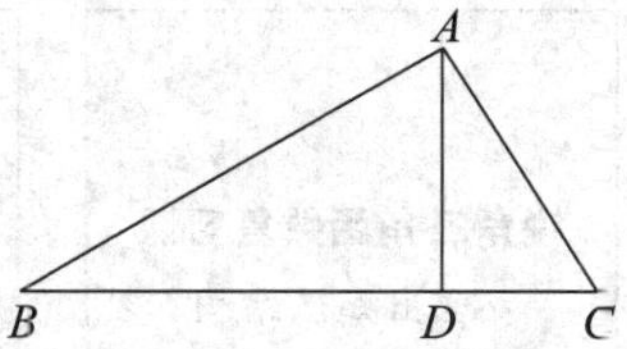

图 5-2-30

分析：根据已知，图中有直角三角形，但是 $\angle C=2\angle B$ 不好利用。根据求证 $BD=AC+DC$ 就需要把 BD 分成两段，证明这两段分别等于 AC 和 DC；或者把 AC 和 DC 接上，证明它们的和等于 BD。

师：怎么作辅助线呢？怎么把 $\angle C=2\angle B$ 利用起来？可以通过辅助线把这两个角放到同一个小三角形中吗？$AD\perp BC$ 怎么用？（等学生思考后，教师接着说）我们学过轴对称图形，可以将 $\triangle ACD$ 沿 AD 对折，我们来试一下。

（演示利用 Authorware 软件编写的动画，如图 5-2-31、图 5-2-32 所示）

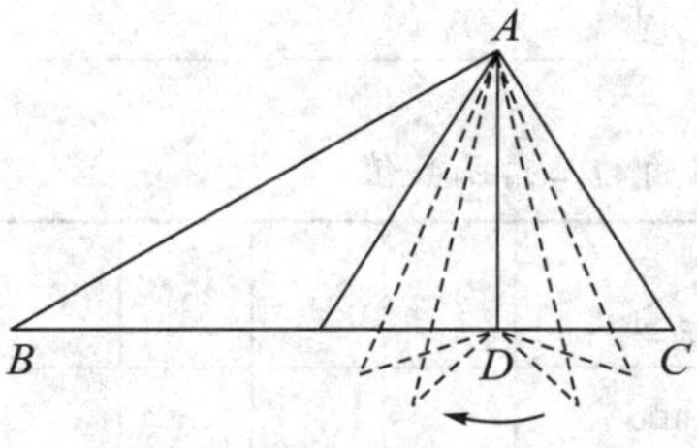

图 5-2-31

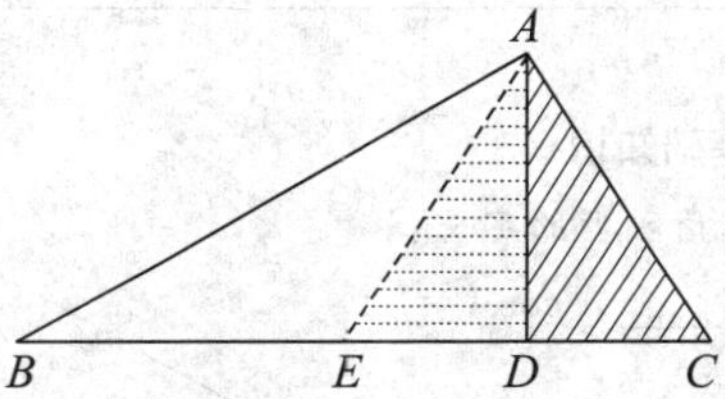

图 5-2-32

师：对折前后的 $\triangle ACD$ 的形状完全不变，大家发现了什么？

学生发现：BD 被分成了两段，一段等于 DC；$\angle C=2\angle B$ 好用了，两个角都集中到了左边的图形中。

教师：怎么叙述辅助线的做法？如何证明？

生：由已知 $AD\perp BC$，可以将 $\triangle ACD$ 沿 AD 对折，C 点落在 BD 上的 E 点，则 $\triangle ACD\cong\triangle AED$。

师：可以不说翻折，直接在 BD 上取点 E？

生：可以，在 BD 上取点 E，使 $DE=DC$，连接 AE。

师：有其他翻折方法吗？

生 A：有，可以将 $\triangle ABD$ 沿 AD 对折。

师：好！我们来试一下。

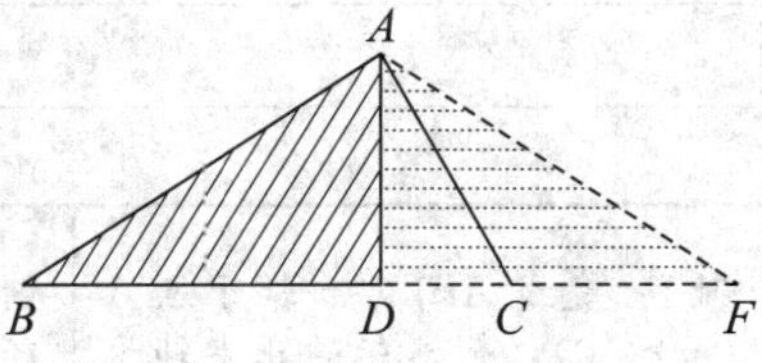

图 5-2-33

（演示利用 Authorware 软件编写动画，如图 5-2-33 所示）

（学生探索分析，用实物投影仪演示学生的书写过程，并进行讨论交流总结。）

【分析】：该案例是关于等腰三角形综合题的探究过程，“怎样添加辅助线”学生是很难想到，这也是平面几何教学中的教学难点。如果教师直接告诉学生就该这么做辅助线，学生只是被动接受，并不能学会方法。该案例中教师运用 Authorware 软件编写动画演示和试验，学生通过观察思考，发现把右边的 $\triangle ACD$ 对折到左边，就把已知条件集中到了一起，出现轴对称图形和两个等腰三角形，同时把 BD 分成了两段，只需证明这两段分别等于 AC 和 DC，学生自己就探索出辅助线的作法。这样动画直观的演示是传统媒体无法实现的，不仅课堂要生动有趣得多，更重要的是课件设计帮助学生了突破思维的瓶颈，由学生自己观察、探索发现、积极解决数学问题，从而获得成功的体验。

☆　案例 5-2-6　锐角三角函数的复习课课件①

锐角三角函数复习课

- 理出知识结构
- 梳理基础知识
- 例题分析示范
- 练习反馈提高
- 总结提炼方法

图 5-2-34

锐角三角函数的知识结构图

锐角三角函数
- 锐角三角函数的概念
- 锐角三角函数间关系
- 特殊角的三角函数值
- 锐角三角函数变化规律

应用
- 三角函数值的计算
- 解直角三角形
  - 直接运用
  - 综合运用
  - (添辅助线)

思想方法总结

图 5-2-35

梳理基础知识：

①锐角三角函数的定义：

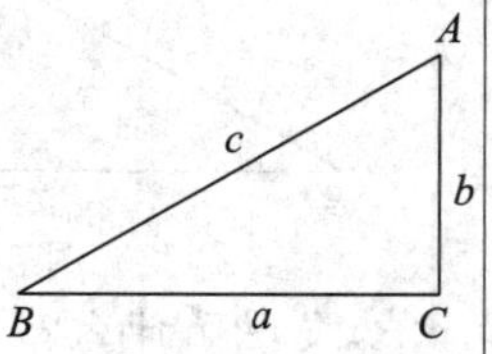

$\sin A=$______，$\cos A=$______，$\tan A=$______，

$\sin B=$______，$\cos B=$______，$\tan B=$______。

②互余两锐角的三角函数关系：____________________

③同一锐角的三角函数之间的关系：____________________

④特殊角的三角函数值：

角 / 三角函数	0°	30°	45°	60°	90°
$\sin\alpha$					
$\cos\alpha$					
$\tan\alpha$					

⑤锐角的三角函数的取值范围：__________

⑥观察特殊角，随着角的增大，$\sin\alpha$ 的变化情况是____，$\cos\alpha$ ____，$\tan\alpha$ ____。

返回

图 5-2-36　梳理知识

例 1：直线 AB 交 x 轴于点 $A(-2,0)$，交 y 轴的正半轴于点 B，C 为 x 轴的正半轴上的一点。若 $\cos\angle CAB=\frac{2\sqrt{5}}{5}$，求点 B 的坐标。

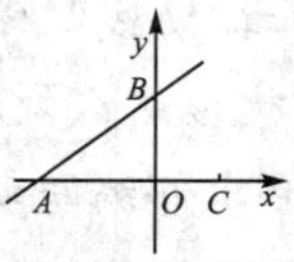

例 2：如图，AB 是⊙O 的直径，$AO=5$，$BC=6$。C、D 是⊙O 上的点，且在 AB 的两旁。求 $\cos D$。

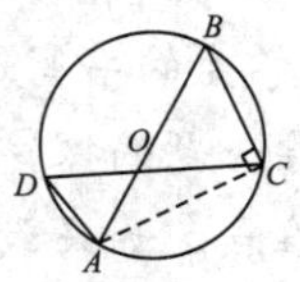

例 3：如图，$\angle AOB$ 是放置在正方形网格中的一个角，试求 $\cos\angle AOB$ 的值是________。

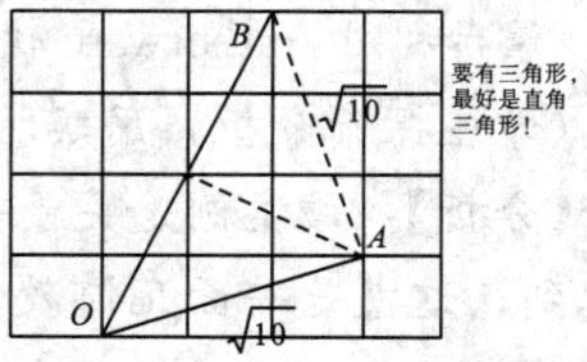

返回

图 5-2-37　例题讲解

① 引自：胡朝炳（2010）（略有修改）。

变式 1　如图，角 α 的顶点在直角坐标系的原点，始边在 x 轴的正半轴，在它的终边上取一点 P（3，4），求 $\sin\alpha$ 和 $\tan\alpha$。 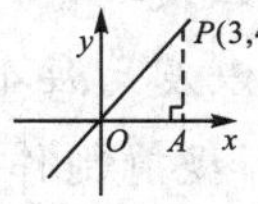 	变式 2　角 α 的顶点在直角坐标系的原点，始边在 y 轴的正半轴上，$P(-3，4)$ 是它的终边上一点。求 $\cos\alpha$ 的值。 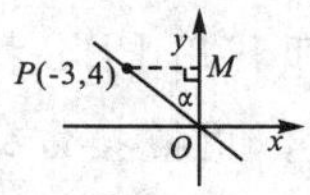 	变式 3　如图，⊙O 是△ABC 的外接圆，⊙O 的半径 $R=2$，$\sin C=\frac{3}{5}$，求 AB。 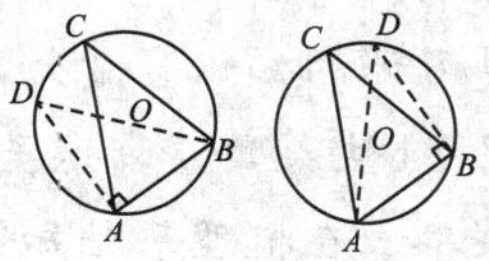 返回

图 5-2-38　变式练习

练一练 1. 若 A，B 为锐角，且 $\|2\sin A-\sqrt{3}\|+(1-\tan B)^2=0$ 则 $\angle A=$ ______，$\angle B=$ ______。 2. 在 ▱$ABCD$ 中，$AB=3$，$BC=8$，$\angle B=30°$求 S_{ABCD} 的值。 3. 在 Rt△ABC 中，$\angle C=90°$，$\cos B=\frac{2}{3}$，求 $\sin B$ 的值。	想一想 在 Rt△ABC 中，$\angle C=90°$，斜边 $AB=2$，直角边 $AC=1$，$\angle ABC=30°$，延长 CB 到 D，连接 AD 使 $\angle D=15°$，求 $\tan15°$的值。 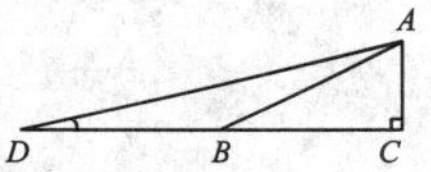 	试一试 1. 如图，根据图中已知数据，求△ABC 其余各边的长。 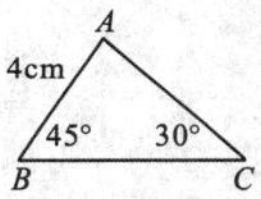 2. 角 α 的顶点在直角坐标系的原点，始边在 x 轴的正半轴，P（2，m）为它的终边上的点，$\sin\alpha=0.5$。求 m。 返回

图 5-2-39　拓展练习

课堂知识小结

1. 锐角三角函数是在直角三角形中研究；能根据具体条件构造直角三角形，利用三角函数知识解题。
2. 能根据锐角三角函数的概念求某角的三角函数值。
3. 熟记特殊角的三角函数值，并解决相关的问题。
4. 明白了中考中常见的与三角函数有关的题型。
5. 强化了数形结合、转化思想。

返回

图 5-2-40

【分析】：该课件是以 PowerPoint 软件为平台，共有 14 张幻灯片。该课件首先用 PPT 呈现本节课的学习内容及要求，如图 5-2-34 所示；然后，教师从第一张 PPT 链接到知识结构，随着学生的陈述，老师边总结补充边呈现，最后呈现的是图 5-2-35 的内容；接着链接到“梳理基础知识”，如图 5-2-36 所示，通过教师逐一提问，根据学生的回答，在幻灯片上逐一填出相应的结论，从而达到梳理相关知识的目的；再后，教师用

3 张幻灯片分别出示例题，如图 5-2-37 所示；在讲解例题后，教师课件中又呈现变式练习和拓展练习，分别如图 5-2-38 和图 5-2-39 所示；最后的课题小结，是师生共同讨论、交流后，教师如图 5-2-40 所示的课件，做了最后的复习小结，从而整理知识模块，提升思想方法。

复习课的知识容量大，内容杂。教师利用 PPT 把这节课的学习内容及要求，通过如图 5-2-34 主菜单清晰地呈现在学生面前，用链接方式来进入每个分支以及由每个分支返回主菜单。在梳理基础知识的时候，由于知识点多，很容易遗漏，教师提前制作幻灯片，列出所有条目，避免了这种遗漏。该课件将例题、变式练习、拓展练习，按照一定的层次和顺序，用事先制作好的 PPT 呈现，不仅保证了师生交流顺畅，互动性好，每一个环节都可以及时得到反馈和控制；而且大大减少了教师板书和画图的时间，留下了更多的时间给学生思考、探索和练习。值得注意的是，本复习课没有把例题、练习的解答完全制作出来，其分析与解答过程，教师采用的是学生说，教师补充完善，然后板书在黑板上。这样的设计与安排，在书写分析与解答过程中，能启发学生的思维，并给学生留下例题示范。

四、多媒体技术运用技能的微格实训

（一）实训目标和要求

1. 实训目标

通过多媒体技术的理论和案例学习，能将对多媒体技术的运用技能的理解应用到数学课堂教学设计和实施中去。

2. 实训要求

(1) 明确目标、服务教学。课前教师必须了解教学内容，明确教学目标，本着多媒体技术的运用为教学服务的思想进行设计。如果为了显示课件本身的功能而过分花哨、就可能掩盖了知识的本质，脱离了教学的目标。

(2) 精心准备、熟练操作。根据教学内容的要求来把握好设计意图，选择好软件，认真构思表现的手法，制作好课件，熟悉其操作方法。

(3) 认识不足，结合传统。必须认识到每种媒体都有其局限性，传统的媒体仍然具有不可替代的作用；要根据教学的需要和学生的学习情况具体处理，选择最适合的媒体辅助工具，将多媒体和传统媒体的运用有机结合。

(4) 教师主导、交流互动。教师只是借助多媒体来辅助教学，多媒体的播放不能替代了教师的主导作用；教师在教学设计时要仔细考虑如何调控学生的注意力，让学生在与教师和与媒体的互动中进行注意力的切换。

（二）评价

数学课堂多媒体技术运用技能的评价是对多媒体的选择、设计和运用是否得当做出的判断。评价可以关注多媒体教学是否适合具体的教学内容和学生实际；是否体现学生的主体性；是否能够有效地激发学生主动探索和积极思考；是否能够促进学生对知识的理解和掌握；与传统媒体是否有机结合等等。

关于多媒体技术的运用技能的评价，可以等级评价法，如表 5-2-2 所示；也可采用评价者对角色扮演者的活动指出两条优点让受训者保持，同时指出两条主要所示缺点让其改进的“2+2”评价法，如表 5-2-3 所示。

表 5-2-2　多媒体技术运用技能的等级评价表

<table>
<tr><td>讲课人</td><td></td><td>评课人</td><td colspan="2"></td><td colspan="2">成绩</td><td colspan="2"></td></tr>
<tr><td>课题</td><td colspan="4"></td><td colspan="4">评价等级</td></tr>
<tr><td colspan="4">评价项目</td><td>权重</td><td>优</td><td>良</td><td>中</td><td>差</td></tr>
<tr><td colspan="4">1. 多媒体的选择与教学目标、内容相适应</td><td>0.15</td><td></td><td></td><td></td><td></td></tr>
<tr><td colspan="4">2. 多媒体的运用能有效突出重点、突破难点</td><td>0.15</td><td></td><td></td><td></td><td></td></tr>
<tr><td colspan="4">3. 多媒体运用操作熟练，课堂反馈及时、调控自如</td><td>0.15</td><td></td><td></td><td></td><td></td></tr>
<tr><td colspan="4">4. 多媒体的运用能促进教学效率和教学质量的提高</td><td>0.15</td><td></td><td></td><td></td><td></td></tr>
<tr><td colspan="4">5. 多媒体运用时声音、画面清晰、交互性、实用性强</td><td>0.15</td><td></td><td></td><td></td><td></td></tr>
<tr><td colspan="4">6. 多媒体与传统媒体的运用有机结合</td><td>0.15</td><td></td><td></td><td></td><td></td></tr>
<tr><td colspan="4">7. 注重信息技术与数学课程的整合</td><td>0.10</td><td></td><td></td><td></td><td></td></tr>
<tr><td colspan="9">特色、创新点：</td></tr>
</table>

注：其中优为 90～100 分，良为 75～90 分，中为 60～75 分，差为 60 分以下

表 5-2-3　多媒体技术运用技能的“2+2”评价表

<table>
<tr><td>课题</td><td></td><td>多媒体的运用人</td><td></td><td>评价人</td><td></td></tr>
<tr><td>评价项目</td><td colspan="5">1. 多媒体的选择与教学目标、教学内容相适应。
2. 多媒体的运用能有效突出重点、突破难点，提高教学效率和教学质量。
3. 多媒体运用操作熟练，课堂反馈及时、调控自如，与讲解和板书板画有机结合，相得益彰。
4. 多媒体运用时声音、画面清晰、交互性、实用性强。</td></tr>
<tr><td>两条优点</td><td colspan="5"></td></tr>
<tr><td>两条建议</td><td colspan="5"></td></tr>
</table>

（三）实训内容与选题

1. 实训内容

（1）运用多媒体进行教学设计的训练。选择一个适合用多媒体辅助教学的中学数学课题，为之设计一个教学片段，时间要求5～10分钟，并编写多媒体教学的微格教案，制作多媒体课件。在编写教案时思考以下几点：①你选择的多媒体与课题内容、目标是什么关系？必须选择多媒体吗？为什么？②你选择的多媒体教学是如何促进学生学习的？传统媒体不能达到同样的效果吗？③你的选择是否恰当？有无不足？④教学过程中的多媒体和传统媒体的结合是否协调合理等？

（2）运用多媒体技术进行教学实践的训练。根据运用多媒体技术的教学设计，进行微格教学实践中的角色扮演，然后在指导教师组织下，小组成员互评、教师点评，然后修改完善自己的多媒体课件的设计，修改微格教案。

2. 实训选题

下面提供多媒体技能实训的部分选题，为读者设计多媒体的教学片段提供选题参考。

【初中】

（1）扇形统计图（七年级上册：第六章第三节）

（2）探索三角形全等的条件（七年级下册：第五章第四节）

（3）简单的图案设计（八年级上册：第三章）

（4）反比例函数的图像与性质（九年级上册：第五章第二节）

【高中】（普通高中课程标准实验教科书A版：数学）

（1）两角和与差的正弦、余弦和正切公式（必修4：第三章第一节）

（2）平面向量的数量积（必修4：第二章第四节）

（3）等差数列的前n项和（必修5：第二章第三节）

（4）直线与圆的位置关系（必修2：第四章第二节）

（四）实训程序

1. 仔细阅读前面部分的理论，熟悉多媒体技术特点、作用、要素及常见工具软件等。

2. 理解媒体选择原则、方法和多媒体课件的设计制作过程等，体会多媒体技术的运用教学案例分析。

3. 选择一个合适中学教学内容，运用多媒体技术进行多媒体辅助教学设计，并编写微格教案、制作课件。

4. 小组内进行多媒体技术运用的微格实践，并进行“2+2”评价方式自评和互评。

5. 根据评价进行改进，并视情况而定是否重新进行微格教学实践。

第六章　中学数学说课技能

说课是课堂教学研究活动的一种特殊形式，是20世纪80年代教学改革中涌现出来的新生事物，因其本身特点和在教学研究中显现出来的实际功效，已被教育界广泛认可。尤其是随着我国基础教育改革的推进，教学研究活动的不断深入，说课已越来越受到重视，除应用于各级教研活动外，还广泛应用于各级教师评比和新教师招聘。

第一节　说课技能的概述

所谓说课，是指教师面对同行、领导或专家，以教育教学理论为指导，在进行备课的基础上，以讲述的方式（辅以媒体手段）将自己对课程标准、教材的理解和把握、课堂教学程序的设计和安排、学习方式的选择与实践等一系列教学元素的确立及其理论依据进行阐述，并对教学效果与质量的评价进行预测和反思，共同研讨进一步改进和优化教学设计的教学研究过程。简言之，即说“教什么，怎么教，为什么要这样教”。

说课是开展教学研究和教师培训常用的一种方法。说课活动的形式可以不拘一格，但不论哪种说课，它都具有理论联系实际、简便易操作、短时高效、集思广益、运用广泛等特点。

所谓说课技能是教师将对教材理解、教学方法和教学程序设计转化为具体教学活动的课前预言或课后反思的一种课堂研究技能。

一、说课的作用

说课，作为教研活动的一种形式，其目的、要求会有所不同，但说课都是围绕“教什么，怎么教，以及为什么要这样教”而说。因而，说课有助于教研活动的开展、教学质量的提高、教师专业成长和教师的评选等。

(1) 有助于教研活动的开展。在数学教研活动中，我们必须依靠具体的数学课，来研究和解决数学教学中遇到的实际问题，否则就是空谈教学理论；但如果过多地采用观摩课的形式，时间上又得不到保证，组织难度也较大。因而适当采用说课的形式，不仅避免了空谈教学理论，比观摩课更灵活、节约时间，而且能较好地将教学理论与教学实践结合。随着我国基础教育改革的推进，教学研究活动的不断深入，说课已得到迅速推广；反过来，说课又使得数学教研活动更加活跃，有助于教研活动的开展。

（2）有助于教学质量的提高。说课的目的在于更好的研究教学，评价教学过程和教师的水平，特别是评价教学设计的优劣，并集思广益来改进教学设计，促进教学质量和教师教学水平的提高。因此，说课能促进教师学习教育教学理论，领会数学课程标准，钻研教材，做好教学设计，增强教师课堂教学组织能力，使得教学理论与教学实践紧密结合，从而提高教学质量。

（3）有助于教师专业成长。说课是一种集体参与、集思广益的教学研究活动方式，是理论与实践的结合，有助于教师专业成长。在说课活动中，教师既要担任说课者，又要担任听评课者，通过相互交流，每一位参与者都容易迸发出思想的火花。一方面，作为说课者，为了说好课，特别是要说清“为什么”，不可能再仅凭借教学经验，势必会积极主动地去学习，既要学习更多的现代教育理论，又要学习更多相关数学知识，力求保证自己这堂课说得合理，说得明白；同时，在说课活动中，说课者会立足于自己的教学特长和教学风格，探索出新的教学思路和方法，力争给同行、专家等留下深刻印象。另一方面，作为听、评课者，教师势必会认真发现别人的长处与不足，从别人的说课中吸取到许多营养，包括经验和教训，丰富和改进自己的教学。再有，说课活动中，参与者的每一种想法、每一个观点乃至一个小小的补充或提示，都是一种教学智慧，教师们在互相评议与切磋中分享经验，在合作中共同提高。对师范生而言，也是一种尽快熟悉教学的手段，由于可以不受学生的影响，更适合小组同学自己互相评价教学，改进和提高自己的教学。

（4）有助于教师的评选。从某种意义上说，说课能较全面、系统、客观地反映一个教师的教育教学理论水平、实际教育教学水平以及教师的教学基本功。说课既是开展教学研究和教师培训常用的一种方法，也是评选教师的一种考查方式。教学管理者和指导者们需要了解教师的教育教学情况、遴选新教师时，或限于场地，或限于时间，或想同时考查教师或新教师的教育理论与教师教学能力与水平，也会选择运用说课这一方式来考查教师。目前，说课在选聘新教师、评选教坛新秀、教学骨干、学科带头人及职称评定等工作中发挥着积极的作用。

二、说课的注意事项

根据我们对说课活动的观察与分析，发现说课的方法很多，采用何种说法，要因“课”制宜，因材施“说”，有所侧重，无论怎么“说”，但都有以下几点需要提醒说课者注意。

（1）把握说课与备课、上课的区别。说课，是介于备课之后、上课之前（或之后），同时伴随着听评课的教学研究活动，即说课是涵盖备课、上课和听评课的一种集体教研活动。说课与备课、上课之间既有联系，又有区别。

无论是备课还是说课，其目的都是为上课服务的。备课与上课所涉及的内容是一致的，两者都需要教师去研究数学课程标准、教材及学情，并结合相关数学教育理论，选择并确定合适的教学方法，设计教师认为最优化的教学程序。在课前说课中，所展示的教学流程、教学内容、教学方式、教学媒体等，都会在上课中得到充分体现；反过来，上课时师生的活动会在课后说课中涉及。教师听、评教学内容主要是说课和上课中的教学流程、教学内容、教学方式、教学媒体以及教学实际效果等。

但是，备课与上课在内涵、目的和要求上有所区别。备课是教师个体独立进行的一种静态的教学研究行为，是为了正常、规范、高效地开展教学活动，为提高教学质量和促进学生全面发展为目的的，备课一般只需要写出“教什么”“怎么教”就可以了，无需说明“为什么要这样教”；而说课是教师集体共同开展的一种动态的教学研究活动，是为了帮助教师教学反思、改进和优化备课，提高教师教学水平和促进教师专业成长为目的的，不仅要向其他教师说出“教什么”“怎么教”，还要从理论角度阐述“为什么要这样教”。同样，上课与说课在对象、内容和组织形式上也有区别。上课，是师生之间的双边活动，其对象是学生，侧重是结合学生的具体情况，具体实施“教什么”的问题，必须是在有学生的真实课堂实施；而说课是同行之间的一种教研活动，其对象是教师、领导或专家，侧重是阐述“为什么这样教”和如何指导学生“怎么学”的理论依据，说课的组织形式灵活多变，不受时间、地点、人数的限制。

因此，说课是教师在总体把握数学教材内容的基础上，说出在教学过程中对各个教学环节具体操作的想法和步骤，以及这些想法和采用这些步骤的理论依据，并不需要说出具体的教学内容和连贯而清晰的教学流程。另外，还要注意说课的对象是同行、专家，不要向其提问，要注意用专业术语阐述。

(2) 突出“为什么”。说课的核心在于说理，在于说清楚“为什么”。因为没有理论指导的教学实践，永远是经验型的教学，是高耗低效的。说课的过程是探索教育规律的过程，也是将现代教育教学理论创造性地运用于教学实践的过程。因此，说课者应该结合教学实践，强调切实可行的教学理念，让说课者的教学理念和教学思想贯穿说课的始终，以使听者从中有所启迪。反对向听者抽象地阐述教育教学理论，生搬硬套一些教育教学理论专业术语，给听者故弄玄虚的印象。

教师在准备说课教案时，应该多问几个“为什么”，并力争做出令人满意的答复。如果对有些问题不清楚，应该在准备说课前认真学习理论，研读数学课程标准和教材，查阅相关资料或请教其他教师，切忌说课时使用“可能”“大概”“或许”等词语。

(3) 突出“说”字。说课作为教师之间的教学信息交流和对话的独特方式，应该遵循高效率原则，尽可能减少无关信息干扰，突出“说”字。因此，说课者对所说课内容应该取舍适当，且不可平均用力，面面俱到，对重难点、教学流程及其理论依据要详细阐述，对有关问题的特别认识和理解也要着重阐述。对一般问题，比如课程标准、教材已经明确给出的内容和已成共识的问题，在说课中要少说或不说，而对教学设计中有特色的“亮点”要详细地阐述和分析。这样才具有鲜明的个性特点，才能达到彼此交流和借鉴的目的，从而使说课活动充满活力，具有“说”的特色。

另外，说课不等于读课或背课，说课者不能照着写好的说课稿件或对着说课课件银屏来读，也不能将事先准备好的说课稿件只字不漏地背诵，更不能照着说课教案来念读，而要突出“说”字。

三、说课技能的构成要素

虽然说课与备课、上课有区别，但说课是涵盖备课、上课和听评课的一种集体教研活动。从涵盖备课、上课的角度看，说课的主要内容为："说教材""说学情""说教法""说教学程序"；从涵盖上课和听评课的角度来看，说课还有一个基本内容为"说教学效果"（即说课后反思）。因此，说课技能的构成要素如下所示。

（1）"说教材"。"说教材"是说课者在认真研读课程标准和教材的基础上，系统地阐述选定课题内容。"说教材"主要包括：说教材的体系与结构，说课程标准对本章节和本课内容教学的要求，说教学目标及实现方法，说教材重难点以及确定重难点的依据等等。说课者在说教材时，要尽量阐明自己对教材的理解和感悟，以此展示自己对教材的宏观把握能力和对教材的驾驭分析能力。力求做到既"说"的准确又具有特色，既要"说"出共性，也要"说"出个性。

（2）"说学情"。"说学情"是说课者分析学生的年龄特征、认知规律、学习方法以及知识技能基础等。"说学情"的目的是弄清自己教的是"谁"，他们具有什么样的心理特点、知识基础和能力水平，是教师组织教学活动的依据，是学生学习新知识的基础。说学情应重点关注学生已有的知识和经验、学生的学习方法、学生个体差异发展等三个方面。运用教法进行学法指导是教师完成教学任务所必须采用的方法和手段，教师的学法指导不仅要教会学生数学知识，更重要的是教会学生"会学"。

（3）"说教法"。"说教法"是说课者阐述准备采用哪些教学方法和教学手段，以及为什么要采用这些教学方法的理论依据。"说教法"主要是说明"怎么教"和"为什么要这样教"的道理。具体来说，说课要说清楚本节课所采用的最基本或最主要的教法及其依据、所选择的一组教学方法和手段、他们的组合优化及其依据、教师的教法与学生学法的关系以及说如何突出重点、突破难点的方法。教学方法与教学思想、教学原则和教学目的密不可分，它是教学思想、教学原则和教学目的贯彻执行的具体策略。教学方法的选择除受到教学思想、教学原则和教学目的等因素的制约外，也因教学内容、教学对象、教学条件的不同而不同。

（4）"说教学程序"。"说教学程序"是说课者阐述教学活动过程推移的时间序列，即教学活动是如何发起的，又是如何展开的，最终是如何结束的等等。"教"是为了学生更好的"学"，因而，"教"必须符合学生的身心发展规律和学习顺序。也正因为学生学习的顺序阶段，教学才有了教学阶段环节。学生在教学过程中习得不同的知识与技能、过程与方法和情感态度与价值观的结果，对教学事件提出不同的设计要求，也依赖于教学程序的科学设计来解决。正因为如此，教学程序才成为说课活动中的重点部分。因为，只有通过对这一过程的分析，才能看到说课者独具匠心的教学安排，才能反映教师的教学思想、教学个性与风格。也只有通过对教学程序的分析，才能看到其教学安排是否合理、科学和艺术。

（5）"说教学效果"。教学效果是指根据课前的教学设计，进行实际课堂操作的成效。"说教学效果"包括课前说课要预测设计的效果，课后说课要反思授课的成效。课前说课中的"说教学效果"主要是通过集体智慧来预测课堂教学的实际效果，最终达到改进和优化教学设计的目的；而课后说课中的"说教学效果"是根据课前的教学设计，进行实际课堂操作之后，通过反馈、总结评价，从反思实践效果的角度，说出成功之处、欠缺之处，改进之处。即"说教学效果"主要在课后反思中体现。说课后反思，不是简单回忆教学的过程，而是对教学的各环节在课堂上对学生所产生的实际效果的再认识，再思考，找出教学存在的问题，寻求解决问题的方法，从而促进教师再学习，促进教师专业成长。

因此，本章第二节至第六节，将分别从“说教材”技能、“说学情”技能、“说教法”技能、“说教学程序”技能和“说课后反思”技能等方面剖析中学数学说课技能及其训练。

第二节　“说教材”技能

教师要把握好教材，落实好教学目标，必须准确领会课程标准精神，实践课程标准的要求，并在此基础上，进行教材分析方面的训练。下面从“说教材”技能的功能、构成要素、微格示例以及评价等方面来阐述“说教材”技能，并进行相应的微格体验。

一、“说教材”技能的功能

“说教材”是说课者在认真研读课程标准和教材的基础上，系统地阐述选定课题的教学内容、本节内容在教学单元乃至整个教材中的地位和作用以及与其他单元、课题乃至其他学科的联系等。围绕课程标准对该课题内容的要求，将教学目标从认知性学习目标、技能性学习目标、体验性学习目标进行分解，以确定教学的重点、难点和教学实施的安排等。通过说课者的“说教材”可以实现以下功能。

（1）依据学习内容和学生认知特点，确定教学重点和难点，使数学课堂教学活动能做到重点突出、难点分散，解决该数学课题“教什么”的问题。

（2）根据课程标准对本课题学习内容的要求，将知识与技能、过程与方法情感态度与价值观等三维目标分解到具体的数学教学过程中，有利于数学教师解决“怎么教”的问题。

（3）整体把握和驾驭教材，遵循数学学习内容的特点，并根据学生已有的知识、经验及认知特点，科学合理地设计数学教学活动，为解决“为什么要这样教”的问题提供教学依据和参考。

二、“说教材”技能的构成要素

数学教材是具体化了的数学课程标准，是师生实现课程目标最基本、最重要的数学课程资源。为了达到课程标准所规定的“知识与技能、过程与方法、情感态度与价值观”的三维目标，教师必须对数学教材进行分析与研究，把握本课题在整个中学数学教材中的地位和作用、制定科学合理的教学目标，抓住重点、突破难点。

（一）说教材的地位和作用

教材的地位和作用应该理解为这节内容在整个数学教材体系中的意义，及该内容对学生的学习和终身发展以及科学技术和社会发展所起的作用。基于这样的认识，我们应该从全局的角度来把握数学教材，综合分析本课题内容在整个数学教材的地位和作用。对教材的地位和作用的分析，至少包含以下两方面。

（1）内容所处的“位置”以及这样安排的意义。即指该课题内容是一系列知识或问题的源头、结尾还是起承上启下的作用？或是拓展某知识？这就要求描述出该内容安排在中学数学教材哪里，更要分析数学教材是基于怎样的考虑将这一内容安排在这里。在分析教材安排时，应该包括：前面已经安排了哪些相关的数学知识和技能，该内容包括了哪些方面，它们与前面内容之间有何关系；是对前面内容的总结、拓展或应用；该内容与后面学习内容有怎样的联系，或者在以后的学习中还有怎样的发展。

（2）内容学习的意义。该内容的学习需要学生已掌握哪些知识、技能或研究方法，将发展学生哪些方面的能力，这些知识在整个中学数学教材中所占的比例，或在整个章节中所占的比例，对学生的学习和终身发展有何重要的作用，对学生改变数学学习方式有何重要的意义等等。

例如，《平行线的性质》的教材地位和作用分析：《平行线的性质》这一节，介绍的是平行线的性质定理，并利用定理进行简单的证明和计算。在前面学生已经了解了平行线的概念，知道了平行公理及其推论。这一节的内容是前面学过的平行线的判定定理的逆定理，它在后面的几何解题中会有广泛运用，且在实际生活中也有一定的实用价值。

通过分析课题内容在整个中学数学教材体系中的地位和作用，使教师认识到该课题内容在知识、能力、情感等方面与其他内容之间的联系，搞清楚教材内容是如何组织的，是如何体现课程目标的，从而避免只顾当前课题内容的教学现象。这对提高数学教学质量非常重要，也为教学目标的制定奠定了基础。

（二）说教学目标

目标是教师希望学生从该门学科和该堂课中应该学到的东西。数学教学目标是在学完数学课程的课题内容之后所引起的“知识与技能、过程与方法、情感态度与价值观”等方面的行为及心理方面的改变。因此，鲜明而具体的教学目标必须具备以下特征。

（1）目标内容具体——必须详细说明学习或掌握什么。

（2）行为动词描述准确——应当用特定的动词来描述目标掌握到什么程度，并能对学生的行为做出直接观察的动词表达，如识别某某、了解某某、对某某进行解释、判断某某、经历某某过程、体会某某数学思想等。

我国《普通高中数学课程标准（实验）》中关于“知识与技能目标、过程与方法目标、情感态度与价值观目标”使用的主要行为动词，作了如表 6-2-1 所示的界定[①]。

---

① 引自：中华人民共和国教育部（2003）。

表 6-2-1　《标准》中关于目标描述的行为动词界定

目标领域	水 平	行为动词
知识与技能	知道/了解/模仿	了解，体会，知道，识别，感知，认识，初步了解，初步体会，初步学会，初步理解，会求
	理解/独立操作	描述，说明，表达，表述，表示，刻画，解释，推测，想象，理解，归纳，总结，抽象，提取，比较，对比，判定，判断，会求，能，运用，初步应用，初步讨论
	掌握/应用/迁移	掌握，导出，分析，推导，证明，研究，讨论，选择，决策，解决问题
过程与方法	经历/模仿	经历，观察，感知，体验，操作，查阅，借助，模仿，收集，回顾，复习，参与，尝试
	发现/探索	设计，梳理，整理，分析，发现，交流，研究，探索，探究，探求，解决，寻求
情感态度与价值观	反应/认同	感受，认识，了解，初步体会，体会
	领悟/内化	获得，提高，增强，形成，养成，树立，发挥，发展

例如，“三角函数的周期性”这节课的教学目标是：体验生活中的周期性，理解周期函数的概念、周期函数的周期和最小正周期的定义；掌握正、余弦函数的周期和最小正周期，并能求 $y=A\sin(\omega x+\varphi)$ 的最小正周期；发展由具体到抽象的归纳能力和严谨的逻辑思维能力；感受生活中的数学，抽象出数学的本质，学会运用联系的观点认识事物，从而激发数学学习的兴趣。

（三）说教学重、难点

我国课堂教学历来沿用从厚到薄，以纲带目来处理教材的办法。抓住重点、突破难点是不同课堂教学结构取得最佳教学效果所采用的共同方法。确定教学重难点是教学设计的一个关键，也是说课活动必须要阐述的一项内容。既要说清楚什么是教学重点，又要说出确定它为重点的理由，还要说清楚什么是教学难点以及确定它为难点的理由。

数学的重点知识主要包含核心知识、核心技能和核心的思想方法等。其中，核心知识包括数学学科的基本概念、定理以及公式运用等知识；核心技能主要包括空间想象、直觉猜想、归纳抽象、符号表示、运算求解、演绎证明等；核心的思想方法则包括化归、反证、构造、特殊化、一般化、数形结合、分类讨论、数学建模等思想方法。

数学教学的难点是指学生接受起来比较困难的知识点。往往是由于学生的认知能力、接受水平与新旧知识之间的矛盾造成的，也有可能是学新知识时，所用到的原有认知结构不够良好而造成的。一般来说，数学知识过于抽象，数学知识内在结构过于复杂，数学概念的本质属性比较隐蔽，或者知识由旧到新要求用新的观点或方法去研究，以及各种数学逆运算都是产生难点的因素。需要说明的是，虽然大多数的数学教学中，重点和难点是一致的，但有时难点内容不见得是重点内容，教学时必须突破难点才有利于重点的解决。此外，有时难点与重点无关。

例如，“平行线的性质”这节课的教学重点是平行线的性质定理。因“平行线的性质定理”是空间与图形领域的基础知识，在以后的学习中会经常用到，并且学生易将“平行线的性质定理”与“平行线的判定定理”混淆，故本节课的教学难点是区分平行线的性质定理和判定定理。

三、“说教材”技能的微格示例

课题：等差数列前 n 项和

教师的教学行为	技能要素
本课时内容主要是等差数列前 n 项和的推导过程和简单应用，属于命题学习范畴，是在学习了等差数列通项公式的基础上进一步研究等差数列，其学习平台是学生已掌握等差数列的性质以及高斯求和法等相关知识。本节内容的学习，为今后学习数列求和提供了一种重要的数学思想方法——倒序相加求和法，具有承上启下的重要作用。	说教材地位和作用
根据以上分析，我确定本节课的教学目标如下： （1）知识技能目标 ①掌握等差数列前 n 项和公式； ②掌握等差数列前 n 项和公式的推导过程； ③会简单运用等差数列前 n 项和公式。 （2）过程与方法目标 ①通过对等差数列前 n 项和公式的推导，渗透数学方法倒序相加法； ②通过公式的运用体会方程思想； ③通过公式的运用过程，发展学生类比化归、数形结合的能力。 ④通过由探索 $1+2+3+\cdots\cdots+100$ 的和，推广到探索一般的等差数列前 n 项和的求和公式的情景，进一步体会从特殊到一般的数学研究方法，并在反馈练习的过程中进一步提高问题解决的能力。 （3）情感态度与价值观目标 通过结合具体模型，将教材知识和实际生活联系起来，感受数学的实用性，激发数学学习兴趣，并通过等差数列求和历史的介绍，体会数学史和数学文化的魅力。	说教学目标
等差数列前 n 项和公式在后续学习中会大量运用，这个公式是一个核心公式；公式推导过程中的倒序相加法是一种重要的数学思想方法，所以等差数列前 n 项和公式的推导和应用是本节课的教学重点。学生是第一次接触倒序相加法，怎么从高斯的特殊等差数列求和“内部配对”思想转化为一般等差数列求和“外部配对”即倒序相加法，对学生来说是困难的，因此等差数列前 n 项和公式的推导中渗透倒序相加的思想方法是本节教学难点。 根据以上教学目标，我采用由特殊到一般、从具体到抽象的教学策略，以突出重点、突破教学难点。利用数形结合、类比归纳的思想，层层深入，通过学生自主探究，分析、整理出推导公式的不同思路，同时，借助多媒体的直观演示，帮助学生理解，并通过范例后的变式训练和教师的点拨引导，师生互动、讲练结合，从而突出重点、突破教学难点。	说教学重、难点

四、“说教材”技能的微格实训

（一）实训目标与要求

1．实训目标：通过“说教材”技能的理论学习和示例观摩，能将对“说教材”技能的理解应用到具体的教学内容中去。

2. 实训要求：

（1）在理论学习的基础上，熟悉数学课程标准和教材，对所提供的“说教材”技能微格教学教案进行认真评价和讨论，并写出修改稿。

（2）选定说课课题内容，在编写说课教案前，再学习“说教材”技能的有关理论和技能模式，防止将技能的理论和模式放在一边，仍按照自己原有想法编写或照抄别人说课稿的做法。

（3）编写说课微格教学教案时，要求详细说明“说教材”活动中的行为是“说教材”技能中的什么要素，即：说教材地位与作用、说教学目标、说教学重难点等。

（二）评价

“说教材”技能的完成水平，取决于说课中是否具体有效地体现出“说教材”技能的构成要素，即教材地位与作用的定位是否准确，三维教学目标描述是否全面具体，教学重难点的定位是否恰当以及突破教学难点的策略是否有效等。

关于“说教材”技能的评价，可以采用定量与定性结合的等级评价法，如表 6-2-2 所示；也可采用评价者对角色扮演者的活动指出两条优点让受训者保持，同时指出两条主要缺点让其改进的“2＋2”评价法，如表 6-2-3 所示。

表 6-2-2 “说教材”技能的等级评价表

<table>
<tr><td>说课人</td><td colspan="2"></td><td>评价人</td><td></td><td>成绩</td><td colspan="2"></td></tr>
<tr><td>课题</td><td colspan="3"></td><td colspan="4">评价等级</td></tr>
<tr><td colspan="2">评价项目</td><td>权重</td><td>优</td><td>良</td><td>中</td><td>差</td></tr>
<tr><td rowspan="3">1. 说教材地位和作用</td><td>理解课题内容和编者意图</td><td>0.10</td><td></td><td></td><td></td><td></td></tr>
<tr><td>对教材地位和作用的定位准确</td><td>0.10</td><td></td><td></td><td></td><td></td></tr>
<tr><td>分析透彻、处理有见地</td><td>0.20</td><td></td><td></td><td></td><td></td></tr>
<tr><td rowspan="3">2. 说教学目标</td><td>知识与技能目标准确</td><td>0.10</td><td></td><td></td><td></td><td></td></tr>
<tr><td>过程与方法渗透得当</td><td>0.10</td><td></td><td></td><td></td><td></td></tr>
<tr><td>情感态度价值观目标合理</td><td>0.10</td><td></td><td></td><td></td><td></td></tr>
<tr><td rowspan="3">3. 说教学重难点</td><td>教学重点的定位准确</td><td>0.10</td><td></td><td></td><td></td><td></td></tr>
<tr><td>教学难点的定位准确</td><td>0.10</td><td></td><td></td><td></td><td></td></tr>
<tr><td>突出重点、突破教学难点的策略恰当</td><td>0.10</td><td></td><td></td><td></td><td></td></tr>
<tr><td colspan="7">补充说明：</td></tr>
</table>

注：其中优为 90～100 分，良为 75～90 分，中为 60～75 分，差为 60 分以下

表 6-2-3　“说教材”技能的“2+2”评价表

<table>
<tr><td>课题</td><td></td><td>说课人</td><td></td><td>评课人</td><td></td></tr>
<tr><td>评价项目</td><td colspan="5">1. 教材分析正确、透彻，能正确理解课程标准要求和编者意图，准确说出教材地位和作用，有独到的处理见解。
2. 教学目标体系完整，教学要求符合教材和学生实际，目标表述明确、具体、可操作性强。
3. 教学重、难点的定位准确，符合教材实际和学生实际，有较突出重点、突破难点的策略。</td></tr>
<tr><td>两条优点</td><td colspan="5"></td></tr>
<tr><td>两条建议</td><td colspan="5"></td></tr>
</table>

（三）训练内容

(1) 某新老师以《函数的表示法》（高一数学·人教版 A）为课题，编写“说教材”技能实训的微格教案如下表所示。用等级评价法和“2+2”评价法分别评价该微格教案后，与微格小组同学交换意见，并写出该微格教案的修改稿（这是一位新教师说课教案，有不恰当之处，特别是教学目标的分类和描述，请认真发现并纠正）。

<table>
<tr><th>教师的教学行为</th><th>技能要素</th></tr>
<tr><td>函数的表示法是数学新教材第一册（上）第二章函数的第二节。处理本节的平台是在有函数的定义、定义域、映射的概念和初中的函数知识的基础上，本小节函数的表示法实际上也是高中函数部分的起始课。函数是高中数学的核心内容，同时也是基本工具，对它的学习和运用将贯穿整个高中数学学习的始终，是很重要的基本概念之一。在三种表示法中今后会有侧重的用到其中的一种，而其他两种也应理解。在物理的学习中学生可以感受到它的重要。</td><td>说教材地位和作用</td></tr>
<tr><td>根据以上分析，我确定本节课的教学目标如下：
1. 知识与技能目标
①理解函数的三种表示法；
②感受函数的实际应用。
2. 过程与方法目标
①使学生掌握三种常用表示法；
②使学生理解分段函数的意义；
③使学生逐步学会用函数的知识解决实际问题的方法；
④初步了解数形结合的思想，函数的思想，复习回顾待定系数法。
3. 情感态度价值观目标
通过对本课的教学，使学生认识到知识是无止境的，我们对客观世界的认识也是永无止境的，从而树立终身学习的目标。</td><td>说教学目标</td></tr>
</table>

续　表

教师的教学行为	技能要素
根据教学大纲和《教师教学用书》得到本节的重、难点如下： 教学重点：三种表示法，即解析法，列表法，图像法。 教学难点： ①理解三种表示法的对应关系以及它们之间的联系； ②能够通过阅读叙述文字得到函数解析式，特别是对分段函数的理解和画图。	说教学重、难点

（2）以《函数的单调性》或《轴对称现象》为课题编写“说教材”技能训练的微格教案，并进行微格教学。

第三节　“说学情”技能

深入分析课程标准和教材，目的是准确把握教学目标和内容。但仅仅把握教学目标和内容是不够的，因为学生是学习的主体，学生的数学学习情况制约着学习的开展和深入，影响着教学目标的达成。因此，研究学情也是说课要必须关注的一个方面。下面从“说学情”技能的功能、构成要素、微格示例以及评价等方面来阐述“说学情”技能，并进行相应的微格体验。

一、“说学情”技能的功能

“说学情”是指说课者分析学生的年龄特征、认知规律、学习方法以及已有的知识技能等基础的总和。简言之，分析学生学习情况。它是教师教学活动的依据，是学生学习新知识的基础。“说学情”既可以与“说教材”、“说教法”或“说教学程序”一起分析，又可以单独阐述。无论采用哪种形式分析学生情况，都是弄清楚自已教的是“谁”，他们有什么样的心理特征、知识经验、思维方式、能力水平等，为确定教学目标和教学难点、设计教法和教学程序等提供依据。

学生是数学学习活动的主体，教师是其数学学习的主导，学生的发展是数学课堂教学的根本目的和归宿。因此，教学活动中应当体现以学生基础为起点、以学生发展为根本。具体来说，只有以学生的年龄特征、认知规律、思维特点和经济文化生活背景为出发点，从学生的视觉去审视数学学习内容，才能在关注个体差异，了解学生学习起点的基础上，设计出能促进学生发展的方案。因此，教师说课就是要具体、全面和准确地分析学生的学习现状，为数学课堂教学设计提供依据，为优化数学教学提供保障。

教学总是在一定的起点上进行的，不同的学生学习起点不一样，学习方式方法、个性、风格也不尽相同。在数学课堂教学设计和优化过程中，教师要在掌握学生已有的学业情况和已经掌握的学习方法，预先判断学生对学习新知识的关注和接受程度等。而对学生数学学习现状的具体、全面和正确分析，来源于教师对学生情况的具体、全面和正确了解。了解学生现状一般有以下方法：①观察法，即通过课堂上学生的反应、课堂提问的反馈、课外辅导中学生的表现等，观察学生的行为表现来了解学生数学学习现状；

②作品分析法，即通过课后作业的检查与批改，数学试卷的分析和成绩研究，阅读学生的数学日记、数学小作文等等来了解学生数学学习现状；③调查法，即通过与其他数学教师交流学生情况，特别是有经验的数学教师的交流，找学生交流或调查，与家长交流等，来获得学生现状信息。

二、“说学情”技能的构成要素

学情是教师组织教学活动的依据，是学生学习新知识的基础。为了使教学目标的制定符合学生的实际，设计的教学方法、学法指导以及教学程序能更好地实现教学目标，教师必须了解学生数学学习兴趣特征、分析学生已有的知识和经验，确定学生的学习指导方法，并关注学生数学学习中的群体差异。

(1) 数学学习兴趣的特征。在学生的数学认知过程中，数学学习兴趣是制约认知学习的主要非智力因素，它是学生顺利完成学习任务的心理前提，是学生学好数学的原动力。因此，教师要想唤起学生对数学知识的求知欲望，提高自己的教学质量，就必须了解学生现有的数学学习兴趣特点，从而想方设法激发学生的数学学习兴趣。

初中生对能够解决实际生活问题的数学内容，即紧密联系生活实际、体现数学应用价值、具有现实意义的内容，表现出浓厚兴趣；初中生还具有较强烈的动手操作的欲望，对需要动手操作、实验的内容也表现出跃跃欲试。但初中生只是对解决实际问题的成功和操作对象感兴趣，而容易忽视对数学内容及操作本质的认识。

高中生与初中生相比，一般来说，其最大特点是学习兴趣与学习目标有了联系，学习兴趣更集中、更持久更稳定。高中生的观察力和理性思维水平已经大大提高，对数学问题的认识趋向深刻。高中生发展成比较稳定的心智活动动机与兴趣，对动手操作、实验的兴趣会有所下降。

(2) 学生已有的知识和经验。学生已有知识和经验是学生学习新知识、新技能、新思想方法的基础，有利于学生由“旧知”向“新知”的迁移，说课中应该把如何利用这些旧知识与经验说清楚。

分析学生学习状况，可从学生的“已知”、“未知”、“能知”、“想知”和“怎么知”等方面全面分析学生，即分析学生已经具备的与本节教学内容学习相关的哪些知识及能力状况，学习应该达到的终极目标中所包含的未知知识是哪些，以及实现这个终极目标前没有掌握的知识有哪些，通过本节数学课的学习，该班学生能达到怎样的目标，学生还想知道教学目标外的哪些东西，学生又是如何进行学习的等等。

(3) 学生学习方法的引导。学习方法的引导要改变单一、被动的学习方式，建立和形成充分调动、发挥学生主体性的多样化的学习方式的组合，促进学生在教师指导下主动的、富有个性地学习。

基于数学学科特殊的实践性及新课程倡导自主学习、合作学习，数学教师分析学习方法的引导时，应突出对学生探究性学习的引导、合作学习的组织，要把学生在学习过程中发现、探索、研究等认识活动过程突显出来，使数学学习过程更多地成为学生发现问题、提出问题、分析问题、解决问题的过程。

（4）关注数学学习中的群体差异。教育的最高理想之一就是要使每个学生都能在原有基础上得到提高和发展。因此，教师既要对学生群体进行整体分析，又要对特殊个体进行单独分析，真正做到因材施教，即说学情的较高层次，就是能够说出个性发展与群体提高在教学内容中如何实现整合，它的落脚点在哪里。

事实上，在当前班级授课制模式中，教学要关注每个学生的个体差异是不现实的，但在当前数学教学模式中教学要关注到每个学生群体差异，却是可以努力做到的，也是教师应该做到的。数学学习中的群体差异是指在数学学习中存在的一系列数学学习现象，如数学学习困难学生的心理特征及转化，数学学习优等生的心理特征及培养，数学学习中的性别差异等等。一般来说，数学学习困难的学生主要有以下心理特征：缺乏刻苦钻研精神，遇到困难萌发放弃学习的念头；想学好又不知如何去学，有学习数学的决心但无恒心和毅力；学不好数学常常归因为自己没有“数学细胞”。而数学学习优等生往往原有知识比较扎实，遇到新问题能自己查找资料，独立解决，不轻易问他人，有自学阅读的习惯。一般情况下，性别差异导致数学学习差异主要表现在：女士听觉能力较强，女生数学笔记做得好些；男生则视觉能较强，男生空间想象能力优于女生。女生偏重于机械记忆和形象记忆，在复习数学概念和命题时，习惯于逐字逐句背诵，不利于对数学意义的理解；男生则倾向于理解记忆和抽象记忆，广度上可能不如女生，但比较深入，保持时间也较长。女生注意力多定向于人，听课时易受到老师情感的影响；男生则倾向于物，喜欢探究事物内部规律，上课易分心。女生偏向于形象思维，想象力丰富，倾向于模仿，处理问题时注意部分和细节；男生则偏向于理性思维，分析综合能力较强，倾向于独立思考，处理问题时较为重视全局与各部分之间的关系。

三、“说学情”技能的微格示例

课题：探索勾股定理（八年级·北师大版）

教师的教学行为	技能要素
我校八年级学生普遍数学学习积极性较高，探究意识较强，课堂活动参与较主动，但合作交流的能力还有待加强	数学学习兴趣特征
学生已经具备一定的观察、归纳、猜想、推理的能力和较强的计算能力。学生在小学已学习了一些几何图形的面积计算方法（包括割补、拼接），但运用面积法和割补数学思想解决问题的意识和能力还不够	学生已有的知识和经验
根据上述分析，结合勾股定理教学内容，这节课采用学生自主探索和与同伴合作交流相结合的方式进行学习。从探究等腰直角三角形入手，再自然过度到探究一般直角三角形的性质，引导学生通过观察图形，计算面积，分析数据，发现直角三角形三边的关系，得到勾股定理。然后再引导学生通过小组合作，讨论交流，来验证勾股定理，并进行应用，让学生体验知识产生、发展和应用的全过程	学生学习方法的引导
考虑到学生认知方式、思维策略以及认知水平和学习能力的差异，“探究三”中安排进行分组活动，团结协作，讨论交流，课后作业安排查阅书籍、或利用网络收集勾股定理方面的资料，尝试写小论文，采用“低起点，要求高”的教学策略，使不同层次的学生均能主动参与，并得到充分发展	关注数学学习中群体差异

四、“说学情”技能的微格实训

（一）实训目标与要求

实训目标：通过“说学情”技能的理论学习和示例观摩，能将对“说学情”技能的理解应用到具体的数学说课中去。

实训要求：

（1）在理论学习的基础上，对所提供的“说学情”技能微格教案进行认真评价和讨论，并写出修改稿。

（2）编写说课的微格教案时，要求详细说明“说学情”活动中的行为是“说学情”技能中的什么要素，即：数学学习兴趣特征、已有知识和经验、学生学习方法、关注数学学习中群体差异等。

（二）评价

“说学情”技能的完成水平，取决于说课中是否具体有效地体现出“说学情”技能的构成要素，即学生数学学习兴趣特征描述是否具体，对学生已有知识和经验的把握是否准确，对学生学习方法的引导是否恰当，是否关注学生数学学习群体差异。

“说学情”技能的评价，可采用定量与定性相结合的等级评价法，如表 6-3-1 所示；也可采用“2＋2”评价法，如表 6-3-2 所示。

表 6-3-1　“说学情”技能的等级评价表

说课人		评价人		成绩		
课题			评价等级			
评价项目		权重	优	良	中	差
1. 学生学习兴趣	描述学生数学学习兴趣全面、具体	0.1				
2. 学生已有知识和经验	学生已有知识分析客观、具体	0.20				
	学生已有经验或能力分析准确	0.20				
3. 学习方法的引导	学法指导明确、具体	0.10				
	学法指导符合学情，紧扣教法	0.10				
	学法有利于实现教学目标	0.10				
4. 学习中的群体差异	关注了群体差异	0.10				
	措施有针对性	0.10				
补充说明：						

注：其中优为 90～100 分，良为 75～90 分，中为 60～75 分，差为 60 分以下

表 6-3-2　“说学情”技能的“2+2”评价表

课题		说课人		评课人	
评价项目	1. 对学生数学学习兴趣特征的描述是否具体全面。 2. 对学生已有知识和经验的把握是否准确。 3. 对学生学习方法的引导是否恰当。 4. 对学生数学学习群体的差异是否给予关注。				
两条优点					
两条建议					

（三）训练内容

（1）某新老师以《函数的表示法》（高一数学·人教版 A）为课题，编写“说学情”技能实训的微格教案如下表所示。用等级评价法和“2+2”评价法分别评价该微格教案后，与微格教学小组同学交换意见，并写出该微格教案的修改稿。

教师的教学行为	技能要素
虽然我校的学生基础相对比较好，但毕竟还是高一刚入校的学生（对函数的认识来自初中的理解，有些学生对函数还有畏难情绪）。	数学学习兴趣特征
同时他们需要适应的东西还比较多。在刚进入函数学习的阶段，需要更多的鼓励、引导、树立信心，所以可以在这里讲得多一些、慢一些，铺垫多一些。完成本节内容学习可由 1 个课时增加为 2 课时。	学生已有的知识和经验
由于系统化、明晰的知识，既利于学生掌握、应用，又利于学生的知识迁移，因此指导学生学习时要让他们养成归纳知识、总结规律、反思思维过程的良好习惯。并通过学生的积极探讨，充分调动了学生的探究热情、激发了学生的求知欲和进取精神。	学生学习方法

（2）以《点到直线的距离公式》或《三角形内角和定理》为课题编写“说学情”技能训练的微格教案，并进行微格教学。

第四节　“说教法”技能

若仅仅是把握了教学目标与内容、分析了学生学情，也还是不够的，因为“教学有法，但无定法”，即教学方法虽然多种多样，却没有通用的方法。因此，选用教学方法和教学手段也是说课要关注的一个方面。下面从“说教法”技能的功能、构成要素、微格示例以及评价等方面来阐述“说教法”技能，并进行相应的微格体验。

一、“说教法”技能的功能

说教法，是说教学方法的简称，即根据课题内容的特点、教学目标和学生学习情况，说出选用的教学方法和教学手段，以及采用这些教学方法和手段的理论依据。在把握课题内容特点、分析学情、确定教学目标后，恰当地选择先进的、合适的教学方法至关重要。由于教学手段是各种教学信息的载体，因而教学方法总是通过一定数量的教学手段实现的。教学方法的优化组合是优化教学过程的重要保证。

说教法，主要说明“怎么教“和”为什么这样教“的道理，通过说课者的“说教法”可以实现以下功能。

(1) 清楚执教者是用什么方法落实“双基”、渗透情感态度与价值观、发展能力、开发智力的，以及这样做的原因等。

(2) 明白执教者在本堂数学教学是如何发挥主导作用的，如何在精华要害的知识上进行点拨，如何在能力生长点上强化训练，以及如何处理教与学、讲与练的关系等，及其理论依据。

(3) 明确该课时如何使用教具、学具或电教手段，及其背后的道理和教学条件制约等。

二、“说教法”技能的构成要素

教学方法的科学选取以及优化组合，是教学目标得以落实的关键，是教学过程最优化的核心部分之一。为了让本堂数学教学目标更好地实现，教学过程最优化，教师必须根据教材内容、学生特点、教学媒体、授课时间和自身的教学风格等，选择本节课最基本或最主要的教学方法、优化组合本节课所选择的一组教学方法与手段、协调教法与学法的关系，找到突出重点与化解难点的方法。

(1) 最主要的教法选择。教法的设计要体现新理念、新策略、新思想，要符合教学原理，遵循教学规律，研究学生学情及可接受性。同时，无论采用哪种教学方法为主，都由学校的教学设备、学生的实际情况以及教师本人的特长综合决定的。因此，教法应体现课程基本理念，做到灵活多样，具有主导性，体现学生学习主体性和教学的有效性，不能生搬硬套某一种教学方法。

教师通常需要在教育理论指导下，对常用的讲解式、对话式、练习式、讨论式、直观式、自主式、探究式、合作式等教学方法进行合理选择与组合。一般来说，一节数学课可包含几项教学要求，教学方法的选择，并不是针对一节课选用一种教学方法，而是针对一项教学要求选择一种教学方法，即一节课可有多种教学方法。虽然一节数学课可有多种教学方法，但根据教材内容、学生特点、教学媒体、授课时间和教师的教学风格等，应采用最适宜的一种或两种作为最基本或最主要的教法。因此，执教者在“说教法”时，应说出本节课所采用的最基本或最主要的教法，以及选择的理论依据或条件原因等。

(2) 教法选用与优化组合。一节数学课可包含几项教学要求，针对每一项教学要求应选择一种教法，若一节数学课只选择一种或两种教法是很难达到预期效果的，因此，要注意多种教法的有机组合，提倡教学方法的百花齐放，主张一组教学方法、手段的优化组合。

在明确课题内容的教学要求后，接着可参考所有教参（包括各种版本的教材），分析每一项教学要求的知识来源与形成知识的逻辑推理方法，分别选择出较适合的教法来。

选择较适宜的教法对有经验的教师来说，往往是凭直觉的；但对缺少经验的教师来说，不会选择与知识内容的结构特点相一致的教法，仍然是一个普遍现象，所以说课时需要有这样一个对教材教法的分析过程。但这并不是说教材编排的知识结构不可改变，而是说教师首先要掌握教材的知识结构，如确需改变，应说出改变的理由。

教法的选择和制定往往受教材内容、学生特点、教学媒体、授课时间和教师自身的教学风格等的制约。一般情况下，数学本源性知识常常采用观察、实验、讨论、归纳等方法，以培养学生观察现象、动手操作、分析问题、归纳结论的能力；数学派生性知识一般采用讲授、讨论、自学等方法，以培养学生的推理能力、演绎能力和抽象思维能力。

（3）教法与学法的联系。教法是指根据课题内容的特点、教学目标和学生学习情况说出选用的教学方法和教学手段，而学法是指根据学生的年龄特征、认知规律、已有基础和经验等确定的学习方法。教法与学法是教师组织教学和学生开展学习的两种不同活动的反映，它们既相辅相成又相经促进。教为主导，学为主体，确切地道出了教学系统中这两个要素之间的关系。说教法与学法的联系，实质就是要解决教师的“教”如何为学生的“学”服务的问题。即教法与学法引导的协调、配合问题。

（4）突出重点、化解难点的方法。突出教学重点、突破教学难点是衡量教师教学成败的关键因素，也是学生学好这节课内容的关键性环节，应给予充分的重视。教法的科学、适宜选择与运用是教学目标达成的基础，而突出教学重点、突破教学难点是不同教学结构取得最佳教学效果的关键。因此，说课者在“说教法”时，要体现怎样突出重点和解决难点的，运用什么方法解决难点。

三、“说教法”技能的微格示例

课题：正弦定理

教师的教学行为	技能要素
针对高中学生的年龄特征和心理特征，结合他们的认知水平，在遵循启发式教学原则和建构学习观的基础上，本节课主要采用发现式教学为主的教法	最主要的教法选择
因数学是培养学生分析问题、解决问题及创造能力的载体，数学教学应该创设问题情境，让学生主动参与，乐于探究，交流合作，经历探索新知识和体验获得新知识，注重发展学生的终生学习能力的过程。本节课辅以启发引导，观察探究，动手实验，分组讨论等教法，并利用计算机辅助教学。通过创设数学情境，让学生自已去发现问题，发现规律，再利用“几何画板”软件做数学实验，验证规律的正确性	教法选用与优化组合
作为高一学生已经具有了一定几何形象思维能力，但抽象思维能力不强，此时刚刚学习了向量的概念和运算，如果按教材正弦定理的证明方法，直接作一个垂直于三角形一边的单位向量，学生可能会感到很突然，难以理解。本课时设计是教师创设一些生活中的实际问题情境以及数学实验，引导学生自已去发现正弦定理，并从中体会到：定理并不是凭空产生的，发现定理并不都是高不可攀的事情，通过自已的努力，也可以做一些看似数学家才能完成的事，在这个过程中，学生在课堂上的主体地位得到充分发挥，激发学生的学习兴趣，提高他们提出问题、解决问题的能力，发展了他们的创新能力	教法与学法的联系

续　表

教师的教学行为	技能要素
通过发现问题、发现规律、提出猜想、验证猜想的正确性、完善猜想、证明定理、运用定理等一系列教学环节来突出正弦定理这一教学重点。为了突破利用向量证明定理这一难点，采用从易到难，从直观到抽象的认知规律，给学生搭阶梯，降低坡度，从特殊（直角三角形）到一般（斜三角形），从传统证法到向量证法，由易到难层层推进，让学生大胆讨论，尝试“失败”，从“失败”中总结经验教训，从而证明定理	突出重点、化解难点

四、“说教法”技能的微格实训

（一）实训目标与要求

实训目标：通过“说教法”技能的理论学习和示例观摩，能将对“说教法”技能的理解应用到具体的数学说课中去。

实训要求：

（1）在理论学习的基础上，对所提供的“说教法”技能微格教案进行认真评价和讨论，并写出修改稿。

（2）编写说课微格教案时，要求详细说明“说教法”活动中的行为是“说教法”技能中的什么要素，即：最主要的教法、教法的选择与优化组合、教法与学法的联系、突出重点和化解难点等。

（二）评价

“说教法”技能的完成水平，取决于说课中是否具体有效地体现出“说教法”技能构成要素，即最主要教法的选择是否科学适宜、是否恰当地选择与优化组合了一组教学方法与手段、是否协调好了所选教法与学法的联系，是否找到有效突出重点与化解难点的方法。

“说教法”技能的评价，可采用定量与定性相结合的等级评价法，如表 6-4-1 所示；也可采用“2+2”评价法，如表 6-4-2 所示。

表 6-4-1　“说教法”技能的等级评价表

说课人		评价人		成绩			
课题				评价等级			
评价项目		权重		优	良	中	差
1. 教法的选择	主要教法选择恰当，符合课标理念、教材内容特点和学生实际，科学合理，具有主导性。	0.25					
2. 辅助教法、手段的选用	所选用的一组教法、手段、教具或媒体等辅助手段，能在教学中发挥辅助作用，符合教学内容要求。	0.25					

续 表

说课人		评价人		成绩		
3. 教法与学法的联系	教法与学法指导紧密联系。	0.25				
4. 突出重点、化解难点	有效地突出教学重点、化解教学难点。	0.25				
补充说明：						

注：其中优为 90～100 分，良为 75～90 分，中为 60～75 分，差为 60 分以下

表 6-4-2 “说教法”技能的“2+2”评价表

课题		说课人		评课人	
评价项目	1. 主要教法的选择科学、恰当，是否具有主导性，是否准确阐述其理论依据。 2. 所选用的一组教法、手段、教具或媒体等辅助手段，是否能在教学中发挥辅助作用，是否符合教学内容要求。 3. 教法与学生学法的指导是否联系紧密。 4. 是否有效地突出了教学重点、化解了教学难点。				
两条优点					
两条建议					

（三）训练内容

(1) 某老师以《一元二次方程》（九年级数学·北师大版）为课题，编写“说教法”技能的微格教案如下表所示。用等级评价法和“2+2”评价法分别评价该微格教学教案后，与微格小组同学交换评价意见，并写出该微格教案的修改稿。

教师的教学行为	技能要素
针对九年级学生的特征，结合他们的认知水平，在遵循启发式教学原则的基础上，本节课主要采用以类比发现法为主的教学方法	最主要的教法选择
同时辅以讨论法、练习法，在教学过程中，从生活问题和一个趣味问题入手，利用学生的生活经验和感性认识，借助电教手段，生动直观的分析问题，从而获取感性知识，增强学习的趣味性和可接受性，意在通过教师的引导，调动学生的积极性，让学生多交流、多讨论	教法选用与优化组合
另外，诱导和启发学生与已有的方程知识作类比，来加深对理性知识的理解	教法与学法的联系

(2) 以《等比数列前 n 项和》或《平行线的性质》为课题编写“说教法”技能训练的微格教案，并进行微格教学。

第五节　“说教学程序”技能

如何上好一节数学课很大程度上与教学过程有关，更与执教者对教学过程的理解有关。只有真正理解了教学过程，才有可能通过教学过程来有效地实施教学内容，达到教学目标，完成教学任务，也才有可能根据教学内容来精心安排设计好教学程序，优化教学过程。因此，说教学程序，即说教学活动的展开过程，是说课的重点部分。下面从“说教学程序”技能的功能、构成要素、微格示例以及评价等几个方面来阐述“说教学程序”技能，并进行相应的微格体验。

一、“说教学程序”技能的功能

教学程序就是教学活动的系统展开，它表现为教学活动推移的时间序列。“说教学程序”技能，是指说课者说教学活动是如何发起，又是如何展开，最终又是怎样结束的一种教学活动方式。

德国教育家赫尔巴提出了四段教学法，后改为五段教学法。前苏联教育家凯洛夫把学生的学习归结为感知、理解、巩固和运用四阶段，据此提出了六段教学过程（组织上课、检查复习、提出新课目标的要求，讲授新课、检查巩固新知、布置课外作业）。我国关于教学程序的研究主要受德国教育家赫尔巴的五段教学法和前苏联教育家凯洛夫的分段教学过程的影响，结合新课程标准理念倡导不仅是让学生“学会”，更重要的是使学生“会学”，其教学程序主要包括课题引入、探究新知、运用新知、课堂小结、作业布置等。

“教”是为了学生更好的“学”，因而“教”必须符合学生的身心发展规律和学习条件。学生的学有许多顺序阶段，教才有了相应教学环节。学生从学习中习得的结果是知识与技能、过程与方法、情感态度与价值观，与此同时学生习得的不同结果对教学活动提出了不同的设计要求。正因为如此，“说教学程序”才成了说课活动中最重要的一个环节。

另外，要实现教学过程最优化，教师不但要有一定的教学经验，更要有较丰富的教育教学理论。“说教学程序”是对教师的这些经验、理论知识的一种检阅，这种检阅可以使听者学习说课者的经验，更可以使说课者把平时的教学过程理性化，再通过听说双方的交流，可以使教学过程进一步优化。

二、“说教学程序”技能的构成要素

教学过程是实施教学内容，达成教学目标，完成教学任务的过程，是教学成败的关键。为了了解本堂课教学安排是否合理、科学和艺术，需要教师通过阐述对教学过程设计思路、教学主要环节，以及教学媒体运用（含板书设计安排）等内容的设计分析。

（1）设计思路。设计思路是对教学流程主要环节的概括。说设计思路，有助于听课者更清晰地了解和把握说课者关于教学活动的整体安排。“说设计思路”既可以单独作为一个说课部分，也可隐含在教学流程中说。说课者要把自己对教材的理解和处理，针对学生实际，借助哪些教学手段来组织教学的基本教学思想说明白。

(2) 教学主要环节。“说教学程序”要把教学过程所设计的基本教学环节说清楚。不同数学教学内容和不同的教学方法，有不同的教学环节，但一般来说一节数学课的教学基本环节应包括课题导入、课题展开（含探究新知、巩固新知等）、课题结束（含课堂小结、布置作业）等。

“课题导入”是指在探究新知之前，教学中所做的准备工作的过程。课题导入实质上包括了加涅提出九段教学过程中的“引起注意”、“告知学习目标”和“刺激回忆先前的学习”等。好的开始是成功的一半，课题导入方法也是每个教师必备的基本功，是提高课堂教学质量的重要内容。常用的导入方法，请详见第四章第一节“导入技能”相关内容。

“课题展开”是教师根据教学内容和学生身心特点运用合理的教学方法，引导学生学习新知的过程。这一教学环节可以根据具体数学教学内容和设计的教学法，进一步细分为 2 至 3 个具体的教学小环节。该阶段实质包括了加涅提出的九段教学过程中的“呈现刺激”和“提供学习指导”。刺激的呈现具体依赖于所要学习的内容特征，比如要学习的是数学概念或命题，呈现的刺激是有利于学生形成或同化概念，获得命题；若要学习的是技能，可以呈现要形成一个概念或命题或需要解决的问题所必需的文字或符号；如果要学习的是过程与方法，就可以将过程与方法本身的步骤描述或演示给学生，或让学生在刺激情境中经历过程与方法。对知识学习的指导，利用概念的具体例子和“精致”来增加意义性，从而使“刺激”尽可能有意义；对技能学习的指导，针对概念和规则而言，应跟随在显示一个或数个具体例子的刺激之后。具体地说，学习一个具体概念需要显示出若干正例和反例，学习一个定义性概念，在概念之后要识别几个具体实例；规则通常是言语陈述而加以呈现的，其后跟随的几个具体例子（应用）。常用的课题展开方法，请详见第四章第二节“展开技能”相关内容。

“课题结束”，包括课堂小结和作业布置，是在一节数学课快要结束时，教师引导学生对所学内容进行归纳整理，使知识系统化、思想方法显现化、积极情感态度升华的过程。针对具体的数学教学内容，小结方式不同，常用的小结方法，请详见第四章第三节“结束技能”相关内容。

但在说各教学环节时，具体内容只需要概括介绍，只要听者能听清楚“教什么”、“怎么教”和“为什么这样教”就可以了，不能按照教案像给学生上课那样讲。另外，在介绍教学过程时，不仅要阐述教学内容的安排，而且要说清楚“为什么要这样教”的理论依据，包括课程标准、教学内容特点、学生学习规律等依据，还要说清楚各教学环节所用教学时间分配情况。

(3) 教学媒体的运用。教学媒体的运用是指教师为了提高教学质量，根据课题内容特点或优化教学的需要，运用教学板书设计，选择使用诸如挂图、幻灯、投影、计算机以及白板等辅助教学媒体。说板书设计，主要说板书的结构安排，设计的依据、原理和方法，说明教学思想在本课中如何实现的；其他教学媒体运用，主要是说明选用哪些媒体，如何使用，为什么选用等。一般来说，板书设计不可不说，但也不能说得太多；辅助教学媒体运用可在具体教学环节中说，也可单独介绍。

总之，说课中的“说教学程序”，并不像教案那样详细说明教学的具体过程，而是要说明教案全程的总体结构设计，即起始—过程—结束的内容安排。对教学中的一般细节问题通常不提，重点说明教学展开的逻辑顺序、主要环节、过度衔接及时间安排；说明如何针对课型特点和教法要求，在不同教学阶段中师与生、教与学、讲与练是怎样协调统一的；要对教学过程做动态预测，考虑到可能发生的变化及其调整对策。

三、“说教学程序”技能的微格示例

课题：导数的概念（一）

教师的教学行为	技能要素
导数的概念要求分为四个课时教学，本课时主要是用极限思想研究曲线的切线和切线斜率，而学生已有的认知中，用极限思想进行思考的经验非常少。教学设计依托“知识不是被动接受的，而是认知主体积极建构的”及“问题是数学的心脏”。因此，本节课的整个教学过程，教师都不直接告诉学生是什么，而是在学生已有认知基础上，通过问题情境创设，激发学生思维，让学生主动观察、体验、探究，发现结论，建构新知；教学过程推进采用问题驱动，通过教师的恰当设问激发、牵动学生思维，形成师生互动，层层推进，探究学习。	设计思路
根据以上设计思路，课堂教学有以下主要环节： 1. 引入课题，进入正题（3分钟） 抓住数学来源于生活、服务于生活的特点，课堂教学首先从学生身边的、生活中常见的最优化问题（灌装汽水、可乐等圆柱容器在容积一定时，怎样能让其用料最省等）引入本章将要学习的主要内容——导数，然后由导数的最初研究史进一步引入本节课的正题。这样引入，学生对将要学习的数学内容会有一种亲切感，感觉它并不陌生，就在身边，并可用于日常生活。 2. 体验、探究、发现，建构新知（重点和难点，20分钟） （1）观察图片，回顾曾学过的圆及圆锥曲线的切线定义（与曲线只有一个公共点，且位于曲线一侧），意在重现相关知识，为新知建构做铺垫。 （2）再让学生观察另一张图片，发现已有的切线定义对某些复杂曲线不适用（直线与曲线只有一个公共点，但却不是曲线的切线，直线与曲线有两个公共点，但从形象和感知判断它是曲线在某点处的切线），这时教师设问：已有圆及圆锥曲线的切线定义对某些复杂曲线不适用，怎样定义曲线的切线更科学？（旨在引起学生的认知冲突，激起学生的求知欲，激发学生主动探索、发现曲线的切线本质到底是什么） （3）在教师的引导下，学生观察、体验、探究、发现曲线的切线及切线斜率的极限定义，是本节课的重点和难点，为了突破它： 首先，从“形”的角度探究。多媒体动态演示，引导学生用运动的观点去认识曲线（这符合客观事物运动变化的本质规律），体验点 Q 沿着曲线向点 P 无限接近的过程，并向其提问：点 Q 沿着曲线向点 P 无限接近时，割线 PQ 无限向切线 PT 靠近，能否根据这种变化过程来定义切线呢？无限靠近又该如何理解呢？（旨在经引导学生从“形”的角度观察、体会、发现切线定义，并启发其从极限角度思考）	教学主要环节

续　表

教师的教学行为	技能要素
接着从“数”的角度探究。这时，教师提出问题：怎样进一步研究曲线的切线？一般的方式是求出切线方程，这就需要进一步确定切线斜率，怎样求切线斜率的代数表示？（旨在引导学生观察、探究、发现曲线的切线“形”的概念之后，激发学生继续探究切线斜率的极限数学模型的思维）。学生再观察曲线的产生过程，从“数”的角度进一步探究切线的数学模型，通过观察、探究，学生自己发现：切线是割线的极限位置，它的斜率也是割线斜率的极限，割线 PQ 的斜率 $k_{PQ}=\frac{\Delta y}{\Delta x}$（引导学生观察图片得出），那么切线 PT 的斜率到底怎样刻画？（这又是一个难点，点 Q 沿着曲线向点 P 无限接近的过程中怎样用数学表达式刻画？）此时，先引导学生得出 Δy 的变化依赖于 Δx（$\Delta y=f(x_0+\Delta x)-f(x_0)$），于是 PQ 到 PT 的斜率变化只需考虑 Δx 的变化趋势。再观察演示，学生发现点 Q 向点 P 无限接近应刻画为 $\Delta x\to 0$。对学生的这一认识给予肯定（强化极限思想），指出它对以后进一步学习微积分学、高等数学乃至其他学科都将非常有用。 最后，数形结合（师生共同）得出切线斜率的“数”的模型： $k_{PT}=\lim\limits_{\Delta x\to 0}\frac{\Delta y}{\Delta x}=\lim\limits_{\Delta x\to 0}\frac{f(x_0+\Delta x)-f(x_0)}{\Delta x}$ 3. 例题解析，练习反馈（对加深新知理解，10 分钟） 例题、练习题的选取，应结合学生的认知特点，由浅入深。 例 1. 选取教材上的例题，主要让学生在理解切线及切线斜率的极限定义后体会切线斜率的求法。 （并引导学生一起提炼求曲线在某点处切线的具体步骤： ①求切线斜率： $k=\lim\limits_{\Delta x\to 0}\frac{f(x_0+\Delta x)-f(x_0)}{\Delta x}$ ②点斜式写切线方程） 课堂练习：（1）由教材练习题改编，旨在让学生熟练掌握切线的求法。练习（2）的练习情况可能会出现一些问题，此时，可以通过实物投影展示学生练习的情况，对做得好的给予肯定表扬，作为样板，对存在问题的解答提醒所有学生注意。（这样，一方面教师可根据学生掌握情况进行及时的教学反馈与调节，另一方面教师可以利用学生的练习结果生成的教学资源，提高教学效率。这正是新课程理念下充分开发课程资源的一种方法，符合新课程改革的要求。）同时，针对练习（2）中存在的问题逐步板书，以促进学生对切线方程求法的规范掌握，借此巩固上一章所学的极限知识。 4. 变式探究，加强反思（5 分钟） 学生基本掌握了切线的定义及方程求法后给出这一问题（求曲线 $y=x^2$ 过点（3，5）的切线方程）。该问题的设计旨在让学生凭借已有认知经验得出错误结论后通过相互讨论、探究，发现研究切线问题的本质：研究曲线过一点的切线问题时，关键要弄清楚该点是否为切点，这极好地反馈了学生对切线问题的认识情况和理解程度，并通过学生犯错误后的反思、归纳、总结，加深对知识概念的理解。 5. 课堂小结（加深知识印象，提炼方法技巧，2 分钟） （1）知识小结：曲线在一点处的切线及切线斜率的概念，切线斜率及切线方程的求法。 （2）思想方法小结： ①利用极限思想研究问题的方法； ②数形结合的思想； ③将实际问题抽象转化为数学问题的建模方法； ④用运动的、发展的、批判的观点认识客观事物的方法。	教学主要环节

续　表

<table>
<tr><th colspan="3">教师的教学行为</th><th>技能要素</th></tr>
<tr><td colspan="3">教学媒体运用设计：
（1）曲线在一点处的切线定义（事先制作好，需要时投影出来）
（2）切线斜率的极限数学模型：
$k_{PT}=\lim\limits_{\Delta x\to 0}\frac{\Delta y}{\Delta x}=\lim\limits_{\Delta x\to 0}\frac{f(x_0+\Delta x)-f(x_0)}{\Delta x}$
（板书，以加强学生对该模型的理解）
（3）例题解析，课堂练习
例 1.（分析后多媒体投影展示）
课堂练习（学生先练习，接着用实物投影展示学生的解答，然后点评，并结合练习；存在的问题进行逐步板书说明）
（4）变式探究（学生思考、讨论、探究充分后，多媒体投影点评）
（5）课堂小结（多媒体投影，对每一个板块做相应的链接回放）
最后保留在版面上的内容如下：</td><td rowspan="3">教学媒体的运用</td></tr>
<tr><td colspan="3">导数的概念（一）</td></tr>
<tr><td>切线斜率的极限数学模型：
……

（教学过程中留在黑板上）</td><td>练习 2 的解题过程：
解：……
……

（展示切线方程求法规范过程）</td><td>切线方程的求法步骤：
①求切线斜率：
……
②点斜式写切线方程

（投影屏幕）</td></tr>
</table>

四、"说教学程序"技能的微格实训

（一）实训目标与要求

实训目标：通过"说教学程序"技能的理论学习和示例观摩，能将对"说教学程序"技能的理解应用到具体的数学说课中去。

实训要求：

（1）在理论学习的基础上，对所提供的"说教学程序"技能微格教案进行认真的评价与讨论，并写出修改稿。

（2）编写说课的微格教案时，要求详细说明"说教学程序"活动中的行为是"说教学程序"技能中的什么要素，即：设计思路、教学主要环节、教学媒体的运用。

（二）评价

"说教学程序"技能的完成水平，取决于说课中是否具体有效地体现出"说教学程序"技能构成要素，即教学过程的设计意图是否明确，设计思路是否科学、合理；是否抓住了关键，突出重点，突破难点；各教学环节安排是否正确、恰当，具有针对性；教学媒体运用是否合理、有效等。

“说教学程序”技能的评价，可采用等级评价法，如表 6-5-1 所示；也可采用“2＋2”评价法，如表 6-5-2 所示。

表 6-5-1“说教学程序”技能的等级评价表

说课人		评价人		成绩			
课题				评价等级			
评价项目			权重	优	良	中	差
1. 设计思路	教学设计意图明确、设计思路清晰、科学、合理		0.20				
2. 教学主要环节	各教学环节安排正确、恰当，具有针对性		0.20				
	教学过程紧扣教学要求，设计科学、合理，内容正确，符合学生认知规律		0.20				
	能抓住关键，突出重点，突破难点		0.20				
3. 教学媒体的运用	板书内容精当，布局合理，美观大方		0.10				
	其它媒体运用合理、有效		0.10				
补充说明：							

注：其中优为 90～100 分，良为 75～90 分，中为 60～75 分，差为 60 分以下

表 6-5-2　“说教学程序”技能“2＋2”评价表

课题		说课人		评课人	
评价项目	1. 教学设计意图是否明确，设计思路是否清晰、科学、合理。 2. 各教学环节安排是否正确、恰当，是否具有针对性。 3. 教学过程是否设计科学、合理，内容是否都正确，是否符合学生认知规律。 4. 是否有效地突出了教学重点、化解了教学难点。 5. 板书内容是否精当，布局是否合理，其他媒体运用是否合理、有效。				
两条优点					
两条建议					

（三）训练内容

1. 某教师以《函数的表示法》（高一数学·人教版 A）为课题，编写“说教学程序”技能实训的微格教案如下表所示。用等级评价法和“2＋2”评价法分别评价该微格教案后，与微格小组同学交换评价意见，并写出该微格教案的修改稿。

教师的教学行为	技能要素
要让学生了解三种表示法是比较容易的。由于函数的形式灵活多样在本节中学生可以接触到原来没注意到的离散型函数以及分段函数。需要给学生更细致的讲解。通过本小节的学习使学生开始体会数形结合的思想方法，函数的思想方法以及待定系数法（均在例题中有体现）等重要的数学思想方法。通过师生互动提高学生学习的热情和兴趣，感受自主学习、合作学习的快乐	设计思路
1.［课题引入］ 在黑板上写出一个他们熟悉的函数如 $y=2x^2-1$，要求学生回忆如何画出它的图像。为了完成这个过程他们会用到列表，描点法画图，列表，描点，连线是必要环节。于是保留他们的解题过程中的表格、图像，可以从中抽取出我们今天要讲的函数的三种表示方法 2.［讲解新课］ 给学生 3～4 分钟的时间阅读教材的第 53 页，让他们迅速的找到如下问题的答案：①三种表示法的定义；②归纳出三种表示方法各自的特点；③它们之间的联系（学生活动）。根据学生的归纳在黑板上记录。对学生的归纳给予肯定和补充。同时强化函数中的对应关系，无论是哪种表示方法，都满足函数的定义。同时强调只要满足一种形式即确定了函数关系，不是必须有具体的解析式才表示函数也不是三种表示法同时具备才是函数 3.［例题分析］ 书上例 1 是一个典型的离散型函数，函数图像是一些孤立的点。学生之前没有见过（接触的函数：一次函数、二次函数、反比例函数等都是平滑的曲线），在理解上会有一些难度。特别在这里要强调图像是孤立的点（即定义域是整数、正整数）也是函数，为后面讲数列也是函数做铺垫。这样可以使学生较容易理解数列的本质是函数，在今后处理数列问题时可以有函数的思想。（该题目简单侧重点在于引导学生独立思考） **引导问题：** ①函数定义域如何； ②得到具体的点需不需要用一条平滑的曲线连起来； ③和原来熟悉的函数的最大区别是什么。 书上例 2 题目冗长。没有耐心或没有信心读完应用题目是高中学生的一个通病。借这个较为简单的例题带着学生一同解决，他们在心理上会认为虽然题目长，好像也简单。这样从高一开始有目的的引导可以使他们数学的阅读能力得到培养。同时该题又是一个分段函数的问题，学生最初搞不清分段函数是一个函数还是几个函数，在识别上有困难，具体表示上也有困难。教他们如何从繁琐的文字中清理出简单的语句得到如“当……时，有……”的几段简短文字，再通过这些直接翻译成函数解析式（这是难点）。同样在画图时，端点值的取舍和判断也是学生容易出问题的地方。 **引导问题：** ①通过读题找出邮资与邮件重量之间的关系； ②函数的定义域如何； ③得到的函数表达式和原来熟悉的函数有什么不同? ④函数图像和原来熟悉的函数有什么区别； ⑤如果将 $x=0$ 的点不用空心圈而用小黑点表示会怎样。 书上例 3 有两个任务，其一是帮助学生过好阅读关，其二初步感受建模思想很重要，解决应用问题的基本过程在这个题目中得到了体现。不妨提出，让学生有个印象。 应用问题—数学模型—数学解答—实际问题解答 在这个例题的处理过程中对学生而言还有一个难点，就是喷水池的剖面图，没有立体几何的知识，如何给他们直观的印象，需要在这里放慢脚步。(做一个具体模型现场演示，或在多媒体上演示。)	教学主要环节

续　表

教师的教学行为	技能要素
对于该例题课本上有一个疏漏，实物图和它的文字叙述之间有矛盾，水柱没有汇聚在一点，所以我另选图片作为参考 引导问题： ①题目讲述的问题是什么； ②题目的条件如何应用； ③可以联想到你们熟悉的什么函数； ④分析得到的关键点是什么； ⑤用什么方法求解得到函数的解析式。 可以看出本节课是一节学生主动性得到充分发挥的教学设计，在设计中没有教师过多的讲解，而是通过一个接一个的问题将需要学生弄明白的问题串在一起，学生通过自己质疑，分析，阅读教材得到结果。这节教学设计中还有较多的图片在多媒体说课案中配合使用，使我们看到了传统媒体和现代媒体的有机结合。 4. [课堂练习] 对练习 2，3 做简要的讲评。(通过练习巩固对函数的认识) 在说课的过程中没有强调一个题目怎样解决的必要性，但是需要明确该题目在这个位置的地位和作用，为什么做这样的安排。 5. [课后作业] 书上练习 1 (1)，2 (2)，4，6	教学主要环节
(学生活动) 1. 阅读教材，归纳总结 2. 分析思考，解决例题 3. 练习 表示方法　　　特点 1. 解析法　　　…… 2. 列表法　　　…… 3. 图像法　　　…… 教师活动 1. 引入课题 2. 引导学生归纳，补充，板书 3. 设问引导学生解决应用问题	板书设计

2. 自选一个课题编写“说教学程序”技能训练的微格教案，并进行“说教学程序”的微格教学。

第六节　“说课后反思”技能

如前几节所述，课前说课是把本节课的教学目标、教学设计及其理论依据，按照“教什么”—“怎么教”—“为什么这样教”的思路展开，侧重于理论，而对教学实践效果主要是通过集体智慧来预测课堂教学的实际效果，说课者说课中仅仅谈及：“我”预料学生有怎样的反应，对学生的预计“我”采取怎样的应对措施？而课后说课中的“说教学效果”是根据课前的教学设计，进行实际课堂操作之后，通过反馈、总结评价，从反思实践效果的角度，说出成功之处、欠缺之处，改进之处。即“说教学效果”主要运用于课后反思型说课之中。因此，“说教学效果”也称为“说课后反思”。

一、“说课后反思”技能的功能

“说课后反思”是指说课者根据课前的教学设计、教学实践的结果进行反馈、总结和评价，找出问题，进而改进教学，优化课堂教学的活动方式。即说根据教学设计进行实际课堂操作的成效。通常是按照“教的如何？（说成败得失）”—“为什么会这样？”—“如何改进？”的思路展开，侧重从教学实践效果的角度认识和分析。通过说课者的“说课后反思”可以实现以下功能。

（1）研讨、解决教学问题。这种以“说教学效果”为核心的课后反思型课，不是简单回忆教学的过程，而是对教学的各环节在课堂上对学生所产生的实际效果的再认识，再思考，找出教学存在的问题，探究寻求解决问题的方法。

（2）促进教师专业成长。通过“说课后反思”，教师把自己的教学实践活动作为认识的对象，反复揣摩，不断剖析，不断改进，突破自我、超越自我，逐渐形成自己独特的教学风格。反思可以唤起教师对教学的责任心、使命感，促使其以教育理论指导改进教学，是教学实践更趋于完善。反思对教师成长和成熟非常重要，能激发教师学习的欲望，通过学习，教师可以查漏补缺，发现问题并及时纠正，探索教材内容表达新方式，融洽师生关系等。反思，让教师发现困惑，促进其再学习，从而促进教师专业成长。

二、“说课后反思”技能的构成要素

“说课后反思”，是从实践效果的角度对数学教学包括对本节课教学目标、设计思路、教学过程、教学方法、板书设计等内容再思考和分析。为了在今后教学中发扬优点，改进欠缺之处的目的，说课教师必须分析落实效果、成败得失及改进措施等。

（1）落实效果。说课者在课堂操作后，主要说“教什么”、“怎么教”和“为什么这样教”的内容在课堂实际操作后的效果，总结教学设想和课堂实际操作之间所存在的差距。具体说出哪些设想符合教学客观实际需要，有可操作性，课堂教学效果好；哪些设想与教学实际不吻合，教学效果不理想，其原因是什么等。

（2）成败得失。不管教学设计预设得多完善，在课堂实际操作中总会有不如意的地方。教师都需要及时地通过课堂实际操作获得的反馈信息，总结经验和教训，在课后说出教学中的成败得失，并站在一定高度剖析出其主观或客观原因所在，即发现教学设计与教学操作中的问题所在。

（3）改进措施。分析教学实践效果、发现教学问题都不是目的，关键是达到取得成功之处在今后的教学中发扬，欠缺之处要在今后的教学中得到改进。因此，说课者应针对前面的总结反思，说出自己获得的新的启迪，得出自我完善的新的设想，实事求是地提出合理的改进措施。

三、“说课后反思”技能的微格教学示例

课题：“打折销售”（七年级）（北师大版）的课后反思

（该示例是根据教育部“国培计划—培训者研修”一堂研究课课后说课记录改编而成）

教师的教学行为	技能要素
张奠宙教授曾提出“数学形式化的外表似乎强调着她的冰冷，而数学老师的任务则在于带领学生发掘她冰冷外表下的火热”，如何才能实现变数学冰冷的外表为内在的火热思考，让学生爱上数学课，发现数学的美。本节课我创设学生喜欢的“喜羊羊”与“灰太狼”引入，作为整堂课的串联素材，所有的问题都围绕着动画人物的情节展开，一方面，学生积极有兴趣，引入直接利用动画人物的特点导出销售中“理性消费”和“不理性消费”的现象，引起学生的强烈反思。另一方面，整个问题围绕动画人物展开，学生始终作为一个帮助他人解决问题的仲裁者，从中自然领悟学习方法和生活方法，自然而深刻 本节课中最难的关于销售中的数量关系是让学生在课前完成的，让学生到社会中去调查研究，主动从生活中总结出有关进价、标价、售价、利润、利润率之间的数量关系，让学生深刻理解关系式，同时调查回来后再安排4人一个小组合作交流再整合学习结果，互帮互助探讨学习，有了这样的课前学习，节约了课堂时间同时又激发学生学习积极性，是课上学生继续学习重要的知识基础 本节课我设计了三个问题情境，第一个问题通过“灰太狼”的视角去发现商家打折销售的真正内幕，发现商家的销售技巧。同时精讲此题，总结列方程解应用题的方法。第二个问题通过“懒羊羊”的角度去解决生活中面对打折和省钱两种方式如何选择的问题，旨在解决生活中的常见问题又让学生动手复习列方程解应用题的方法，独立完成问题。第三个问题通过“喜羊羊”的角度思考如何与商家讨价还价的问题，介绍间接未知数，解决端值问题又突破生活中的问题。通过3个问题的分析，从消费者，商家，消费者和商家三个角度领悟数学方法，同时渗透生活的理念，理智面对商家与顾客的关系 本节课的“小结课堂”道出我的教学目标，从知识上要掌握销售中的概念，数量关系和方程解应用题的方法；从方法上提炼出方程思想和建模思想；从情感态度上了解一种消费态度，不盲目消费，要科学理性消费，而将来作为商家要做个精明的商家，打破传统教学单一的知识目标，渗透新课标理念。因此，事实说明这节课的教学设计符合学生需求，达到了预期目标，教学效果较好	落实效果
虽然这节课在总体上是成功的，但当我与学生“实话实说”时也有不足之处：分析问题1的时候，没有很好地为问题2的解决做好铺垫；导致小结时间仓促，没有达到预期效果；提问方面学生齐答略多，不利于学生思维深层次参与	成败得失
针对这次教学情况，对我今后的教学提出以下改进设想： （1）在教学问题1的时候，分析利用等量关系列方程时，还应给学生讲明，一个关系式不能解决问题时，可以用其他式子共同解决问题，为后面的问题2埋下伏笔，这样学生在利用利润率关系式时才能更好地引用售价关系解决问题。这样可降低问题2的难度 （2）教学时间的把握和安排，教学内容的处理应该更理智。比如最后一题可只分析不具体写解答过程，这样小结时间就不会那么仓促，总结与提炼会更充分，从而达到小结的预设效果 （3）在提问设计上，要考虑学生齐答和学生单独回答相结合，给学生足够的思考时间和空间，让学生思维能够深层次地参与	改进措施

四、“说课后反思”技能的微格实训

（一）实训目标与要求

实训目标：通过“说课后反思”技能的理论学习和示例观摩，能将对“说课后反思”技能的理解应用到具体的数学课后反思型说课中去。

实训要求：在理论学习的基础上，编写课后反思说课稿，并要求详细说明“说课后反思”活动中的行为是“说课后反思”技能中的什么要素，即落实效果、成败得失、改进措施等。

（二）评价

“说课后反思”技能的完成水平，取决于课后反思型的说课中是否具体体现出“说课后反思”技能的构成要素，即落实效果、成败得失、改进措施等。“说课后反思”技能的评价，可以采用“2＋2”评价法，如表 6-6-1 所示。

表 6-6-1　“说课后反思”技能“2＋2”评价表

课题		说课人		评课人	
评价项目	1. 对教学的落实情况概述全面、准确到位。 2. 能从理论高度说成败得失，能深刻分析原因。 3. 能实事求是地提出改进方案，并具有可操作性。				
两条优点					
两条建议					

（三）训练内容

1. 说课

任意选取一个中学数学课题，编写完整的说课稿，并在小组内进行说课比赛，每个学生说课的时间控制在 12 分钟内。提供说课的评分细则如表 6-6-2 供大家参考。

表 6-6-2　说课评分细则

评价项目	评分细则	分值
教材分析	1. 教学内容：简要、准确地说出本节课的教学内容。	5
	2. 教材的地位和作用：根据课标要求，教材分析正确、透彻，正确地说出教材的地位和作用。	5
	3. 教学目标：根据教学内容结合学生认知特点，教学目标全面、准确、具体，符合课程标准要求。	5
	4. 重难点：教学重难点确立正确。	5
教、学方法	1. 学法：学情分析客观、具体，学法指导明确，具体，紧扣教材内容，符合学情。	5
	2. 教法：教法选择恰当，符合课标理念，教材特点和学生实际，具有启发性。	5
	3. 教与学：教法与学法指导协调统一，讲明了有利于达到教学目标的思考和分析。	5
	4. 准确阐明了教、学法选择的依据。	5
说教学过程	1. 教学过程紧扣教学要求，设计科学、合理，内容正确，符合学生的认知规律。	5
	2. 能抓住关键，突出重点，突破难点。	5
	3. 各教学环节安排正确、恰当，具有针对性。	5
	4. 阐明了教学过程的设计意图。	5
教学评价	1. 阐明教学评价、反馈的具体措施。	5
	2. 准确体现了形成性评价。	5
教学媒体的运用	1. 合理选择教学媒体，并阐明教学媒体在教学中的使用方式。	5
	2. 板书内容精当，布局合理，美观大方。	5
说课的艺术性	1. 普通话准确、语言准确规范，条理清晰，简明扼要。	5
	2. 教师仪表端庄大方，教态亲切自然。	5
	3. 脱稿讲述，充满激情，富有感召力，具有一定的演讲艺术。	5
	4. 恰当应用多媒体课件辅助说课，或教学流程的板书工整、准确、美观。	5

2. 试讲

说课比赛的前三名根据自己的说课编写教案，然后就教案中的某部分进行试讲。

3.“说课后反思”

试讲后的成员就自己试讲的情况进行反思，并完整的陈述实际教学的落实效果、成败得失，以及今后教学的改进措施等。

第七章　中学数学听评课技能

听课、评课是学校教研活动的常见形式，是学校研修最常用的方式之一，更是研究课堂教学的一种行之有效的重要方法和手段。听、评课活动的有效开展，能达到改进课堂教学实践，提高教学质量，促进教师专业成长，进而提升教学品质，促进学生发展的目的。然而，要听出特点，抓住实质，评出水平，令人心悦诚服，发挥出听评课的作用并非易事。要通过听一堂数学课后，对该堂课作出准确、中肯的点评，提出建设性的意见或建议，听评课者必须具有良好的教研态度、较扎实的数学教育理论知识、较高的数学素养、较丰富的数学教学经验，还需要掌握科学的听评课方法和技能。

本章专门对听评课技能进行阐述，介绍听评课技能、听评课的一般步骤、数学听评课内容及案例评析和数学听评课技能的微格实训等内容。

第一节　听评课技能概述

随着教育教学的改革与发展，随着数学新课程的实施，数学听评课已经成为数学教师教学技能中不可缺少的课堂教学研究技能。数学听评课涉及教师的数学学科素养和数学教育专业素养，作为新时代的数学教师，要对听评课的作用、原则、类型以及数学听评课技能的要素等有较充分的认识。

一、什么是听评课技能

听课和评课是一项教学工作的两个步骤，只有认真、细致、客观、科学地听好一节课，才使评课成为可能，也只有在听课基础上的评课，才可能对执教者以及听课者产生持续的、积极的影响。为此，我们将学校教研活动中的听课和评课统称为听评课。

(1) 听课指听课者凭借眼、耳、手等自身的感官及有关的辅助工具（记录本、观察表、录音录像设备等），直接或间接（主要是直接）地从课堂情景中获取有关师生活动的信息资料，为评课准备好第一手素材的一种教学行为。听课有四个要素：看、听、记、想。看，即看师生的活动；听，即听教师的语言；记，即运用规范的符号记录，便于分析、统计；想，即思考教学思想、教学目标、教学结构、重点难点、教学方法、教师板书和学生活动。

(2) 评课是指根据听课收集到信息资料，对照课堂教学目标，对该课堂中教师和学生的活动及由这些活动所引起的变化进行价值判断，并对课堂教学的成败及原因做出中肯的分析评议，从教育理论的高度对数学课堂教学中出现的一些现象做出正确的解释。

（3）听评课是指听评者带着明确的目的，深入数学课堂中收集师生活动的信息，并依据这些信息资料分析研究相应教学情况，并对此次课堂教学的成败及其原因做出评析，总结经验教训，提高教学认识，并运用一定的教育理论对教师的教学行为做出判断和科学的评价，促进教师间的相互学习，相互促进的一类教学研究活动。

（4）听评课技能是指应用数学教育教学理论，在数学课堂中获得教学反馈信息、捕捉教学复杂现象，并结合所听课堂师生活动的实际情况，对该数学课堂教学的优点和不足，有针对性地提出建设性的意见和建议的一种课堂研究技能。

二、听评课的作用

听评课是一种重要和常规的教学活动方式，听评课不是目的，而是手段和途径，通过开展有效的听评课活动，将对教学起着重要的管理、导向、完善、激励和诊断作用。

（1）教学管理作用。从宏观角度来看，通过听评课活动的开展有利于区域性教育管理的决策，特别是学校各层面工作的决策。具体来说，学校领导通过听评课活动，掌握和了解学校、教师贯彻落实教育教学法规、政策和要求等的现状，检查和评估学校和教师的教育教学质量及水平；指导和督促教学风气和教研氛围的形成，教学工作的展开及教学改革深入有效地进行；总结和提炼推广先进的教学经验和方法，增强各地方及学校间的交流，促进不同年龄不同风格教师间的互学互助，从而促进教师提升教学能力，提高教学质量。因此，听评课对学校领导及上级管理部门具有教学管理的作用。

（2）教研科研作用。听评课既是教研活动，又是科研活动。无论是示范性、研究性的听评课，还是汇报性、找问题性的听评课，都是在对数学教学成功经验的总结，或者对教学问题的发现与探究，都是“标本”研究的鲜活课题。在听评课活动中，数学教师会学习吸收先进的教学理论、经验和前沿的教改信息，来服务我们的数学教学，同时也会把自己的经验总结概括形成数学教学理论，从而提高自己的教学科研能力。因此，听评课具有促进教师教研与科研的作用。

（3）教学导向作用。传统的评课多带有甄别和奖惩的功能，评课的结果多与评先表优、提职、晋级等联系起来，因此参与评课的人多把目光集中在教师身上。看教师的导语设计，看教师的讲授、提问，看教师的教学流程，看教师的教学基本功和课堂组织能力……而学生的表现则常常被忽视。然而，随着数学新课程的实施，数学教学的全过程都发生了深刻的变化。听评课随着教学理念与时俱进地发展，其本身就具有方向性和目标性。听评课通过评价标准和评价体系的构建，为教师的“教”与学生的“学”以及应达到的程度指明了方向；通过听评课意见和建议的反馈，增进教师对学生“最近发展区”的了解，让教师能及时发现课堂教学的问题，从而深化研究数学学科课程，优化教学目标和教学内容，改进教学方法和教学策略，使学生的学习能够有的放矢，提高数学课堂教学效率。因此，听评课对课堂教学起着导向的作用。

（4）激励改进作用。数学听评课活动是数学教师间的群体活动，具有相互沟通协调、相互借鉴学习的作用。一方面，在听评课中，通过听课者的课堂观察、反馈，授课教师能及时获得有关教与学的反馈信息，判断教学过程是否实现预期目标，是否高效，看到自己的成绩与不足，找到成败的原因，促使其扬长避短，不断改进、提高和优化课堂教学，达到全面提高教学质量的目的，增强自信，激发其教与学的活力和创造性。另一方面，听评课的教师也能通过听评课活动，借鉴授课教师的成功做法，吸取教训，在其他老师的评课中受到好的启发，从而改进和提高自己的教学。总之，听评课有帮助和指导教师总结教学经验，优化教育思想和课堂教学理念，创造性地吸收优秀的教学成果，激励改进教学的作用。

（5）教学诊断作用。专业的数学听评课应是对数学课堂的观察与诊断，观察是诊断的依据。为了弄清数学教师教学效果不理想、学生学习效率不高的原因，或者某数学教学改革、教学设计的实施情况等，有针对性地对数学课堂中的教与学进行观察，并根据观察记录的信息综合分析。分析过程中，除肯定成功之外，重点分析存在的问题，分析产生问题的原因，最后提出具体改进的意见和建议。因此，听评课具有教学诊断的作用

三、听评课的常见类型

听评课的类型很多，从不同角度，听评课可以划分成不同类型。听评课类型的划分是相对的，可以从听评课的目的、组织形式、评价主体等不同方面对其进行分类。根据听评课的目的，听评课可划分为：观摩性、研究性、培训性、考核性的；根据组织形式，听评课也可划分为交流沟通式、小组评议式、书面调查式、师生评议式等；根据听评课主体，还可以划分为同事之间互相学习研讨的听评课、学校领导诊断与检查的听评课、上级专家鉴定或评判的听评课；另外，还有微格教学中微格听评课。

显然，数学听评课划分标准不是绝对的，在实际教学活动中，各类型之间往往有交叉现象。因此，根据新课程改革精神、教学实际情况，结合数学课堂教学的特点，以及相对稳定的共性要求，我们可将听评课划分为：教学研究型、观摩学习型、专项指导型、巡视随机型、检查评比型等常见类型。

（1）教学研究型的听评课。教学研究型的听评课，一般以课题组或学校学科教研组为单位，通常采用对某一确定的主题和教学内容进行集体备课的形式，相互切磋，共同探讨，写出教案，然后指定几位教师分别上课。其他教师分别深入这几位指定教师的课堂听课，收集教与学的相关信息，课后逐一进行集体评课，以不断完善教学方案。

教学研究型的听评课，旨在引发教师对教育教学的深度思考，发挥集体优势，取长补短，共同提高听评课教师的研究水平，从而实现“以课促研，以研代培”的教研目的。

（2）观摩学习型的听评课。观摩学习型的听评课，通常是在有关部门的指导下，选择（或指定，或选拔）教学经验丰富的优秀教师上课，组织专家及其他教师通过对执教者的示范性课堂教学观摩，然后根据实际观摩情况做点评与分析，交流，总结其教学经验或成功之处，从而使听评课的教师从中受益。

观摩学习型的听评课，是为了总结、推广、交流以及学习教学经验和方法等而进行的教学活动，它主要包括公开课、示范课、展示课等，具有示范性、推广性、学习性三大特点。一般的，一线教师会把该类课作为一个样板或标准来学习和模仿，尤其是示范课。因此，在该类听评课活动中，组织者会着力引导听评课教师关注教学的闪光点，明

确这堂课好在哪里，哪里需要完善，引领教师从源头去认识理解问题，真正意义上促进教师的专业发展。

(3) 专项指导型的听评课。专项指导型的听评课，包括两个方面的专项指导：不同教师的针对性指导、不同内容的专题指导。一方面，专项指导型的听评课是针对执教教师的不同教学经验、不同教学风格，进行不同需求的指导性听评课活动，包括微格教学听评课。如，对师范生通过教育技术手段有控制的教学实践，主要是让其能集中解决某一特定的教学活动方式的听评课指导；对新上岗教师则需进行全过程、全方位的听评课指导；对有一定教学经验的教师需重点突出对问题情景创设、提问技巧、学生活动设计等某一方面的听评课指导。另一方面，专项指导型的听评课，有时是突出对某一课型的教学设计、教学模式探讨等的专题研究指导，具有典型性、针对性、实效性的特点。

(4) 巡视随机型的听评课。巡视随机型的听评课，一方面，是上级教育部门或学校领导为了解学校和教师教育教学总体状况或教育教学现状，而进行的抽查式的听评课活动；另一方面，是教师之间随时随地相互听课，自由安排交流听评课的一种无障碍的相互学习交流活动。

一般来讲，巡视随机型的听评课有一定的突发性、随机性。其执教者事前并不知情，因此所呈现的课堂是无精心准备的常态课，反映出的问题具有一般性，能较真实地反映学校教学情况，能较客观地评价教师正常情况下的教学水平。

(5) 检查评比型的听评课。检查评比型的听评课，主要是上级教育部门或学校领导为了达成一定的目的，借助一定的评价标准，通过听评课对学校或教师做定性或定量的考评活动。如，教学比赛、教师的引进或考察、学校目标的考核等开展的听评课就属于这个范畴。

检查评比型的听评课，是比较综合的听评课，一方面它要通过关注教师的教学设计、教学实施，观察学生的学习反应、课堂实效，结合课后的交流研讨等对课堂进行定性描述，如A、B、C、D或优、良、中、合格等，同时，它还要求借助一定的评价量表，以分数的形式对课堂给出定量评价或进行明确的等级排序。

检查评比型听评课具有筛选性、公正性、比较性的特点。当然，对于不同要求的课来说，统一的听课指导，评价量规和权重设定是很重要的，需要事前进行讨论明确。

四、听评课的原则

听评课，作为学校一种重要的教学工作环节，作为改进课堂教学、提高教学质量、促进教师专业发展的一种最有效的手段，随着数学新课程改革的不断推进，数学听评课也发生了深刻的变化：不再是带有甄别和奖惩的功能，听评课者的目光也不再只是集中在教师身上，而是呈现出要关注促进学生发展、促进教师发展、“以学论教”等新的趋势和特点。因此，在数学听评课中，要注意以下原则。

(1) 坚持“以事实为依据”。数学听评课要从实际出发，以从数学课堂中所观察到的、感受到的、测量到的事实为依据。数学听评课，不能凭经验和印象，想当然的评课，必须要通过深入数学课堂听课，有目的、有计划地收集数学课堂上教师和学生的活动的信息资料，分析研究相应的情况及原因，并针对性地提出建设性的意见和建议。根据课堂教学中，教学评价要符合课堂教学改革的实际，评价的标准是期待实现的目标，但又必须是目前条件下能够达到的，以利于发挥评价的激励功能；评价的内容和要点必须是可观察、可感受、可测量的，以实际情况进行判断。因此，数学听评课务必从教学实际出发，以课堂中观察到的事实为依据，与讲课教师“肩并肩”地客观分析教学，寻找教师自身因素和外部因素，帮助教师改进教学，从而达到促进教师教学水平提升的目的。

（2）坚持“以学生的发展为本”。基础教育课程改革的核心理念是“以学生的发展为本”，听评课也要坚持“以学生的发展为本”。听评课要从学生全面发展的需要出发，注重学生的学习状态和情感体验，注重教学过程中教师是否注意学生主体地位的体现和主体作用的发挥，强调教师是否尊重学生人格和个性，鼓励发现、探究与质疑，以利培养学生的创新精神和实践能力。

（3）坚持有利于对教学的诊断和正确导向。课堂教学是一个“准备—实施—目标达成”的完整过程，是一个复杂多变的系统，要全面反映这个过程需要考察相当多的因素。正确听评一堂课，既要着眼于课堂教学的全过程，又不能面面俱到，要突出对体现素质教育课堂教学不可缺少的基本要素的考察，以利于在评价中进行有针对性的诊断和正确的导向。

（4）坚持“以学论教”。坚持评教与评学相结合，并把听评课的重点放在“评学”上面。课堂教学中学习的主体是学生，教学目标的落实最终是体现在学生的学习过程之中。课堂教学评价要改变传统的以“评教”为重点的现象，把“评教”的重点转到“评学”上面，以此促进教师转变观念，改进教学。要把听评课的关注点，从教师传递知识转到学生有效学习方向上面，转到如何针对学习差异进行因人施教，如何把过多的统一讲受，转变为以指导学生分组学习讨论和统一答疑、点拨为主要活动方式的课堂，转变为以适当的统一讲解与有指导的自学或自由选择条件下的探究、研讨、查询相结合的课堂。

（5）坚持鼓励创新，促进教师个体成长。没有个性的教师，就没有个性的教学。没有个性的教学，怎能在教学中创新，教师成才是以个性发展为基础的。数学听评课应注意发现和总结执教者的教学个性，发现或鼓励数学教师的创新精神，帮助数学教师认识自身教学特点，提炼教学过程中有价值的东西，通过追踪听评课，将具体的实践经验或体验抽象为具有鲜明个性特征的教学风格。因此，听评一堂课，既要体现课堂教学的一般特征，又要提倡创新，坚持鼓励个性化教学，促进教师个体成长。

第二节　数学听评课的一般步骤

一次有价值的听评课，能对执教者以及听评课者产生持续的、积极的影响。要达到提高数学课堂教学质量，充分发挥数学听评课的作用，使数学听评课教研活动有序、顺利开展，听评课要按照一定的步骤进行。数学听评课一般可分为课前准备、课中听课、课后梳理和反思评议等四个步骤。

一、课前准备

听课和评课是听评课这一项工作的两个步骤。只有有充分准备的听课，才能收集到更全面、更客观的课堂教与学的有关信息，为课后高质量、有价值的评课奠定必要基础。

（一）领会课标、熟悉教材

要有评课发言权，就必须精通业务，领会课标，熟悉教材。因此，听评课者要在课前了解教材及教学标准，熟悉本节课所属单元的全部内容，明确本节课的重、难点，以及课后练习的目的和意图，以便在听课过程中准确地把握讲课思路，体会教学设计的用心。同时，也可以设想，假如是我上这节课，准备教什么，怎么教，以便在听评课时对比思考。

（二）了解基本情况

教师的素养、能力是上好一堂课的关键因素；学生的学习基础、特点是上好一堂课的基础因素。我们要对执教者和学生的基本情况有所了解，具体内容如表 7-2-1 所示，这样才能根据教师和学生的具体情况进行具体分析，对不同情况的数学课做出有针对性的评价，提出切合实际的意见或建议。

表 7-2-1　基本情况

学生情况					执教教师情况						
学校类型	年级	班额（女）	班级特点	课型	性别	年龄	教龄	职称	学历	职务	水平

（三）了解教师教学设计

有条件的（如教研组或备课组进行的听评课）最好能进行课前说课。执教者说课要介绍开课课题的教学设计及根据，一是要说重要的教学设计及根据，二要说教学过程中的主要“亮点”及分析，三要说教学过程中的教法、学法及依据等。课前说课是为了让执教者进一步梳理自己的教学程序，让听评课的教师对课题有进一步了解，并可以根据执教教师的教学设计情况和自己关注兴趣，选择课堂观察与记录的侧重点。

（四）准备好记录表和评价表

1. 课堂记录表

一般的课堂记录表的表头包括任课教师、科别、课型、班级、听课人、听课时间等。记录用的课堂记录表分两栏，第一栏为教学内容要点记载（或课堂实录），第二栏为评议

（或评析），如表 7-2-2 所示。

表 7-2-2　听课记录表

任课教师		科别		课型		班级	
听课人		时间	年　月　日			节次	
教学内容要点记载						评议	

教学内容要点记载一般包括教学环节和教学内容，教学时采用的教学方法，各环节的时间安排，学生活动情况及教学效果等。但一堂数学课的内容是非常丰富的，不可能详细地记载每一个细节，应该有选择地记载。在设计听课记录表时，除准备一般课堂记录表外，还应该根据自己听课的侧重点设置几个栏目或有针对性课堂记录表。如对于新教师或实习生，在教学时间的把握及提问和过度语言上通常存在较大问题，这时可以将教学内容要点记载分为三小栏，第一栏用于记录教学时间和环节，第二栏用于记录课堂提问和过度，第三栏用于记录板书；若听课重点是"教师课堂提问"，可以设计一个有针对性的课堂提问记录表；若听课重点是关注"学生参与活动"，那就可以准备好学生座次表。评议一栏主要用于记录听课当时自己的感想、思考和评价。

2. 评价表

一般来说，听课前还会为听评课者准备一份课堂教学评价表。下面提供一份成都市某国家级示范学校的教师研究课课堂教学评价表，供大家参考，如表 7-2-3 所示。

表 7-2-3　成都市×××高中教师研究课评课表

任课教师		学科		班级	高　级　班
听课人		时间	年　月　日　第　周　星期 □上午　□下午　第　节		
课题					
教　学　评　价					
项目	评价内容				评价选项
教学目标	1. 符合学科特点和学生实际，体现新课标理念和要求，三维目标科学、合理、明确				□优　□良　□中　□差

续 表

任课教师		学科		班级	高 级 班
教学内容	2. 教学内容准确，教学容量适度				□优 □良 □中 □差
	3. 注意知识联系和适度拓展				□优 □良 □中 □差
	4. 做到讲、学、练的统一				□优 □良 □中 □差
	5. 挖掘德育因素，具有育人意识				□优 □良 □中 □差
教学过程	6. 教学思路清晰，突出重点，突破难点				□优 □良 □中 □差
	7. 发挥学生主体作用，面向全体，关注学生差异				□优 □良 □中 □差
	8. 以学论教，顺学而导，教学方式灵活多样				□优 □良 □中 □差
	9. 反馈及时，重视课堂教学的动态生成				□优 □良 □中 □差
	10. 注重思维训练和能力培养				□优 □良 □中 □差
学生活动	11. 学生学习兴趣高，思维活跃				□优 □良 □中 □差
	12. 动脑、动手、动口充分，体现自主性、探究性和合作学习方式				□优 □良 □中 □差
教学技能	13. 具有驾驭课堂的能力				□优 □良 □中 □差
	14. 普通话教学，语言准确、生动，有启发性				□优 □良 □中 □差
	15. 现代教育技术手段适用恰当，辅助有效				□优 □良 □中 □差
教学特色	16. 教学设计新颖，有明确研究主题并有突破				□优 □良 □中 □差
	17. 具有个人教学风格，且能促进教学目标达成				□优 □良 □中 □差
教学效果	18. 完成教学任务，达成预定教学目标				□优 □良 □中 □差
	19. 课堂氛围和谐，教学有吸引力，学生乐于学习				□优 □良 □中 □差
综合评价的意见与建议：					

课堂教学评价要根据学科特点、教学阶段选择适当的指标，而不是用统一“指标”评不同的类型的课。设计评价表时要坚持“以学生发展为本”，坚持“评教”与“评学”相结合，充分考虑评课目的、类型以及评价对象的基础上设计或选用。

二、课中听课

听评课人员应该在上课开始前就进入教室，选择既能观察教师和学生的活动，又不影响教师正常上课的听课位置落座。具体位置的选择，可根据听评课关注的重点而定，同时，听课时尽量避免与教师和学生的目光接触，以避免干扰教师的教学过程。

（一）听课记录内容

课堂上，听评课人员观察教师和学生的活动，并应将教师和学生的语言、行动、活动转换的时间记录下来，但要完整地记录课堂上教师和学生的一言一行是不可能的，记录的内容必须根据评价的重点有所侧重和选择。还应及时把自己对某一个教学环节或片段的感受写在听课记录本相应的位置，为评课准备好第一手素材。

数学听课一般包括看、听、记、想四个要素，听课记录内容主要是：听课者在数学课堂上看到的师生活动、听到的师生互动中的交流语言、听课过程中感受、疑问或受启发闪现出来的灵感等。具体来说，听课者可以从以下几个方面入手记录：第一，划步骤，即记录教学的各个环节，如导入新课、按照知识层次展开新课、练习巩固所学新内容、总结课题、提高升华或提炼规律等。第二，抓记实，对课堂教学过程进行如实记录，这是评点教学的第一手资料，要记录教师的讲课语言，特别是一些关键性的语言千万不能放过；要记录教师使用教具进行演示、实验、板书等一系列教学活动；还注意做好学生活动次数，学生回答问题、提出问题的人次数，学生动手、动口、动脑情况，以及课堂纪律情况等方面的记录。另外，对上课的主要步骤各用了多少时间，特别是教师纯讲授时间和学生练习时间也要做好记录，以考查教学的时间安排是否合理，是否突出重点。第三，记录板书，可在最后将板书主要内容、形式记录下来，通过对板书设计的分析，把握任课教师的教学思路。通过这些内容的记录，可以分析教师的教学设计、教学方法、教学效果等。

（二）听课记录方法

除了记录内容有侧重和选择外，听课记录也可根据个人习惯速记或采用符号记录，起到提示作用，在课后整理时再补充使之完整。对于不同的课型、不同的评课目的、不同的评价对象等，可以采用不同的方法及其组合来记录课堂情况。下面介绍几种实用的听课记录方法：

1. 教学结构记录

教学结构记录，也称教学环节记录，即把课堂教学过程按照主要的教学内容板块划分成几个大的环节，在每个大环节里，又可以拆分成若干个小环节来记录，如表 7-2-4 所示。

表 7-2-4　教学结构听课记录示例

课堂环节	学生活动	教师活动
一、讲评作业（0′0″～2′31″）	积极思考、发现问题	作业中问题及原因引入新课
二、阅读材料（2′06″～6′20″）	阅读理会资料	介绍资料重点
三、小组讨论（6′21″～15′20″）	根据各组老师提供的资料在小组内交流	教师巡视/指导

续　表

课堂环节	学生活动	教师活动
四、分享成果 (15′20″～40′10″)	第一小组讨论…… 第二小组讨论…… 第三小组讨论…… 第四小组讨论…… 第五小组讨论…… 第六小组讨论……	介绍交流规则 评价讨论发言内容
五、小结、布置作业 (40′10″～44′54″)	边听边思考，并记录作业要求	总结学习情况提出作业要求

通过这样的板块划分和时间份额的标注，可以使人获得本节课教学流程的整体概貌，并初步获知实际教学中教师把主要精力和时间投入在哪里。

2. 教学活动转换记录

把课堂中发生的教学活动分为四类：教师讲解（A）、师生交流（B）、学生合作（C）、学生独立思考（D）。按照教学展开过程，对各种教学活动发生的先后顺序、每种活动的持续时间加以记录，得到一系列 A−C−B−A−D−B（图 7-2-1）后，结合教学内容观察各种活动发生和转换的频率。

$\xrightarrow{\text{时间}}A\xrightarrow{\text{时间}}C\xrightarrow{\text{时间}}B\xrightarrow{\text{时间}}C\xrightarrow{\text{时间}}B\xrightarrow{\text{时间}}D\xrightarrow{\text{时间}}B\cdots\cdots$

图 7-2-1

3. 课堂提问记录

把教师问过的所有问题一一记录下来，如表 7-2-5 所示。再统计课堂提问类别频次；然后进行多种角度的再分析。这种记录方式能为教师教学改进提供建议，其中问题的大小、问题的结构关系、问题的思维跨度和思维空间能够为教学设计提供最直接的建议。

表 7-2-5　×××课的教师提问片段记录

序号	问题	问答方式	A. 教师提问					B. 学生答问				
			管理	认记	推理	创造	批判	无答	机械	认记	推理	创造
1												
2												
3												
……	……	……										

4. 学生学习状态记录

学生学习状态记录，是基于座位表的一种记录方法，目的是了解个别学生或某个小组的学习状况。用符号按照各种状态依次发生的时间记录，如图 7-2-2 所示。该记录方法的实质是不停地在某个学习任务发生过程中，用眼睛“给学生拍照”，记录学生在该任务中的实际表现。

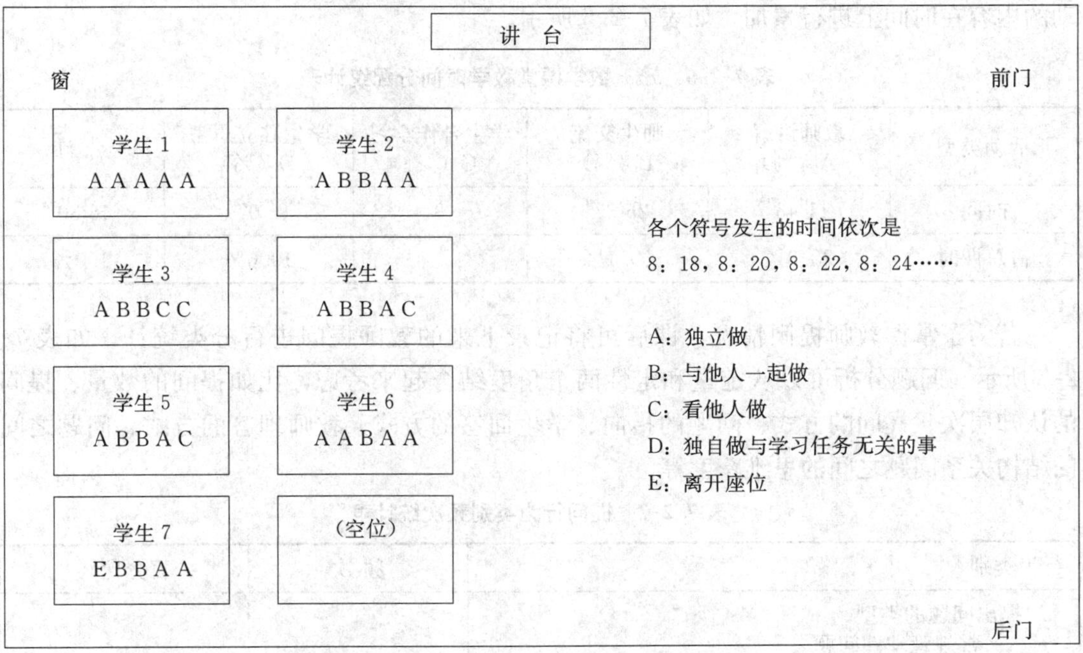

图 7-2-2　学生学习状态记录

数学课堂听课中除运用以上四种听课记录外，还会用到比如课堂反馈记录、师生移动记录、教学结构语言等多种记录方法。当然，实际听课记录中各种方法的运用不是固定不变的，各种方法是可以交叉组合使用的，听课教师要根据具体情况灵活选用，才能取得良好的听课记录效果。

三、课后梳理

听课后，若不是马上评课，也就是还有些时间的话，可以根据时间和需要对听课记录、学生反映和评议要点等等进行梳理。

（一）整理听课记录

课后，听课者要根据回忆课堂观察，对听课记录加以补充、完善、整理，以较为完整地反映教学的真实情况。整理听课记录主要有以下三个任务。

（1）理清课堂教学的结构和思路。从听课记录中，听评课者各自领会执教教师的教学设计思路和教学活动安排流程。因此，课后重新看一遍听课记录，对课堂教学的过程和思路进行再次梳理，有利于对教师教学设计和结构安排做出统筹考虑和评价。

（2）补充完善课堂记录。因听课时来不及把细节记录下来，只能简记或用符号代替，所以听课结束后，要对听课中来不及记录下来的重要细节及时整理和补充，以免时间一长遗忘。

（3）分类整理，得出结论。针对听课侧重点对课堂记录进行分类整理、得出结论。若为了要明确该课主要采用了何种教学活动形式，课后可对教学活动转换记录中每种活动的内容在时间上进行累加，如表 7-2-6 所示。

表 7-2-6　xxx 数学课堂教学时间分配统计表

活动类型	教师讲解 A（%）	师生交流 B（%）	学生合作学习 C（%）	学生独立思考 D（%）	合 计
时间	11′46″	25′37″	0	9′ 07″	46′30″
占总课时	25.3%	55.1%		19.6%	100%

若为了掌握教师提问情况，课后可将记录下来的教师提问进行分类统计，如表 7-2-7 所示。问题分析可以从定量和定性两个角度结合起来考虑，比如提问的数量、提问的认知层次、提问的方式、问题的指向、学生回答的方式、教师理答的方式、问题之间的结构关系问题之间的思维跨度等。

表 7-2-7　提问行为类别频次统计表

行为类别	频 次	百分比%
A. 提出问题的类型 1. 常规管理性问题 2. 记忆性问题 3. 推理性问题 4. 创造性问题 5. 与数学无关的问题		
B. 挑选回答问题方式 1. 提问前，先点名 2. 提问后，让学生齐答 3. 提问后，叫举手者答 4. 提问后，叫未举手者答 5. 提问后，改问其他同学		
C. 教师理答方式 1. 打断学生回答，或自己代答 2. 对学生回答不理睬，或消极批评 3. 重复自己的问题或学生答案 4. 对学生回答鼓励、称赞 5. 鼓励学生提出问题		
D. 学生回答的类型 1. 无回答 2. 机械判断是否 3. 认知记忆性回答 4. 推理性回答 5. 创造评价性回答		
E. 停顿 1. 提问后，没有停顿或不足 3 秒 2. 提问后，停顿过长 3. 提问后，适当停顿 3～5 秒 4. 学生答不出来，耐心等待几秒 5. 对特殊需要的学生，适当多等几秒		

若为了判断学生学习投入情况，课后可对学生学习各种状态发生的时间及所占百分比统计，如表 7-2-8 所示。这样可以了解某个学习任务在学生身上实际发生了什么、是怎样被学生实施的（包括常见错误、操作困难等）。

表 7-2-8　学生学习状态统计表

	8：18	8：20	822	8：24	……	总计	百分比
A 投入状态（独立做）							
B 投入状态（与他人一起做）							
C 投入状态（看他人做）							
D 非投入状态（做无关的事）							
E 非投入状态（离开座位）							

（二）搜集学生反映

课堂教学效果如何，学生是最有发言权的。因此，若有时间或条件的话，除了整理听课记录外，最好能搜集学生的反映。听课教师在课后可选择层次不同的学生进行调研，了解他们的体验和感受。具体做法有以下两种。

（1）个别访谈学生。听评课者可在课后与部分学生个别交流，了解他们对新学内容的掌握程度（如可变更教师课堂提出的问题，或者举反例让学生辨析等，看学生是否真的掌握了），以及收集学生对教师教学方法的意见。

（2）书面调查学生。听评课者可在课后发放问卷或调查表给学填写，或者用题目测试学生知识掌握情况，然后通过统计分析，得出课堂教学效果的评价。

（三）拟好评议提纲

在整理听课笔记和搜集学生反映后，对所听课进行全面的回顾，再看看教材，在认真分析的基础上，拟好评课提纲，比如该节课的特点和优点、经验与不足、需要探讨的问题等等。

四、反思评议

不同类型的课有不同的评课形式。在做好前三个阶段工作后，就进入了评课阶段。评课分为以下两部分。

（1）执教者课后反思。执教者首先要就自己上课情况作一个总结性发言，并就自己上课的优点和不足谈谈自己的感受，分析其原因，并提出自己教学中的困惑等等。

（2）听评课者评议。评议阶段，听评课者根据课堂听课记录、搜集学生反映的情况，整理课堂信息，有组织有序的发表自己的见解，同时注意聆听、记录他人的评议，并参与问题讨论。在评课时，大家坐在一起，在平等、真诚的对话氛围中，交换意见、心得和体会。大家从自己观察的角度来分析、评议这一堂课，评议中有数据、有分析还有建议，而每一项建议和分析都建立在课堂表现的基础之上。特别是当听评课教师将发言中心定在“如果是我来上，我会如何……”上，各种处理方法一一亮相，哪些意见更切合执教者，哪些看法更适应将要教学的学生，就有了可以比较、选择的余地。这样，不仅让执教者的教师看到了自己教法、学法、课堂生成方面的优点与不足，也会给听评课教师感触颇多，更加注意自己上课的细节，对大家的课堂教学实践有很大帮助。

关于数学课堂评课，由于评价的角度不同，评价的体系也不尽相同。虽然在课堂教学评价标准的把握和制定上各有看法，但不影响对同一堂教学的整体评价，而且中学数学评课是基于教学目的和教学效果的评价。听评数学课堂教学要抓住其共性问题和问题的主要方面，我们将在第三节中详述主要听评内容。

第三节　听评课内容及课例评析

一节数学课，究竟怎样评？一般来说，对于不同类型的课，评议的侧重点应有所不同。对教改实验课，应注重研究性，在评议过程中鼓励大家多发表不同意见，总结有效和先进的教学经验，发现存在的问题，进一步改进提高；对于新教师的试教课，要注重其教学技能，考察他们的可发展性；对以教研组为单位组织的研究课，评议应着力研究具体问题，探索教学规律，提高教师的教学水平与教研能力。

虽然对不同年级、不同类型数学课的评价有所不同，但我们可以抓住数学课堂教学的共性问题和问题的主要方面，从以下几个基本切入角度或主要内容去听评数学课。

一、听评教学目标

教学目标是教学的出发点和归宿，它的正确制定和达成，是衡量一堂课好坏的主要尺度。所以，听评课首先要听评教学目标。

首先，从教学目标制定来看，要看是否全面、具体、适宜。全面，指符合数学课程标准的教学目标，即能从知识与技能、过程与方法、情感态度与价值观等三个维度综合考虑教学目标的制定；具体，指目标陈述应具体、明确、便于实施和检测，知识与技能目标要有量化要求，过程与方法、情感态度与价值观目标要有明确要求，体现数学学科特点；适宜，指确定的教学目标，能以数学课程标准为指导，体现年级、单元教材特点，符合学生年龄实际和认识规律，难易适度。

其次，从目标达成来看，要看教学目标是否明确地体现在每一教学环节中，教学手段是否都紧密地围绕教学目标，为实现教学目标服务。要看课堂上是否尽快地接触重点内容，重点内容的教学时间是否得到保证，重点知识和技能是否得到巩固和强化。

☆　案例 7-3-1　“统计图的选择”课例评析①②

这份课例的特点在于其对这节课所做的背景分析。虽然教师上课主要依据的是教材，

① 引自：孙晓天和史炳星（2004）。
② 由于篇幅的原因，本章的案例略去教学具体内容。

这位教师仍然分析了这节课教与学的目标，以及这些目标与《标准》之间的关系，仔细推敲了如何把具体的教学实践与《标准》中“三维一体”的目标有机地结合在一起，这一点很重要。在实施《标准》、推进新课程改革的进程中，能够把《标准》的总体目标渗透到教师每一个具体的教学实践中去，几乎成了这场改革能否实现预期目标的关键。因为我们一旦只聚焦于眼前的任务和考试，那些长远的理想可能会显得虚幻，我们是多么期望教师上课时能把具体的教学行为与数学教育的最终目标联系在一起，在处理“知识与技能”的时候时时记起这些“知识与技能“在学生成长中能派上什么用场。做到这一点不容易，但不这么做不行。这份案例还有不少可圈可点之处，但我最看中的是这一点。

二、听评教学内容

教学内容规定教什么和学什么的问题，恰当地选择和处理教学内容是实现教学目标的重要保证。因此，数学课听和评价教学内容是否处理得当，是听评数学课的基本内容。

听评教学内容，一要看执教者能否明确教学内容在整个系统中的地位和作用，内容是否具有科学性和教育性，有无知识性和原则性错误；二要看教学是否围绕教学目标，是否分清主次、突出重点、突破难点，抓住关键是否落实，对例题、习题的选配是否有针对性和阶梯性；三要看执教者能否处理好教学知识结构与学生原有认知结构的关系，按由易到难的顺序安排教学内容，注重思维训练与思维能力的培养；四要看执教者能否挖掘教材中的德育因素培养学生数学思想方法和对学生辩证唯物主义教育，做到既教书又育人。

☆　案例 7-3-2　“解二元一次方程组（一）”课例评析

代入消元法解二元一次方程组的精华旨在一个“代”，但怎么“代”，“代”什么，教材上的处理不够精细。该课例中教师对教材做了以下处理：

教材的情境引入中动物驮货物这个问题离学生的生活实际较远，将这个片段重新处理成为多数学生感兴趣的足球比赛的问题，利用视频、图片等光影，能迅速抓住学生的注意力，让其有兴趣和老师一起探究。

教材是在列出方程组后，以例题的形式简单演示了“代入消元”的过程，进而介绍“代入消元法”的定义。教材这样的处理方式，学生只是被动地接受，是刻意在“临摹”代入消元法。然而，消元法是一种重要的数学方法，这节课中，在得到定义之前，教师设计了足球比赛问题情境，接着精心设计了两组问题串，采用“问题驱动式”教学，把“代入”和“消元”融入八个问题当中，学生通过对这八个问题思考，感悟“代入消元法”。教师对教学内容这种处理方式，不仅突出了“消元法”这个重点、突破“怎么“代”、代“什么”的难点，而且学生学到的不仅仅是一种方法，还领会到一种重要的数学思想——“化未知为已知”的化归思想。

三、听评教学程序

教学目标要在教学程序中实现，教学目标能不能实现要看教师教学程序的设计和运作。因此，听评数学课就必须要对数学教学程序做出观察与评析。

教学程序的观察与评析包括教学思路设计和课堂结构安排。教学思路与课堂结构既有区别又有联系。教学思路，是侧重教材处理，反映教师课堂教学纵向教学脉络；而课堂结构，则侧重教法设计，反映教学横向的层次和环节。

（一）教学思路设计

教学思路是教师上课的脉络和主线，它是根据教学内容和学生水平两个方面的实际情况设计出来的。它反映一系列教学措施怎样编排组合，怎样衔接过渡，怎样安排详略，怎样安排讲练等。教师课堂上的教学思路设计是多种多样的。为此，我们听评教学思路，一是要看教学思路设计，是否注重教学内容实际和学生实际；二是要看教学思路的设计，是否有一定的独创性，能否给学生以新鲜的感受；三是看教学思路的层次、脉络是否清晰；四是看教师在课堂上教学思路实际运作的效果；五是看课堂教学设计是否注重学生全面发展。我们平常听课中发现，有些老师课上不好、效率低，很大程度上是因教学思路不清，或教学思路不符合教学内容和学生实际等造成的。所以听评课，必须注重对教学思路的观察与评析。

☆　案例 7-3-3　“二元一次不等式（组）与平面区域”课例评析①

从二元一次不等式解集的上下（或左右）方区域表示，到二元一次不等式组解集的公共区域表示，本课围绕解集所在区域直观图形的画法由简单到复杂不断组织学生实践，按照思维发展的顺序，由观察—尝试模仿—分析讨论—再实践……使学生对二元一次不等式（组）的解（解集）的认识不断深化。抽象概念的直观化正是新课程教学理念所倡导的。

在讲解用二元一次不等式组确定平面区域时，帮助学生养成画图的习惯，是教学中需要特别注意的问题。

（二）课堂结构安排

课堂结构也称为教学环节或步骤，它是指一节课的教学过程各部分的确立，以及它们之间的联系、顺序和时间分配。数学课堂结构是根据教学目标、教学内容、教学方式和学生情况来确定的，没有固定的模式，但有一定的规律可循。通常，一节好课的结构是：结构严谨、环环相扣，过渡自然，时间分配合理，密度适中，效率高。计算执教者的教学环节的时间分配与衔接是否恰当，能较好地了解其授课重点。

---

①　引自：王尚志（2006）。

☆ 案例 7-3-4 “池塘里有多少条鱼”课例评析

本节课主要目的是进一步体会概率与统计之间的联系，初步形成用样本去估计总体的统计思想，形成解决问题的一些基本策略并用文字准确表述，体验解决问题策略的多样性，发展实践能力和创新精神，通过学生的探索，体会抽样调查的必要性，感受数学在实际生活中的应用。从整节课的实施情况看，本课最大的一个特点就是课堂结构紧凑流畅和高效。

课堂开始 2 分钟内展示三张图片，提出三个问题，没有任何花哨多余东西影响学生的学习状态，激起学生对新知识的兴趣及主动探究的欲望，堪称课堂高效引入的典范。

在进入新课学习环节时，教师没有过多地说明本节课学习什么，而是通过起点较低的“探究 1”让学生不知不觉地进入数学模型解决实际问题的探究状态，非常流畅地进入新课学习。5 分钟左右就能进入本课重点“探究 2”，而且在黄金时段（开课 5 分钟至 15 分钟）教师充分尊重学生学习的主动性和创造性，由学生分组有目的地讨论。这样一气呵成教学结构，不仅达到了体会概率和统计之间的联系，而且初步形成“用样本去估计总体”的统计思想，本节重点“用文字表述解决问题的策略”也在学生分组设计方案中得到体现。

接着，教师利用学生的设计方案给出两种方案的比较，并做出讲解。这原本是这节课的难点所在，但通过在学生充分体验和相互交流中对知识内容已经建构了自己一种模糊的认识，此时教师的讲解为突破难点尤为重要。

这时，学生已经可以利用本课所学习知识来解决数学模型问题以及课前提出的三个实际问题了，在表述的准确性和严谨性上可能会出现的问题，教师此时让学生在“探究 3”中互相交流、补充使之规范，再次突出重点。

在随后 10 分钟的练习和小结中，能再次巩固所学新知识，突破难点。

该节课教学结构沿用最常见的“引入—新知—练习—小结”的模式，但在对新知识探究的设计和实施上体现出来的严谨和流畅为该节课增色添亮。

四、听评教学方法

教学方法是实现教学目标，体现教学内容的手段，教学方法包括教法和学法两部分。教学方法是课堂教学的活动源泉，是能否完成预期教学目标的重要因素，也是观察与评议课堂的重要内容。听评教学方法的主要内容有以下内容。

第一，看是否体现了启发式教学原则和对学生进行学法指导。教师在教学中运用哪种方法不应作为评价的依据，应看教法本身是否运用妥当，能否时时吸引学生的兴趣，能否充分发挥教师的主导作用和学生的主体作用，使学生积极思维，主动学习，自主学习，从而达到“会学”的目的。

第二，看教学基础知识的演示和基本技能训练的情况，是否重视知识发生、形成过程的教学，评课时不仅要看学生对结论的掌握情况，还要看教师如何引导学生提示数学知识的本质。

第三，看教师能否在教学方法多样性及现代化上下一番工夫，使课堂教学不再限于传统的教学模式，超凡脱俗，富有活泼性，新颖性。

总之，听评教师的教学方法既要评常规，还要看改革与创新。

☆ 案例 7-3-5 “数怎么不够用了”课例评析

本次基础教育数学课程改革的一个突出特点是：改进学生的学习方式。强调合作交流、探究学习，在知识学习的同时注重能力培养，加强对学生的情感态度的教育。“数怎么不够用了”这一课的教学就很好地突出了这一点，对学法的指导具体、细致，可操作性强，体现了新课程标准理念。

从课题的引入到有理数的分类的学习，从负数的表示到知识小结，无一不体现了教师“合作探究、互相促进、注重能力、学会学习”的教学特色，以这样的形式培养学生的合作精神及进取心，抓住了学生的学习心理，激发了学生学习热情，学生自然就爱上数学课了。

本节课的课前复习、课题引入及对相反意义量的学习等都创设了丰富而又生动的问题情境，丰富了学生的数学体验、增强了学生的数感，整节课突出的是学生的学，是对学生学习过程的组织、指导、参与的设计，体现了教师的组织者、合作者、参与者的地位和作用，反映了教师的教学理念。我们也看到，教学素材源于教材，又不囿于教材，创造行地利用教材、发展教材，也成为本节课的一个亮点。

另外，多媒体技术的应用，也使课堂学习更有趣、生动，有效的发挥了现代教育技术的优势，极大地提高了教与学的效率，电脑显示的“每一张笑脸”凝结着学生的成就感、自信心。

五、听评学生活动

数学教学是数学活动的教学——前苏联数学教育家斯托里亚尔的现代数学教学观念。数学活动的教学是指课堂上师生、生生之间以数学内容为载体交往互动的行为和思维活动。学生是数学学习活动的主体，教师是数学学习活动的主导。因此，听评数学课时，要关注学生的学，关注学生学习中的参与状态、交往状态、思维状态以及情感态度。比如要看学生是否全员参与，参与的面有多大，要看课堂信息是否有多项联系与反馈，人际交往关系是否和谐；看学生能否发现问题、提出问题、发表自己的见解，以及提出的问题是否具有独创性；看学生的学习是否积极主动，是否有愉悦感等等。

☆ 案例 7-3-6 “‘且’的含义”课例评析

此教学片段最大的特点是从实例入手，通过学生的观察、思考、讨论，逐步达到了解“且”的含义的目的。教学活动开展得很充分，气氛民主。学生自己的举例（如学生B、C等）很好地反馈了学生认知的程度和水平。

六、听评教学效果

一节中学数学课的成功与否，不仅要关注其过程，更要看其结果——教学效果。教学效果是衡量课堂教学成功与否的标准，也是今后课堂教学发展方向的指南针。数学教学是师生双边的教与学活动过程，要有利于学生和教师的共同成长。因此，听评数学课时，应从教师和学生双方的收获来看一堂数学课的实际教学效果。听评数学课教学效果可从以下几个方面考察。

第一，教学目标实现情况。是否在知识与技能、过程与方法、情感态度与价值观等方面都实现了目标要求，哪些预设目标得以实现，哪些没有实现或部分实现，是否出现生成性目标，达成度如何。

第二，学生的参与情况。学生是否乐于参与思考、讨论、争辩、动手操作，参与面有多大；学生的思维是否有深度，能否积极主动地发现问题、提出问题，发表自己的见解；学习气氛如何，学生经常做出怎样的情绪反应，是否获得积极的情感体验。

第三，学生发展情况。是否充分利用了一节课的每一分钟，学生受益面有多大，不同程度的学生在原有基础上是否都有收获；是否关注到了学习的隐性效果，包括学习方法、能力、态度、习惯等。

第四，课堂效率问题。师生的时间和精力都是有限的，课堂教学的每一分钟都是十分宝贵的，不仅要看学生获得了哪些知识、技能和数学思想方法，还要算一算师生投入的时间和精力是否过多过大，即所获得的实际效益。

第五，教师成长。教师是否在规定时间内顺畅地完成了教学任务，是否在师生、生生交往互动中，也同样获得了积极的情感体验，并有利于自身数学素养和教学素养的提升。

☆　案例 7-3-7　“一次函数图像的性质”课例评析

善于让学生说教师要说的话，做教师想做的事，善于做点燃学生探究欲望和智慧火把的人，善于做学生探究真知之旅上的一个促进者、协作者、组织者，这样的数学课就是一堂好课。

本课中，围绕教师提出的一系列问题而展开数学学习活动。从学生体验不同的一次函数有着不同的图像出发，到提炼出函数图像的性质，教师放手让学生在探究活动中，经历问题的提出：系数 k、b 与图像之间有怎样的关系、怎样用精炼准确的数学语言描述“爬上去”、“走下来”；去体验知识的产生：通过对比、类比，找出直线的“方向”与系数 k 的关系、y 轴交点与 b 的关系，用变量的关系阐释一次函数图像的性质；内化了解决问题策略，积淀了“观察、分析、归纳、概括”的整个过程，感悟了“数、形”结合的分析方法，体会了从一般到特殊的思维规律。整个课堂中，充满了学生对知识的渴求、对成功的体验。同时，教师“半截话”式的提问方式、层层递进的问题驱动，优化提炼学生结论，学生时时保持注意力集中。学生在紧张而快乐的学习氛围中，高效率地达成了三维目标。

本课的不足之处是个别地方是问题太细，学生的认知冲突略少，思维的深刻性不够，由此看问题设计尚可改进。

七、听评教师教学基本功

端正教学思想、严肃教学态度是搞好教学工作的前提条件，教学基本功则是提高课堂教学效率的基本保证。所谓教学基本功，笼统地讲，是指教师从事教学实践活动所必须具备的知识的技能。教师教学基本功体现在教学中的各个环节中，包括教学目标的确定、教学内容的选择、教学程序的设计、教学方法的组合、教学手段的灵活运用等等。数学教师教学基本功的听评内容主要有以下内容。

第一，教师教学观。课堂教学中是否关注学生全面发展，包括教学目标的落实是否全面，是否关注全体学生的发展等。

第二，教学模式的选择和运用。是否实现了启发性和目标性原则，是否能优化课堂教学等。

第三，教师教学语言。教师教学语言是否准确、规范、精练；是否具有感染力和幽默感；是否语速快慢适度，语调高低适宜；讲解、提问中所使用的数学学科术语和符号是否清楚、规范，有无知识性错误；衔接语言是否过度自然顺畅等。

第四，板书板画技能。教师板书是否布局合理；字迹是否工整美观，作图是否规范和直观；书写与讲解能否配合；板书条理是否清晰，是否有示范性和启发性等。

第五，专业扎实、知识面广。教师是否具备宽厚扎实的数学专业知识，能否流畅地解答学生提出的课堂疑问；知识面广主要表现在课堂教学中，能否根据当时的教学需要，信手拈来相关知识充实教学，扩大学生的知识面，使课堂教学更加丰满。教师表现出专业扎实、知识面广，还有利于“博学多才”形象的建立，为教师多增添几份教学魅力。

第六，教学机智与表现力。教学机智即教学活动中的应变力和组织力，主要体现在对课堂偶发事件的处理上，能否因势利导而又使教学活动不越轨。教学表现力即教师运用各种教学工具的能力，它包括语言表达力、情感表达力及运用教学教具和现代化教学设备的操作能力等。

第七，教师教态与气质。教态是否自然亲切、精神饱满、仪表端庄、举止从容，表情与讲解配合是否生动、富有感染力；是否尽量面向全体学生，与学生是否有较广泛的眼神交流等等。

☆　案例 7-3-8　“关注三角形的外角”课例评析

该课例以问题串的方式驱动学生思维，激发学生进入新课的探究，这是一种高效的教学方式，较好地体现了教师以学生为主体，促进其思维发展的教学观。但教学过程中，有些问题表述还需斟酌，如“首先得知道什么是三角形的外角?”这不是问句，再如“其不容易射偏”可否改为“使其更容易将足球射入球门”；语速也可适当慢些，以便学生听得更清楚，也以便给学生留下思考的时间和空间。

板书板画是课堂教学内容、步骤、方法的体现，是师生教与学过程的反映，是师生互动的桥梁，建议将黑板分成三块：主板书、副板书、辅助性板来布局书写，使其层次分明、条理清晰，重点突出、详略得当，有启发性和示范性。

根据以上数学课的听评内容，可对不同类型的数学课，构建评课的指标体系，划分评价的等级，为当前开展数学课听评活动提供可借鉴的价值标准，用以评价数学教师的教学行为与实效。

第四节　听评课技能的微格实训

听评课作为一种特殊形式的教学交流和评价活动，是提高课堂教学效率、促进教学反思、提升教师教学教研能力的有效途径。师范生或新教师要想尽快掌握听评课这项教学研究技能，除了了解数学听评课的作用、类型和评价原则，掌握听评数学课的一般步骤要领和把握数学听评课主要内容外，还应进行听评课技能实训。

一、听评课技能的实训目标和要求

（一）实训目标

（1）能根据听评课类型，选择恰当的听课记录方法和制定有针对性的评价表。

（2）能根据教学实际情况，有理有据的对数学课的教学目标、教学内容、教学程序、教学方法、学生活动、教学效果以及教师教学基本功等主要内容，做出有针对性的评析，提供有建设性的意见或建议。

（二）实训要求

（1）要做好课前准备工作。包括尽可能较全面了解执教教师和学生情况；熟悉教学内容以及教研主题；教师教学设计意图；准备好听课和评价用表。

（2）要做好课堂实施过程的记录。忠实记录课堂教学的实施过程，观察学生在学习活动片断中的实际反应，思考其的教育价值。记录自己对课堂活动片断的想法：这种活动的教育价值如何？有没有更好的片断活动设计等等。

（3）要认真倾听和记录执教者的课前说课与课后反思。这个过程主要是了解执教教师的教学设计的意图、教学的基本价值取向，对照课堂实施过程记录，了解实施过程中体现教师设计意图落实的情况，从中折射出该教师的课堂实施能力、对学生的学习起点行为分析的准确性和对学生课堂反应的预估能力.

（4）要对课堂教学进行准确、中肯的评议。要根据数学课堂教学特点和学生实际，实事求是的公开评价一节课，切忌带有个人倾向；要以虚心的态度，商量的口气与执教者共同分析研讨，不能把自己的观点强加在别人头上；要突出重点，集中主要问题进行评议和研究，不必面面俱到，泛泛而谈；要以事实（数据）为根据，增强说服力。

二、听评课技能的评价

数学听评课技能的评价是对听评课者的听评水平的判断。评价时可根据听评课的作用、听评课应该遵循的原则和听评课实训要求，既要把握好方向，又要客观量化，尽量真实地反映一个人的听评课水平。评价时可以关注是否能够运用数学教学理论来进行评价、是否能够给予授课教师鼓励和具体的建设性的意见或建议、语言是否精确简练、是否有自己的个性特点、是否公正客观、是否具有差异性等等。数学听评课技能的评价，可采用如表 7-4-1 所示的等级评价表。

表 7-4-1　听评课技能的等级评价表单

听评课人		评价人		成绩	
课题			评价等级		
评价项目	权重	优	良	中	差
1. 运用教育教学理论，结合数学教学内容特点和学生实际来听评	0.20				
2. 能忠实课堂实施情况，以课堂教学事实（或数据）为依据来评析	0.20				
3. 切实抓住课堂教学特色与不足，详略得当，坦诚评议	0.15				
4. 能提出建设性的意见、建议或探究性的问题	0.15				
5. 能给予教师鼓励、促进	0.15				
6. 尊重他人观点，并有自己的风格与个性	0.15				
补充说明：					

注：其中优为 90～100 分，良为 75～90 分，中为 60～75 分，差为 60 分以下

三、听评课技能的内容及程序

（一）实训内容

听评课实训不能完全再按照学生自己的喜好来选择课题，但大致有以下训练内容。

（1）角色扮演训练。在单项技能微格实训时，由一名学生扮演“教师”角色，部分学生扮演“学生”角色，其余学生扮演“听评者”角色。

（2）听评录像课。可有针对性地选择一些不同类型授课录像，由受训者观看录像，然后教学评价，并对受训的听评课技能进行评价。

（3）实地观摩训练。可由指导教师带学生深入中学课堂实地听课，然后观摩中学数学教师的评课，回到学校再组织评议。

（4）配合课堂技能综合训练和说课技能训练来训练。可以在所有学生已经完成各项教学技能训后，小组内再把学生分成两人一个小小组，每个小小组选择一个课题，一个人说课（10 分钟）一个人进行同课题的上课（30 分钟），同时小组其他成员做听课记录，

在说课和讲课完毕后，首先说课人、讲课人自评，然后小组成员评课，最后指导教师点评。

（二）实训程序

在指导教师统筹安排和指导下，按照以下程序进行实训。

(1) 仔细阅读前面的理论，了解听评课的作用、原则和类型等，掌握听评课的一般步骤、记录方法以及听评主要内容等。

(2) 做好每次听评课的课前准备工作。包括领会课程标准、熟悉教材内容；了解教师、学生情况以及教师教学设计；准备好听课记录表和评价表。

(3) 在指导教师的组织和指导下，对“课堂”（包含真实的课堂、微格中虚拟的课堂和录像中的课堂）进行观察与记录。

(4) 梳理自己课堂记录，写出自己的书面评价（若是真实的课堂，条件允许的还可搜集执教教师和学生的意见反馈）。

(5) 在小组内进行评课并录像（或观摩中学教师评课）后进行研讨，并统一认识。

(6) 重播小组成员评课录像，对照听评课技能评价表进行听评课技能的打分及理由说明，然后对大家的评价进行互评、教师点评，最后各自修改完善自己的评价。

参考文献

曹国丽，2007. 新课程背景下的数学听课与评课［J］. 中学数学教学参考（6）：3.

曹熙斌，2005. 关于微格教学方式方法多样化的思考［J］. 教育技术导刊（8）：23.

陈算荣，孙联荣，2004. 方格纸上相似的格点三角形［J］，数学教学（8）：22.

耿文侠，冯春明，2007. 教师职业的专业特性分析Ⅱ［J］. 教育研究（2）：83—87.

荀渊，2004. 教师教学技能研究［J］. 高教研究（8）：18—20.

顾志跃，2009. 如何评课（教师培训丛书说课备课评课系列）［M］. 上海：华东师范大学出版社. 5.

何小亚，姚静，2008. 中学数学教学设计［M］. 北京：科学出版社.

胡朝炳，2010. 锐角三角函数的复习课［R］. 四川省教育厅“送教下县活动”的研究课.

黄宇星，丁革民，杨宁，等，2007. 现代教育技术［M］. 福州：福建教育出版社.

吉尔伯特·赖尔，2005. I心的概念［M］. 北京：商务印书馆：140—151.

姜婷，2009.《打折销售》的课后反思［R］. 教育部“国培计划—培训者研修”的研究课.

教育部《基础教育课程》编辑部，2004. 中学新课标资源库. 数学卷［M］. 北京：北京工业大学出版社. 2.

廖圣河，2010. 对教师教育专业学生进行教学技能训练的思考［J］. 教育探索（4）：2.

林克涌，2010. 新课标下章引言教学探讨［J］. 数学通报（7）：25－27.

罗增儒，2003. 中学数学课例分析［M］. 西安：陕西师范大学出版社.

孟宪恺，1992. 微格教学基本教程［M］. 北京：北京师范大学出版社.

邵光华，2009. 作为教育任务的数学思想与方法［M］. 上海：上海教育出版社.

帅晓红，2008. 中学数学物理微格教学教程［M］，北京：科学出版社.

孙晓天，史炳星，2004. 走进课堂——初中数学新课程案例与评析［M］. 北京：高等教育出版社.

王凤桐，陈宝玉，2010. 走进微格教学——教学技能培训的策略与实践［M］. 北京：首都师范大学出版社.

王尚志，2006. 数学教学研究与案例［M］. 北京：高等教育出版社

王书臣，蒋永丽，刘长华，2002. 数学新课程教学设计［M］. 大连：辽宁师范大学出版社.

翁凯庆，2005. 数学教育学教程［M］. 成都：四川大学出版社.

奚定华，2002. 数学教学设计［M］. 上海：华东师范大学出版社.

谢明辉，余红英，2006. 浅谈评课的方法与作用［J］. 新课程（教师版）（10）：1.

叶雪梅，2010. 数学微格教学［M］. 厦门：厦门大学出版社.

喻平，2010. 数学教学心理学［M］. 北京：北京师范大学出版社.

张占亮，王兴志，刘辛东，2007. 数学教学技能训练教程［M］. 东营：中国石油大学出版社.

中华人民共和国教育部，2001. 全日制义务教育数学课程标准（实验稿）［S］. 北京：北京师范大学出版社.

中华人民共和国教育部，2003. 普通高中数学课程标准（实验稿）［S］. 北京：人民教育出版社.

周松，2005. 由一次省级培训引发的教学思考 [J]. 中学数学教学参考（11）：13.

周迎春，2007. 导数的概念（一）曲线的切线（说课稿）[J]. 数学教学通讯（6）：4.

朱桂琴，2009. 论教师专业发展进程中的教学技能 [J]. 课程与教学论，17：23－25.

Dreyfus H L，Dreyfus S E，1986. Mind over Machine [M]. New York：Free Press：4－5.

Ericsson K A，Chamess N，1994. Expert Performance：Its Structure and Acquisition [J]. American Psychologist：725—747.

Schon D A，1983. The Reflective Practitioner：How Professional Think in Action [M]. London：Basic Books：50.

Stinnett M T，1988. Professional Problem [M]. Macillan：The Macillan Company：54－65.